최재천의 공부

최재천의 공부

1판 1쇄 발행 2022. 5. 18.
1판 32쇄 발행 2023. 9. 4.

지은이 최재천·안희경

발행인 고세규
편집 김성태 디자인 홍세연 마케팅 김새로미 홍보 반재서
발행처 김영사
등록 1979년 5월 17일 (제406-2003-036호)
주소 경기도 파주시 문발로 197(문발동) 우편번호 10881
전화 마케팅부 031)955-3100, 편집부 031)955-3200 | 팩스 031)955-3111

값은 뒤표지에 있습니다.
ISBN 978-89-349-4345-7 03100

홈페이지 www.gimmyoung.com 블로그 blog.naver.com/gybook
인스타그램 instagram.com/gimmyoung 이메일 bestbook@gimmyoung.com

좋은 독자가 좋은 책을 만듭니다.
김영사는 독자 여러분의 의견에 항상 귀 기울이고 있습니다.

최재천의 공부

어떻게 배우며 살 것인가

최재천 · 안희경

공부의 뿌리 누구나 꽃피울 잠재력이 있다

공부의 시간 끌려가지 않고 끌고 간다

공부의 양분 읽기 쓰기 말하기

공부의 성장 배운지 모르게 배운다

공부의 변화 섞이면 건강하고 새로워진다

공부의 활력 손잡아야 살아남는다

김영사

일러두기

1. 이 책은 최재천 교수와 안희경 저널리스트가 2021년 4월에서 2022년 1월 사이에 나눈 대담을 토대로 만들어졌다. 최재천 교수의 삶과 시행착오 그리고 공부에 대한 질문으로 시작하여, 그가 생각하는 우리나라 교육의 미래상을 들어보고, 공부의 뿌리에서 변화까지 100세 인생에 필요한 배움과 깨움에 관한 생각을 담았다.
2. 저자 고유의 입말을 살리기 위해 구어체는 되도록 고치지 않았다.
3. 외국 인명, 작품명 등은 국립국어원 외래어 표기법을 따르되 몇몇 경우는 관용적으로 표현했다.
4. 본문에 언급한 단행본이 국내에 출간된 경우에는 국역본 제목으로 표기했고, 출간되지 않은 경우 원서에 가깝게 번역하고 원제를 병기했다.
5. 단행본은《 》로, 신문, 잡지, 영화, 방송 프로그램, 유튜브 채널 등은〈 〉로 표기했다.

아이와 눈높이를 맞추기 위해서.
2016년 5월, '우리 들꽃 포토에세이 공모전' 시상식.

"알아가려는 노력이 축적될수록
이해하고 사랑할 수밖에 없어요."

_최재천

삶을 즐길 권리

이런 책, 꼭 쓰고 싶었습니다. 10여 년 전부터 언젠가는 반드시 쓰리라 다짐하며 살았습니다. 그러나 교육에 관한 생각은 너무나 갈래도 많고 매 갈래마다 가지도 수없이 무성하게 뻗어 있어 어디서부터 시작해 어디까지 다 듬어야 할지 쉽게 가늠이 되지 않았습니다. 우리 사회의 문제를 해부하고 미래를 기획하고자 둘러앉아 토론하다 보면 거의 어김없이 누군가가 아니면 모두가 교육 개혁을 언급합니다. 교육 문제는 블랙홀 같습니다. 우리 사회의 그 어떤 문제든 결국 교육으로 귀결됩니다. 교육은 우리 인간 사회의 시작이자 마지막입니다.

오래전 그때도 새 정부가 들어서던 시절이었는데 평소 알고 지내던 한 어른이 찾아와 저를 교육부장관에 천거

하고 싶은데 수락해달라고 하셨습니다. 언제나 그랬듯이 저는 정부 직책 얘기가 나오면 늘 황급히 고사하며 지냈습니다. 제가 삶에서 제법 이런저런 일에 그런대로 잘하는 게 몇 가지 있긴 합니다만 행정 조직을 운영하는 일은 잘하지도 못할뿐더러 우선 하고 싶지가 않습니다. 그날도 완강히 고사했건만 하도 끈질기게 설득하셔서 저는 결국 이런 말을 하고 말았습니다. "제가 대한민국 역사에서 마지막 교육부장관이 되어도 괜찮겠습니까? 임기 내내 차근차근 이 땅에서 교육부를 없애는 작업에 매진해도 된다면 진지하게 고려해보겠습니다."

교육부를 없애자는 얘기는 오래전부터 참으로 많은 분이 하십니다. 저는 솔직히 교육부를 없애야 한다고 생각하지 않습니다. 다만 언제부턴가 대한민국의 교육부가 고질적으로 엉켜 있는 우리 사회의 교육 문제들을 풀어내기는커녕 점점 더 얽히고설키게 만드는 주범이 되어가고 있는 건 아닐까 우려스럽습니다. 어느덧 교육부는 고르디우스의 매듭 한가운데 묶여 있어 스스로 풀어내기 어려워 보입니다. 어쩌면 이제는 얽힐 대로 얽힌 매듭을 단번에 베어버릴 알렉산드로스의 칼이 필요해 보입니다. 국가교육위원회가 만들어진다고는 하는데 교육부 혹은 정치 권력의 영향에서 얼마나 자유로울 수 있을지 두고 볼 일입니다.

저에게는 엉뚱한 꿈이 하나 있습니다. 사실 너무 황당해서 입 밖으로 꺼내기조차 부끄럽습니다. 촛불집회를 하나 기획하고 싶습니다. 이 땅에서 자식을 기르는 부모들을 모두 불러모아 함께 촛불을 들고 싶습니다. 제가 선창하겠습니다.

"우리 모두 이 순간부터 우리 아이들을 입시학원에 보내지 맙시다."

"우리 모두 이 순간부터 우리 아이들에게 삶을 즐길 권리를 되찾아줍시다."

"우리 모두 이 순간부터 정상적인 가족생활을 누립시다."

제가 이 구호들을 선창하며 촛불을 들면 함께 촛불을 치켜들며 동의하시면 됩니다. 솔직히 우리 부모님들 내 아이 학원에 보내고 싶지 않잖아요? 옆집이 같이 안 보내면 나도 안 보내고 싶잖아요? 그렇다면 이건 우리 모두가 동의만 하면 그냥 단번에 끝낼 수 있는 일이잖아요? 이 끔찍한 고르디우스의 매듭을 단칼에 잘라낼 수 있는 것 아닌가요? 이 어처구니없는 쳇바퀴에서 모두가 하나, 둘, 셋 하며 함께 뛰어내릴 수 있을 것 같은데, 아닌가요? 지금 부모 세대는 학생 인권이란 게 존재하지 않던 시절에 학교를 다녔습니다. 지금 우리 아이들은 때로 선생님에게 불손하게 굴며 마치 인권을 되찾은 줄 착각하며 삽니다. 아닙니다. 진정한 인권 회복은 학생으로 사는 기간도 인간답게 살 수 있어야 비로소 실현됩니다. 어린이집과 유치원까지 치면 대학을 졸업할 때까지 우리는 거의 20년을 학생으로 삽니다. 인생 100세 시대라서 예전보다 오래 사니 그나마 다행입니다만, 인생의 첫 5분의 1을 다가올 인생을 위해 희생하며 사는 게 인권 차원에서 아무런 문제가 없다고 생각하십니까? 저는 인생 전체를 온전히 사람답게 살 권리가 우리 모두에게 있다고 생각합니다.

제가 지나치게 이상적이라는 점, 인정합니다. 부모님들은 늘 "공부해서 남 주냐? 다 너 좋으라고 하는 건데 너는 왜 공부를 안 하냐?"라며 다그치십니다. 공부해서 남 주면 안 되나요? 서로가 서로에게 주면 다 같이 잘 살 수 있는 것 아닌가요? 여러 해 전 저는 《손잡지 않고 살아남은 생명은 없다》라는 책을 썼습니다. 그동안 우리는 자연이 그저 서로 먹고 먹히는 곳인 줄로 알았습니다. 하지만 더 세밀하게 관찰해보니 자연은 그런 곳이 아니었습니다. 경쟁은 불가피합니다. 자원은 한정되어 있는데 그걸 원하는 존재들은 많으니 경쟁할 수밖에 없습니다. 찰스 다윈Charles Darwin 선생님이 채택한 '적자생존'이라는 표현이 영어로 'survival of the fittest'라고 최상급을 쓰는 바람에 마치 최고로 적응을 잘한 하나만 살아남고 나머지는 모두 도태되는 것처럼 이해하는 사람들이 많습니다. 하지만 자연은 그런 곳이 아닙니다. 손을 잡은 자들이 미처 손도 잡지 않은 독불장군을 몰아내고 함께 사는 곳이 자연입니다. 우리가 MZ세대라 부르는 우리 아이들은 이미 함께 살아갈 준비를 하고 있습니다. 그들에게 걸맞은 교육이 필요합니다. 그 옛날 부모 세대가 받은 교육을 생각과 행동이 근본적으로 다른 자식 세대에게 그대로 뒤집어씌우는 것은 어떤 기준으로 봐도 어리석은 일입니다. 이제 바꿉시다. 과감하게. 근본적으로.

말씀드린 대로 이 책은 제가 참으로 오래전부터 꼭 쓰고 싶었던 책입니다. 엄두를 내지 못하고 종종거리던 제 앞에 어느 날 탁월한 저널리스트 안희경 작가가 나타났습니다. 안희경 작가는 상대를 무장해제시키는 무자비한 능력을 지녔습니다. 코로나19가 기승을 부리던 와중에도 여러 차례 만나 이 땅의 교육 문제를 도마 위에 올려놓고 신나게 난도질을 했습니다. 저는 원래 요리를 못해 그냥 난도질한 기억밖에 없는데 안희경 작가가 어쩌면 이렇게 먹기 좋은 음식으로 정갈하게 차려놓았는지 감탄할 따름입니다. 교육 문제는 누구에게나 거의 확실하게 소화불량을 일으키게 되어 있건만 안희경 작가 덕택에 멋진 코스 요리가 마련되었습니다. 천천히 드시며 함께 얘기 나누시면 좋겠습니다. 식사를 마칠 때면 우리 아이들에게 어떤 밥상을 차려줄지 생각이 정리되길 기원합니다. 그 밥상이 행복한 밥상이면 좋겠습니다.

최재천

(이화여자대학교 에코과학부 석좌교수, 생명다양성재단 이사장)

차례

4부

공부의 성장

배운지 모르게
배운다

5부

공부의 변화

섞이면 건강하고
새로워진다

6부

공부의 활력

손잡아야
살아남는다

1부

공부의 뿌리

누구나 꽃피울 잠재력이 있다

정해진 시간 안에 모든 일을 마감해야 하기도 합니다.
그렇지만 한 시간 안에 모든 해법을 찾아야 하는
긴박한 삶을 평생 살지는 않습니다.
우리에게는 문제를 인식하고 숙고할 시간이 충분히 있어요.

제대로 교육을 생각할 시간

안 왜 지금 교육을 말하고자 하시나요?

최 저는 우리나라 교육이 잘못됐다고 끊임없이 말해왔습니다. 주입식 교육을 비판했죠. 하지만 우리는 교육을 열심히 했어요. 성인 대다수가 상당한 교육을 받았습니다. 이제는 우리 사회가 혼돈의 소용돌이로 빠져들어도, 시간만 충분히 있으면 우리는 합리적 판단을 내립니다.

제가 2020년 말부터 '우리에게는 집단적 현명함이 있다'라는 표현을 쓰기 시작했는데요. 우리 국민에게서 집단 지성의 힘을 느낍니다. 문제를 이해하는 능력이 굉장히 높아졌어요. 코로나19라는 난국에도 집단적 현명함이 발현됐습니다. 우리 국민이 정부 지침에 무조건 순종한다고 말하는 사람들도 있는데요. 저는 그렇게 생각하지 않아요. 대다수가 '내가 협조해야 방역이 완성된다'라는 생각과 판단에 따라 행동했기에, 집단적 현명함으로 서로를 지켜냈습니다. 우리나라의 민도民度가 향상됐어요.

안 사람들은 점점 더 편을 가르고 진영의 골은 깊어졌습니다. 그럼에도 시간이 지나면서 점차 합리적 선택을 하는 듯합니다. 어디선가 통합 작용이 일어났을 텐데요. 어디서 각자의 합리적 추론 능력이 발휘됐을까요?

최 비록 주입식이었을지라도 수십 년 동안 열심히 가르치고 배워온 교육 덕이지 않을까요? 그 속에서 통합하는 힘이 길러졌다고 생각해요. 저는 2020년 내내 미국 동료들과 이메일로 논쟁하느라 참 힘들었습니다. 툭하면 우리가 마스크를 잘 쓰는 모습을 빈정거리더라고요. 한국인은 너무도 순종적이라면서요.

존스홉킨스대학교에 있는 친구는 우리가 일제강점기를 겪으면서 공권력의 두려움에 사로잡혔다고 말했습니다. 저는 반박했습니다. 한국인은 경찰이 내 목을 무릎으로 누를까 봐 마스크를 쓰는 게 아니라고요. 덧붙여 미국 정부가 방역을 위해 집에 머물라고 했을 때 총을 들고나온 미국인이 있었는데, 이는 무식하기 때문이라고 말했어요. 문제를 이해하고 파악하는 능력이 부족하니 도대체 무슨 말인지 못 알아듣고, '왜 내 자유를 구속하느냐'라고 외치며 총을 들었다고요.

바로 교육 문제입니다. 우리나라의 민도와 미국의 민도는 비교가 안 돼요. 미국은 매우 똑똑한 일부 사람들이 사회를 그런대로 끌고 가는지 모르지만, 전반적으로 문제가 많죠. 미국 친구들도 이 말에 동의했습니다. 그런데 어느 날, 한 친구가 이런 말을 하더군요. "네가 미국에 처음 왔을 때, 화장실에서 한 줄로 줄 서는 법을 알려준 사람들이 누구니?" 맞아요. 제가 영어를 떠듬거릴 때, 수업 내용부터 소소한 생활 요령까지 편견 없이 알려준 사람은 바로 그 친구들이었습니다. 처지를 바꾸어 생각하게 되더라고요. 살뜰히 챙겨줬던 친구가 한국에 돌아가서 25년이 지나 "너희는 민도가 떨어져"라고 말했으니, 듣기 힘들었던 거죠. "거친 표현이 있었으면 용서해달라." 하며 설전을 끝냈습니다.

제가 처음 미국에 도착했던 시간부터 오늘까지 큰 흐름을 돌이켜보면 우리의 의식은 지난 몇십 년 동안 상당한 수준에 이르렀어요. 저는 열심히 가르쳤고, 열심히 배운 교육 효과라고 봅니다. 우리나라 교육 전체를 부정하며 교육 이야기를 시작하고 싶지는 않아요. 이제 여기서 조금 더 나아가 어떤 교육을 하면 좋을지 모색하고자 합니다.

안 지난 40여 년 동안 민주주의를 성숙시킨 동력이 교육이었다는 해석이신가요?

최 합의를 도출하는 과정이 너무 거칠다는 아쉬움은 있습니다. 대립하고 싸우면서 논리가 뒤틀린 가짜 뉴스에 휘둘리기도 하는데, 토론 교육이 잘 진행되면 우리나라는 굉장히 괜찮은 나라가 될 겁니다. 우리나라 정치도 그리 머지않은 미래에 달라지리라 확신해요. '지금 구태여 왜 교육 이야기를 해야 하는가'의 두 번째 이유입니다.

어떤 교육을 할 것인가? 제가 반세기 전 받은 교육을 지금도 거의 그대로 하고 있어요. 교육이 바뀌지 않으면 앞으로 20년, 30년 후의 발전을 기대하기는 어렵겠지요. 새로운 교육을 할 때가 됐고, 무엇을 가르칠 것인가를 제대로 논의해야 하는 시간이 왔습니다.

안 '민도가 향상됐다. 합리성을 지녔다'라는 말씀을 '인권 의식이 향상됐다'라고 해석할 수 있을까요? 저는 민도의 향상을 '인권 의식이 나아졌다'라고 보아왔는데요. 옛 선조들이 말한 덕德을 요샛말로 하면 인권 의식과 연결되지 않을까 싶어요. 요즘은 서양인도 "우물에 빠진 아이 구하기"라는 맹자의 표현을 많이 인용합니다.

아이가 우물에 빠지는 것을 본다면, 누구나 재지 않고 아이를 구하려 몸을 던지는 마음을 가지고 있다는 건데요. 맹자의 말씀을 현대식으로 풀이하면 인권 의식이 아닐까요? 그래서 '민도가 향상됐다'라는 건 '사회 전반에 좀 더 서로를 생각하는 마음이 자리했다'라는 뜻으로 파악했어요.

특히 요즘 20대는 공정에 매우 민감하잖아요. 갑질을 예민하게 감지하고, 남에게 무안을 주는 태도에 언짢아합니다.

그런 면에서 교육하여 문제를 이해하고 파악하는 능력이 향상되었다는 말씀이 더 와닿았습니다. '지금 우리는 객관식 문제를 풀면서 답을 찾을 수 있는 문제 파악 능력이 생겼구나. 이제 주관식 문제를 풀거나 스스로 문제를 만들어서 그걸 돌파하는 능력을 키워야겠다'라는 생각이 듭니다.

최 네. 바로 인권 문제가 다음 단계입니다. 지금까지 우리는 인권까지 생각할 겨를이 없었어요. 이제 생각하기 시작한 거죠. 우리 아이들은 인권에 민감합니다. 반면 기성세대는 애써 생각해야 판단할 정도고요. 어제 장례식장에 갔다가 나오는데, 저만 제 아내 신발을 신발장에서 가져왔어요. 우르르 함께 나오던 제 또래 남자들이 "최 교수 옆에 있으면 우리는 다 나쁜 남편이 된다"라고 하더군요.

제 아내가 진실을 말했습니다. "이 사람도 번번이 까먹어요." 정확한 표현이에요. 저도 이런 태도가 몸에 배어 있지 않아요. 머리로 생각하며 저를 다그치니까, 가끔 남들이 보기에 좋은 행동이 나오죠. 급하면 다 까먹습니다. 그런데 젊은 세대는 다르잖아요. 그래서 그다음 단계로 가는 새로운 교육이 필요합니다.

안 어제 짐을 들고 집에 들어갔는데, 스물두 살인 조카가 저를 보더니 짐을 덥석 쥐더라고요. "안 무거워"라고 했더니 "버릇이 돼서……"라며 멋쩍어했어요. 누군가 밖에서 뭘 들고 오면, 안에 있는 사람이 받아줘야 한다는 태도가 몸에 밴 거죠.

선생님, 한 가지만 짚을게요. '교육이 돼서 이만큼 왔다'라고 했을 때, 원래 우리에게는 없는데 근대화 교육을 받아 합리성을 갖췄다고 받아들일 수 있다고 봅니다. 1925년에 독일 신부님이 이 땅의 풍물을 찍은 다큐멘터리를 봤는데요. 그 신부님이 "조선에 왔더니 다들 흰옷을 입고 교육도 잘 받아서, 유럽의 교양인이 마을 곳곳에 사는 것 같다"라고 말씀하셨습니다. 그 시절 조선의 엘리트들은 공맹을 읽으며 인의예지仁義禮智를 익혔지만, 우리 민족 전반에 측은지심을 헤아리는 마음이 물이 스며들듯 밴 것이 아닐까 생각했습니다.

● **최** 우리가 마스크를 쓸 때 뜻밖의 설문조사 결과가 나왔습니다. 왜 그렇게 마스크를 성실히 쓰느냐고 물었는데, 우리 국민의 60퍼센트 이상이 "남에게 바이러스를 옮기면 스스로 용서할 수 없을 것 같다"라는 답을 했어요. 그런 생각이 '서양 교육을 받아서 습득한 합리성인가요?'라고 반문하면 아닐지도 몰라요.

우리는 오랜 세월 일종의 공동체 생활을 해왔죠. 나 때문에 가족과 주변 사람들이 힘들어하는 일을 하지 말아야겠다는 생각이 우리 문화 속에 이미 상당히 잠재해 있을 겁니다. 그렇다 하더라도 어떻게 이렇게 높은 퍼센트가 나올 수 있었을까요? 설문조사 결과가 신선했어요. 그렇지 못한 면을 많이 봐왔잖아요. 일단 내 것 먼저 챙기고 보자는 행동이 심했죠. 부모는 자식을 위해서 물불 가리지 않아도 된다는 이기적 태도를 당연시했고요. 코로나19 시대에 이런 기막힌 결과가 나온 것을 보면, '우리 국민의 마음속에는 공동체 의식이 있구나' 싶었습니다.

안 서로의 안녕을 염두에 두는 바탕이 있다는 거네요.

최 그게 바로 공동체 의식입니다. 1997년 IMF 외환위기 때 우리는 '금 모으기 운동'도 했죠. 네 가구 중에 한 가구가 참여했고, 가구당 평균 65그램의 금을 내놓았습니다. 부자들이 내놓은 것이 아닙니다. 국민이 장롱에서 돌반지를 꺼내고 결혼반지 빼서 모았죠. 시간을 거슬러 올라가면, 1907년 '국채보상운동'도 있습니다. 우리에게는 힘들어지면 공동체 의식이 확 살아나는 저력이 있는 것이 아닐까요? 우리가 원래 가지고 있던 면모겠죠.

안 위기를 맞을 때 헤쳐나가고자 서로 돕고 보살피는 '재난 유토피아' 같은 사회적 심리 작용일 텐데요. 이런 의식이 지속적으로 발현되도록 교육하고 공부해서 상승효과를 모색하자고 정리할 수 있을까요?

최 네. 다 죽을 것 같은 상황이 벌어져 겨우 서로의 안녕을 생각하는 게 아니라, 늘 사회가 원활하게 작동하도록 이제부터라도 제대로 교육하고 배워야겠다는 게 제 의지입니다.

포스트 코로나 시대의 배움과 깨움

안 '무얼 가르쳐야 할까요?'를 다른 말로 하면 '무엇을 배워야 할까요?'인데요. 산업이 디지털로 빠르게 전환하면서 시대가 바뀌었다는 인식이 팽배합니다. 거기에 코로나19라는 전 지구적 고통을 경험하면서 새로운 교육에 대한 요구도 차오르고 있고요.

최 제가 기획재정부 요청으로 2018년 초부터 2020년 중반까지 제4기 중장기전략위원회 민간위원장을 맡았습니다. 사회 각계의 리더 스무 분과 매달 한 번씩 한자리에 앉아 우리의 미래를 논의했어요. 교육 전문가도 있었고, 네이버 부사장같이 IT 전문가도 있었습니다. 중장기 전략이니까 적어도 10~20년 후를 이야기하는 자리였죠. 지금 내가 키우는 아이가 어른이 되어 살아갈 나라에 초점을 맞추자고 제안했습니다. '우리 아이들이 사는 나라'라고 논제를 정했어요. 토론을 계속하다 보면 결국 교육으로 귀결됐습니다. 아이가 만들어갈 사회를 생각하면 아이를 어떻게 키워야 할지가 절실해지죠.

안 교육은 내일의 세계를 준비하는 오늘의 활동이니까요.

최 기획재정부에서는 "교육 정책을 논하는 건 교육부에서 불편해할 테니 어렵습니다. 관할 부처가 아니라 좀 힘듭니다"라고만 했습니다.

안 정부도 교과목으로 나뉘어 있나 봅니다.

최 그러네요. 그래서 저희도 교육의 당위성만 언급하고 구체적 토론은 하지 않기로 했는데, 토론할수록 안 되겠더라고요. 코로나19를 겪는 상황에서 지금 뭐가 중요한지를 정부가 판가름하지 않으면 사회가 앞으로 나아갈 수 없어요. 교육 핵심 전략으로 초등·중등 교육에서 환경을 가르쳐야 한다고 생각합니다.

국영수를 열심히 배우다가 바이러스에 걸려서 죽는 세상에서 계속 살 수는 없잖아요. 그동안 저는 환경 교육을 끊임없이 이야기했습니다. 하지만 정부가 듣지를 않았어요. 이제는 코로나19 사태로 들을 이유가 분명해졌으니 환경 교육을 논의할 때가 되었죠. '멸종 위기종 복원 사업'이라는 제목의 제안서를 제출했습니다. 거기에는 환경 교사를 복원하는 방안을 비중 있게 내놓으며 필요한 환경 교육을 담았습니다.

안 환경 교사가 있었나요?

최 환경 교사 제도는 김대중 정부에서 처음 만들었는데 이제 손꼽을 정도만 남았습니다. 제가 그분들을 '멸종 위기종'이라고 불러요. 그분들이 제 강의를 들으러 오면 "멸종 위기종들이 와 계시네요"라고 인사합니다.

안 보건 선생님처럼 학교에 한 분씩 계시면 참 좋겠습니다.

최 바로 그걸 제안한 거예요. 좋은 의도로 만들었지만, 시간이 지나면서 정부에서 환경 교사의 수를 계속 줄였습니다. 이를 방지하려고 환경을 대학 입시 과목에 넣자는 논의도 있었지만, 저는 반대했어요. 대학 입시 과목이 되면 문제 풀이를 하고 끝나니까요. 그 대신 우리나라의 모든 학교에 환경 교사를 반드시 두자고 못을 박았습니다.
'도서관 만들기 운동' 덕에 지금은 웬만한 학교에 사서가 있습니다. 환경 교사도 그렇게 복원하는 거죠. 코로나19 상황에서 정부가 '한국판 뉴딜' 정책을 발표할 때 포함했으면 했는데 기회를 놓쳤습니다. 엄밀히 말하면 한국판 뉴딜은 미래지향적 정책이어야 하는데, 코로나19 사태를 빨리 극복하려는 단기적 정책 중심이 되었어요.

안 뉴딜에 가장 필요한 정책은 미래를 지탱할 수 있는 제도 개선이라고 생각합니다. 경제학자들은 1930년대 프랭클린 루즈벨트Franklin Roosevelt가 내세운 뉴딜의 성과 중에 가장 뛰어난 정책으로 노인 빈곤 퇴치를 꼽습니다. 노인을 위한 사회보장제도를 시행했기에 지금의 미국 노인들이 안정된 삶을 살게 됐다고요.
코로나19 속에서 조 바이든Joe Biden 정부가 뉴딜의 일환으로 발표한 '미국 가족 계획American Family Plan'의 핵심도 아동 빈곤 퇴치입니다. 한시적으로 아동 수당을 전면적으로 지급하기 시작했고, 앞으로 유럽처럼 아동 수당을 영구화해서 아동 빈곤을 해소하자는 움직임이 있죠. 그럼 누구나 두뇌 개발이 가장 활발한 유아기에 유아원에 갈 수 있습니다. 지금은 유치원부터 무상 의무 교육을 하지만, 만 3세부터 돈이 없어도 교육받을 수 있는 환경과 굶지 않는 조건을 만드는 거죠. 우리도 중장기 계획이 들어간 뉴딜을 추진했어야 했다는 아쉬움이 남네요.

최 저는 국가의 미래를 위해서 이럴 때일수록 엇박자라도 다양한 목소리를 내야 한다고 말했어요. 그래야 국민이 단기 과제와 중장기 과제라는 두 방향을 놓고 조율할 수 있다고 했습니다. 하지만 기획재정부는 중장기전략위원회가 그런 중장기 전략과 당장 성과를 내야 하는 한국판 뉴딜은 함께 갈 수 없다는 입장이었어요. 결국, 발표하지 못했어요. 다만 국무회의에 가져갈 기획재정부 안건으로 중장기전략위원회에서 논의한 정책 몇 가지를 제안했습니다. 그중 하나가 환경 교사 복원 방안이었습니다.

안 자연스레 코로나19가 왜 일어났는지 짚어볼 수밖에 없는데요. 제가 2주 전에 《총, 균, 쇠》의 저자 재레드 다이아몬드Jared Diamond 선생님과 인터뷰를 하면서 코로나19의 발생 원인을 물었습니다. 다이아몬드 선생님은 코로나19가 팬데믹으로 확산된 이유를 야생동물 유통과 발생 지역에서 초동 대응에 실패한 점에서 찾았어요. 기후변화와는 상관이 없다고 말씀하셨습니다.

최 저도 2020년 초에 그 질문을 많이 받았는데요. 과학자들은 인과관계가 또렷이 드러나지 않으면 답변하기를 꺼립니다. 만약 누군가 저에게 코로나19와 기후변화의 정확한 인과관계를 묻는다면 관계없다고 답할 겁니다. 그러나 근본을 살펴보면 기후변화, 생물다양성 감소, 환경 파괴가 총체적으로 자연환경을 나쁘게 한다는 사실을 부인할 수 없습니다. 기후변화가 배후에 있는 건 지극히 당연합니다. 이렇게 선언적으로 말하면 다들 미심쩍어하겠죠.

그래서 제가 시나리오 하나를 만들었어요. 1년 내내 그 내용을 강의했는데요. 놀라운 일이 벌어졌습니다. 2021년 5월 케임브리지대학교 연구진이 국제학술지 〈종합환경과학Science of the Total Environment〉에 발표한 논문이 마치 제 강의를 듣고 쓴 것처럼 똑같은 거예요. 제 시나리오는 이렇습니다. 온대와 열대를 포유류 종 수로 비교할 때, 박쥐를 빼면 신기할 정도로 똑같아요. 온대 포유류 종 수와 열대 포유류 종 수는 큰 차이가 없어요. 그런데 박쥐를 넣으면 비교가 안 됩니다.

안 그만큼 다양한 박쥐가 한곳에 집중적으로 분포하나요?

최 박쥐는 주로 열대에 삽니다. 박쥐는 1,400여 종이 있는데, 거의 전부 열대에 있다고 보면 될 정도로 완벽한 열대 포유동물입니다. 그런데 지구온난화가 심해지면서 계속 온대로 이동했어요. 사람은 온대에 밀집해서 살죠. 바로 열대에 사는 박쥐가 우리 가까이 오고 있다는 겁니다. 물론 우리가 박쥐를 매일 만나진 않습니다. 다만 박쥐는 다른 야생동물들에게 바이러스를 옮기고, 인간이 야생동물들의 서식지를 계속 파괴하니까 야생동물들이 인간과 자꾸 부대끼는 일이 잦아져, 박쥐에 있던 바이러스가 다른 야생동물을 거쳐 인간에게 옮겨올 확률이 높아졌습니다.

케임브리지대학교 연구진이 발표한 논문은 지난 100년 동안의 빅데이터를 분석해서 박쥐의 분포를 계산한 거예요. 박쥐의 새로운 중점 서식지가 서너 곳 나타났습니다. 그중 한 곳인 중국 남부에만 지난 100년 동안 열대에 살던 박쥐 40종이 들어왔습니다. 박쥐 한 마리는 대개 코로나 바이러스 두세 종류를 가지고 있는데, 박쥐 40종 곱하기 코로나 바이러스 두 종류 혹은 세 종류를 하면, 지난 100년 동안 중국 남부로 100여 종류의 새로운 코로나 바이러스가 유입된 겁니다. 그중 하나가 이번에 이런 일을 벌인 것이지요.

저는 코로나19가 기후변화와 연관이 있다고 주장할 수밖에 없습니다. 한발 더 나아가서 생물다양성 문제와 훨씬 밀접합니다. 왜냐면 생물다양성 불균형이 심해져서 이런 일이 벌어졌으니까요. 다이아몬드 선생님은 농경을 "인류 최대의 실수"라고 하셨습니다. 인간은 농경으로 개체 수가 폭발적으로 늘어난 동물이에요. 농경을 하기 전, 인류 전체의 무게와 인간을 따라다니던 동물들 무게를 계산해보면 명확히 알 수 있습니다.

그때도 개, 고양이를 길렀죠. 개를 기르기 시작한 지 4만 년, 고양이는 3만 5,000년쯤 됩니다. 당시 인구수가 대충 5,000~8,000만 정도였으니, 지구 전체 포유류와 조류의 무게에서 인간이 차지하는 비율은 1퍼센트 미만이었습니다. 그런데 농경을 시작하고 1만 2,000년이 지난 지금, 인간과 인간이 기르는 가축의 무게는 전체 포유류와 조류의 무게에서 96~99퍼센트를 차지해요. 지구 역사에서 보기 드문 반전이죠. 불과 1만여 년 사이에 야생동물이 1퍼센트 남짓으로 줄어들고 인간이 거의 99퍼센트를 차지했으니까요. 생물다양성의 불균형이 너무나 심해졌습니다. 바이러스나 박테리아가 이주하려 할 때 만날 수 있는 생명체는 인간 혹은 인간이 기르는 가축일 수밖에 없습니다. 코로나19 같은 팬데믹이 반복될 수밖에 없어요. 그러나 다이아몬드 선생님 말씀도 맞죠. 20~21세기에 우리가 겪은 바이러스가 한두 종류가 아닌데 전부 팬데믹이 되지는 않았잖아요. 21세기만 놓고 본다면, 신종인플루엔자와 코로나19만이니까요. 초동 대응 실패가 팬데믹을 만든 원인이에요. 그러나 유행병이 잦아진 이유는 그 배후에 기후변화와 생물다양성 문제가 있기 때문입니다.

안 생태 사상가인 반다나 시바Vandana Shiva 선생님이나 미래학자인 제러미 리프킨Jeremy Rifkin 선생님은 기후위기를 유발한 인간의 활동을 코로나19의 원인으로 꼽습니다. 시바 선생님은 이전에 있던 인수공통 전염병zoonosis이 모두 숲에서 왔다는 점이 개발 중심 경제활동에 대한 경고라고 하며, 기후변화와 인간이 활동하며 생긴 생물다양성 파괴를 지적했어요.

기후위기와 생물다양성 위기, 경제 인프라 전환이 하나로 맞물려 중요한데요. 무엇보다 '기후위기를 돌파해야 한다'라는 대전제를 두고 긴밀하게 난국을 헤쳐나가야 한다고 생각합니다. 하지만 우리나라는 기후위기를 뒷전으로 미루고 뉴딜을 이야기하죠. 그러니 뉴딜의 방식이 개발과 성장에 초점을 맞추고 있다고 봅니다. 그렇게 되면 우리 삶의 방식과 교육도 아귀가 맞지 않는 방향으로 갈까 우려됩니다.

최 우리가 지금 교육을 이야기해야 하는 두 번째 이유가 나왔네요. 재난은 계속 이어질 겁니다. 이런 상황에서 이제 우리는 교육을 지탱할 구조를 결정해야 해요. 저는 환경 교사가 일선 교육 현장에서 아이들에게 환경을 이해하고 관계 맺는 방식을 알려줄 수 있다고 생각하고, 그다음으로 환경을 연구할 수 있는 밑받침을 세우도록 연구비 지원 체계를 분리해야 한다고 생각합니다.

지금까지 우리는 환경과 자연과학을 연구할 수 있는 독립된 연구비를 책정하지 않았습니다. 현재 한국연구재단에서 전 학문 분야의 연구비를 분배하는데, 응용 분야와 기초 분야가 한몫에 있습니다. 저는 평생 연구비가 부족해 힘들었던 학자예요. 경제 발전에 도움이 된다는 연구들과 경합했기 때문입니다. 당장 돈이 벌리는 연구에만 연구비가 집중됩니다. 자연 분야 연구는 돈을 버는 일이 아니라 일이 잘못될 경우를 예방하죠. 애당초 기울어진 운동장입니다.

그리고 정부 부처마다 연구 및 용역 예산이 따로 있는데요. 산업통상자원부에 예산이 많습니다. 그 예산은 경제와 연관된 연구들에 쓰이죠. 기초 분야 연구는 뒤처질 수밖에 없습니다. 코로나19가 터졌으니 이참에 자연 분야 연구만이라도 따로 연구비를 지원하자는 제안을 환경 교사 복원 제안과 함께 국무회의에 올렸어요. 한국연구재단이 어려우면 환경부가 자연 분야 연구에 대한 예산을 보장하도록 하자고도 제안했고요.

제가 1994년에 귀국했는데, 그 전해에 출간된 〈사이언스Science〉에 '한국 과학의 동이 텄다'라는 특집 기사가 났습니다. 열몇 장에 걸쳐서 한국 과학의 발전을 집중 조명했는데, 기사의 결론은 '이제 한국도 삼성, LG, SK 같은 대기업들이 생겨서 국제적으로 경쟁할 수 있으니, 응용 분야 연구는 기업이 담당하고 국민의 세금으로 마련한 연구비는 온전히 기초 분야 연구에 투자하라'였습니다. 서구 과학계의 제언이었죠.

안 국가 미래 산업에 대한 컨설팅이었네요.

호주에서는 농장을 벗어나 야생에서 살다 발견돼
'바락Baarack'이라는 이름을 얻은 메리노 양이 화제다.
그동안 차란 털의 무게가 자그마치 35킬로그램에 달한다.
성인용 스웨터를 60벌이나 짤 수 있단다.
우리가 기르는 양의 조상인 무플론mouflon 양은
철 따라 자연스레 털갈이를 하지만
가축화하면서 그 기능을 상실했다.
자기 맘대로 털갈이를 못 하도록 우리가 그들을 길들인 것이다.
1년에 깎아내는 양털의 무게가 대략 4~5킬로그램이니
바락은 7년이 넘도록 그 치렁치렁한 털을 매달고
험준한 산야를 헤맨 것이다. 길들임의 저주가 질기고 깊다.

최 그렇죠. 이제 우리나라 과학계도 희망이 있구나 싶어, 〈사이언스〉를 가방에 넣고 귀국길에 올랐고 서울대학교 연구실 책꽂이에 제일 먼저 꽂았습니다. 그런데 아직도 안 되고 있어요. 신문에 칼럼을 쓰기 시작할 때부터 〈사이언스〉의 조언을 수차례 소개했습니다. 1990년대 말에서 2000년대 초에는 '세금으로 마련한 연구비의 50퍼센트만이라도 무조건 기초 연구에 쓴자', 그다음엔 '30퍼센트라도 쓰자'라고 호소했습니다. 그나마 나아져서 지금은 '10퍼센트가 조금 넘는 수준'입니다. 이제는 더 말할 기운도 없는데, 코로나19가 터졌으니 자연 분야 연구만이라도 연구비 몇 퍼센트를 따로 떼어 지원하자고 하는 겁니다.

안 미국국립보건원은 130여 년 동안 기초 과학 연구에 투자했잖아요. 이번에 코로나19 백신도 화이자와 모더나가 만들었다기보다 공적 자금을 지원받은 기초 과학 연구의 저력에서 나온 거고요. 세금으로 떠받들어온 연구가 결국 세상이 칭송하는 혁신을 일으킨 주역이기에 우리도 그 길을 더 확장해야 할 것 같아요.

최 자연 분야 연구가 잘 이루어지도록 자금을 확보하는 것. 그것이 바로 과학이 공공의 이익을 위해 나아가도록 방향을 잡는 거예요. 중국은 이미 생태학 연구비를 따로 책정해 관리합니다. 제가 2013년 10월에서 2016년 12월까지 국립생태원 초대원장으로 일했는데요. 그때 중국에 출장을 가서 지자체장들을 만나면, 생태가 중요하다는 이야기를 그들이 먼저 했습니다. 지자체가 사업하려고 하면 주민들이 거세게 항의한대요. 허튼짓하지 말고 '미세 먼지를 줄여라' '물부터 깨끗이 해라' 하고 들고일어난답니다. 중국 정부는 아예 생태학 연구비 지원을 명시했어요.

안 중국은 2012년 중국 공산당 제18차 전국대표대회에서 '생태문명'을 선언했습니다. 그리고 5년 뒤, 제19차 전국대표대회에서도 생태 정책을 보강했는데요. 하늘도 맑아지고, 물도 마실 수 있고, 먹거리도 안전하다는 사실을 인민들에게 가시적으로 보여주려고 강조하고 있습니다.

최 중국은 어느 순간 우리나라를 멀찍이 앞섰어요. 15년 전만 해도 우리가 중국 학자들을 초대하면 비행기표까지 줘야만 올 수 있다고 했습니다. 2006년 제가 중국과학원에서 특강을 했을 때였어요. 강의를 마치고 저녁에 숙소로 돌아오는데 어두운 복도에 누군가 앉아 있더라고요. 낮에 제 강의를 들은 젊은 학자였습니다. 저에게 한국에서 하는 제 연구에 자기를 넣어달라고 부탁하러 왔더군요. 연구 주제를 잡았는데 연구비가 없다고요.

중국 정부에서 지원하는 한중협력사업이 있어 한국에서 하는 연구에 참여하면 중국에서도 조금이나마 연구비를 지원받을 수 있대요. 같이하자고 했습니다. 그런데 제가 주관하는 연구의 지원비가 2,000만 원에서 1,000만 원으로 삭감됐습니다. 도저히 우리 쪽 연구와 중국 학자의 연구를 동시에 할 수 없는 금액이었어요. 학생들과 회의를 해서 중국 학자에게 1,000만 원을 모두 주자고 했습니다. 그분이 레이 푸민Lei Fumin 박사인데 저에게 연거푸 고맙다고 인사했습니다.

몇 년이 흘러 2008년 베이징올림픽이 열리기 직전, 중국과학원 초청으로 학술 세미나에 참가했어요. 그곳에서 푸민 박사를 다시 만났습니다. 반갑다고 기뻐하더군요. 새를 연구하는 분이 들을 필요도 없는 곤충 세미나를 듣곤, 세미나가 끝나자마자 저를 연구실로 끌고 갔어요. 지금 제 연구실도 제법 커서 100평이나 되거든요. 석좌교수라고 배려를 받았죠. 그런데 베이징올림픽 직전에 새 건물로 이사한 중국과학원에 있는 그분 연구실이 600평이었습니다.

안 대륙의 스케일은 다른가 봅니다.

최 그분이 저에게 연구비가 필요하면 언제든지 연락하라고 했습니다. 이듬해 푸민 박사가 중국과학원에서 진행하는 프로젝트에 제가 꼭 껴야 한다고 해서, 중국의 고산지대인 샹그릴라로 갔더니 노르웨이 학자들에서 유라시아 학자들까지 모두 모였더라고요. 중국과학원이 중국, 한국뿐 아니라 유라시아 전체를 연구하겠다고 기획한 거죠.

안 철새의 이동 경로를 모두 포괄하는 규모네요.

최 유라시아 전체를 대표하는 새 몇 종을 선정해서, 그들의 진화와 기후변화 연구를 다 하겠다는 겁니다. 유럽도 연구비가 부족해요. 생태 연구비가 줄어드는 상황인데, 때마침 중국이 지원하겠다고 나선 겁니다. 하지만 모든 샘플이나 DNA 자료를 중국이 총괄하겠다고 해서 저는 1년 정도 참여하다가 탈퇴했습니다. 푸민 박사에게 우리나라 새에 관한 자료를 중국에 넘기는 걸 동의할 수 없다고 말했어요. 유럽 학자들은 모두 동의했다며 의아해했습니다. 살펴보니, 유럽 학자들은 동의할 수 있겠더라고요. 자연사박물관에 이미 표본들이 있으니 샘플 일부를 주거나 DNA를 추출해서 넘겨도 자기 자료를 보유하고 있는 겁니다. 우리는 자연사박물관이 없으니까 마치 나가서 새를 잡아 조공하는 구조가 되는 거고요.

안 우리도 연구한 자료를 보관하면서 전달할 수는 없나요?

최 우리는 자체 연구비가 없으니 자연사박물관을 기획할 수도 없고 후속 연구를 이어갈 수가 없어 어렵죠. 그러니까 이제라도 차근차근 기틀을 잡아야 합니다. 그 시작이 바로 생태 연구를 보장하도록 연구비 지원 항목을 응용과학 분야와 별도로 구성하는 일입니다.

안 앞서 정부 부처 이야기를 나눴을 때, 정부도 기획재정부, 산업통상자원부, 환경부, 이렇게 과목별로 되어 있는 점이 갑자기 도드라지게 와닿았는데요. 10년 전에 긍정심리학의 대가라 불리는 미하이 칙센트미하이Mihaly Csikszentmihalyi 선생님과 나눈 이야기가 떠올랐습니다. "사회의 고통은 과목별로 오지 않는데 아직도 교실에서는 20세기 방식으로 과목별로 가르친다. 그 점이 오늘날 복합적으로 융합하는 산업 사회에서 살아갈 방법을 찾기 힘들게 한다"라고 하셨어요. 생각해보니 시대에 발맞춰가지 못하는 교과목식 분류가 교실뿐 아니라 우리의 통치 프레임에도 깊게 새겨져 있는 것 같습니다.

최 오래전 제가 서울대학교에 있을 때 김대중 정부에서 초대 중앙인사위원장을 지내신 김광웅 서울대학교 행정학과 교수님과 심포지엄을 진행하고, 당시 서울대학교 총장님에게 혁신적 대학원 운영 계획을 건의했던 기억이 납니다. 대학 수준에서는 어렵겠지만 대학원에서는 전공의 벽을 허물자고 제안했습니다. 대학원생이 하고자 하는 연구를 기획하고 그 연구를 도울 수 있는 교수들을 불러모아 위원회를 꾸려 그 학생의 연구를 돕는 방식으로 운영하자는 제안이었습니다. 자연스레 칙센트미하이 선생님의 우려를 해소할 수 있는 새로운 구도가 되었을 텐데 이뤄지지 않았습니다.

국립생태원에서 일하며 저도 그 점을 심각하게 느꼈습니다. 남의 발을 밟으면 안 된다는 사고가 확고했어요. 일을 회피하는 만능 변명으로 통하죠. 환경부에 가서 이렇게 하자고 하면 산업통상자원부가 협조하지 않을 거라고 했습니다. 그럼 못해요. 총괄하고자 하는 의지가 없다는 뜻이니까요. 이 점을 극복하기 위해서 부총리제도를 도입했을 텐데, 효력이 없어 보입니다.

안 선생님은 통섭을 이야기해오셨으니까 사회 현상을 과목별로 분류해서 접근하는 방식이 지닌 한계를 더 많이 보실 것 같습니다. 코로나19 초기를 돌이켜보면, 세상에 없던 문제가 발생했기에 우리가 극도로 불안에 떨었던 것만은 아닌 것 같아요. 문제의 실체를 알지 못하고 나의 현실과 연결 짓지 못하는 안개 같은 상황에서 불안이 극심해졌던 것 같습니다. 21세기에도 과목별로 나뉜 학교, 과목별로 세상일을 분류하는 정부 부처인데, 정부가 어떻게 해야 국민이 세상을 통합해서 바라보는 통섭으로 나아가도록 이끌 수 있을까요?

최 쉽지 않은 질문인데요. 제가 쓴 칼럼 중에 〈머리에서 가슴까지〉가 있어요. 서양에 "세상에서 가장 먼 거리는 머리에서 가슴까지"라는 속담이 있습니다. 실제로는 36센티미터밖에 안 되는 거리이지만, 아는 것을 실행에 옮기기까지 매우 어렵고 시간이 걸리죠. 제가 미국에서 살면서 알게 된 게 있어요. 그들은 끝까지 토론하고 합의를 보더군요. 그리고 그렇게 오래 토론하고도 실행 단계에서 또 시간을 무지 씁니다.

우리는 일단 머리에서 이해가 되면 전광석화처럼 일을 해치웁니다. 그 대신 머리에서 이해하는 과정이 쉽지 않죠.

합리적으로 차근차근 토론하기보다는 벌떼같이 덤벼 공격하고 비난도 쏟아붓습니다. 하지만 바로 여기서 놀라운 일이 벌어져요. 우리는 가짜 뉴스를 접해도, 사실에 기반해서 이야기하는 전문가들을 보며 옥석을 골라냅니다. 마침내 때가 무르익으면 현명하게 행동해요.

저는 이 점이 바로 우리나라의 역동성이라고 생각합니다. 평소에 "알면 사랑한다"라는 말을 자주 하는데요. 자꾸 알아가려는 노력이 축적될수록 이해하고 사랑할 수밖에 없어요. 공부와 교육이 무엇보다 중요한 이유입니다. 교육의 내용이 사실을 분별할 수 있도록 채워져야 하고요. 진실을 말하는 전문가들의 말이 일반인에게 신뢰를 받아 통용될 수 있도록 사회의 갈등이 잦아들어야 합니다. 그러려면 위정자들이 힘써 노력해야 하지요. 갈등의 골이 깊으면 진영논리로 사실을 외면하려는 경향이 커집니다. 저는 무엇보다 앎이 가져오는 사랑이 소중하다고 여겨요. 우리 인간은 사실을 많이 알면 알수록 결국엔 이해하고 사랑하는 방향으로 나아갑니다.

안 우리는 관계 속에서 살아갈 수밖에 없고, 결국 내가 사는 세상은 내 마음이 뻗어 있는 관계 안이기에 "알면 사랑한다"라는 말이 깊이 다가옵니다. '지식을 쌓고자 공부하는 것만이 아니라 남과 소통하고 내가 잘 살기 위해 정말 교육이 중요하구나.' 새삼 느낍니다.

● 최 저는 지금 우리 사회가 그리 나쁘지 않다고 생각해요. 우리 아이들은 워낙 많이 배웠고 알아서, 아이들의 생각이 점점 나아지고 있는 점이 제 눈에는 보입니다.

아이들에게 삶을 돌려주자

● 안 누구나 꽃피워 낼 잠재력을 지니고 있다고 생각하시나요?

● 최 한 달에 한 번씩 시골에 있는 작은 초등학교에 가서 아이들을 만납니다. 학생이 40명인 분교예요. 오전 오후에 자연 수업을 하는데요. 날씨가 좋은 날에는 논이나 산에 다니면서 수업을 하고, 바람이 거세게 불거나 비가 오면 교실에서 합니다. 제가 가장 많이 쓰는 문구가 '공부하는 줄 몰랐는데 배웠더라'예요. '자, 이제부터 공부하자'가 아니라 재미있게 논 거 같은데 뭔가를 배운 느낌을 갖게 하는 거죠. 아이들과 같이하는 분교 수업에서 그 철학을 나름대로 실현하고 있습니다. 초등학생들을 앉혀놓고 칠판에 '기후변화란' 이런 거 쓰지 않아요. 그저 산에 오르고 들판을 함께 거닐면서 이야기합니다. 누가 풀이라도 뜯어 오면 둘러앉아서 그 풀에 대한 생각을 주고받습니다. 그러면서 뭔가를 깨우쳐 가는 걸 가장 좋은 공부라고 생각해요.

엊그제는 선생님들이 저를 마중하러 나오면서 "교수님, 오늘은 많이 고생하시겠어요"라고 말하셨어요. 왜 그러시느냐고 물었더니 "수업하실 학년이 1학년과 2학년이에요"라고 답하셨습니다. 오전에는 1학년 학생 열한 명과 수업을 하고, 오후에는 2학년 학생 일곱 명과 수업을 했습니다. 오후 수업을 마치자 분교장 선생님이 저에게 오시더니, "2학년 담임 선생님이 교수님 수업 끝나자마자 달려 내려와서 '제가 문제였어요'라고 말했어요." 하셨습니다. 그게 무슨 소리인지 물으니, 전체 학년 중 2학년이 가장 힘들대요. 수업을 재미있게 하려고 아무리 애써도 아이들이 의기소침하게 앉아만 있다고 합니다. 거기 아이들 대개는 자유분방하고 잘 놀아요. 분교의 분위기는 매우 자유롭습니다. 국어 수업을 논에서 해도 될 정도로요.

그런데 2학년 학생들만 묘하게 진행이 안 된다고 해요. 저는 그 아이들과 한 시간 10분가량 서로 질문하고 답하며 신나게 몰입했거든요. 제 수업을 뒤에서 지켜보던 담임 선생님이 넋이 나갔어요. '우리 아이들이 원래 이랬나?' 하는 표정이었습니다. 저는 가르치고 어울려 탐구하는 걸 좋아합니다. 대학교수로 있으면서 아쉬움이 많은데, 우리나라 대학이 교육을 너무 등한시하고 연구 성과에만 집중하기 때문입니다. 모름지기 교수라면 잘 가르쳐야죠. 교육 속에서 학생은 피어납니다.

안 이렇게 교육하면 '이 아이가 정말 성장하겠구나' 하고 확인

했던 진한 경험이 있으신가요?

최 제 아내가 워낙 교회를 열심히 다녀서, 저도 10년 넘게 일요일마다 천안에 있는 교회에 갑니다. 아주 작은 교회예요. 몇 년 전에 젊은 목사님이 딸을 입양하셨어요. 제 아내는 성가대 지휘에 매여 있고, 교회의 인원이 적으니 목사님도 성가대 활동을 하십니다. 어쩔 수 없이 제가 그 아이와 놀아줘야 했어요. 아이는 세 살 때부터 일요일마다 저와 놀았습니다.

교회 앞에 작은 공원이 있는데요. 공원에 있는 개미굴 앞에서 같이 쪼그리고 앉아 있곤 했죠. 제가 개미굴 앞에 손바닥을 내려놓고 개미들이 제 손등으로 기어 다니는 걸 보여주며 "안 물어"라고 했더니, 저를 따라 하더라고요. 지금 그 아이는 초등학교 1학년인데, 모르는 동물과 식물이 없습니다. 책도 어마어마하게 많이 읽습니다.

젊은 목사님이 그 아이를 입양할 때 목사님의 부모님이 반대하셨대요. 아이를 키우려면 참으로 큰 책임감이 따르니까요. 지금은 두 분이 손녀 때문에 정신을 못 차리세요. 매우 점잖으신데 인사치레라도 손녀 이야기만 나오면 멈출 줄 모르시고 자랑을 하십니다. 당신 손녀만큼 똑똑한 아이를 평생 본 적이 없다고요. 덧붙여 "최 교수님이 우리 애를 적절하게 자극해줘서 기막히게 지적 능력이 개발됐어요"라고 하셨습니다. 제가 무슨 말로 받아넘기겠어요. "그냥 같이 놀았어요"라고 말했죠. 그런데 어쩌면 그 아이가 때맞춰 적절한 자극을 받았을 수는 있습니다. 일요일마다 두어 시간 동안 꽃도 보고 개미도 보면서 자연 친화력이 생겼을지도 모르죠.

그 아이가 다섯 살 때였어요. 어떤 어른이 땅에서 뭔가를 캐다가 커다란 지렁이가 나오자 깜짝 놀라 뒤로 넘어졌는데, 그 아이가 "지렁이다!"라고 환호하더니 손으로 지렁이를 집어서 저에게 보여줬습니다. 물론 어린아이라서 게임도 좋아했지만, 다른 아이들과는 조금 달랐습니다. 제가 노트북을 펼쳐놓으면 제 무릎에 철퍼덕 앉곤 다큐멘터리를 보여달라고 했어요. 동물에 관한 질문을 쏟아내기도 했습니다. 그럼 제가 구글에 들어가 같이 찾아보면서 설명해줬죠.

아이를 가르쳐서 무언가를 하게 만드는 것이 아니라 아이 스스로 세상을 보고 습득하도록 어른이 환경을 조성해주는 것. 그것이 바른 교육입니다. 요즘 그 아이는 저도 모르는 것까지 어디서 뒤져와서는 저에게 이야기해줍니다. "너, 그거 어떻게 알았니?"라고 물으면, "지난번 도서관에 갔을 때 봤어요"라고 말해요.

제 아들도 그렇게 키웠습니다. 극성스럽게 뭘 시킨 게 아니라 아들이랑 끊임없이 뭔가를 같이 하면서 시간을 보냈어요. 제법 잘 컸습니다. 그 아이도 정말 잘 크고 있는 느낌이 들어요. 답하다 보니 이상하게 제 자랑으로 흘렀네요.

● 안 한 소녀뿐 아니라 모두가 그 혜택을 받았으면 좋겠다는 바

람입니다. 제가 취재했던 학교 중에 미국 캘리포니아 해안 도시 산타크루즈 삼나무숲 속에 있는 학교가 참 인상적이었어요. 달라이 라마Dalai Lama를 따르는 한 미국인 교육자가 발도르프 교육법Waldorfpädagogik과 몬테소리 교육법Montessori Method을 통합해서 만든 학교인데요. 유치원에서 중학교까지 학생들이 숲 속 생명과 소통하며 공부합니다. 종교가 무엇이든 상관없이 입학 지원을 할 수 있고, 학년마다 만다라를 그리며 자연 요소를 배우는데요. 과학 시간에 배운 자연에 자기 생각을 넣어 표현한 만다라 작품들이 교실마다 가득했습니다. 저학년은 색연필이나 물감으로 만다라를 그리고, 고학년은 펠트나 손바느질로 온갖 재료를 섞어 만들었는데요. 곰곰 사색하며 과학과 미술을 융합한 작품을 탄생시킨 거죠. 수학도 자연을 응용해서 배우고 있었습니다.

칙센트미하이 선생님도 저에게 "교사는 필요 없다"라는 말씀을 하셨어요. 당신이 본 가장 아름다운 학교는 헝가리 시골에 있는데, 여러 학년이 한 교실에서 그룹별로 수업을 하면서 윗반이 아랫반을 가르쳐주며 서로 배우는 시스템을 갖추고 있다고 합니다. 칙센트미하이 선생님이 그 방식을 최고로 치는 이유는, 교육에서 가장 중요한 서로를 돌보는 보살핌을 발현시킨다는 점인데요. 학교에 오면 윗반 선배들이 아랫반 후배들의 외투를 벗겨주고 신발 끈을 풀어주고, 수학도 6학년이 4학년을 가르치고 5학년이 3학년을 이끌어준다고 합니다. 그럼 교사는 뭐 하느냐 물었더니, 판을 벌이고 그저 바라보면 되는 거래요. 교사의 가장 중요한 역할은 아이들의 호기심을 자극하면서 서로 소통하게 하는 거니까 그만으로도 충분하다고요. 일요일마다 교회에서 선생님을 만나는 그 아이가 부럽네요. 선생님 덕분에 지렁이를 교사 삼아 배우고 친구 삼아 지키는 듯해서요.

최 제가 지금 교육을 이야기하고 싶어 하는 세 번째 이유를 말해야겠네요. 저는 우리 아이들에게 삶을 돌려주고 싶습니다. '도대체 삶이 뭔데, 이렇게 학교와 학원을 돌고 돌며 살아야 하나?' '무엇을 위해 열심히 공부하고 무엇을 성취해야 하기에 쉼 없이 배워야 하나?' 사실 교육이란, 먼저 살아본 사람들이 다음 세대에게 '살아보니까 이런 게 필요하더라' 하고, 조금은 준비하고 사회에 들어왔으면 좋겠다는 마음으로 가르치는 거잖아요. 옛날 같으면 기성세대가 사냥을 해보니까 활을 잘 쏴야 한다는 이치를 깨달았고, 활쏘기 연습을 하자 사냥을 잘하게 되어, 다음 세대에게 활쏘기 연습을 시키는 거고요.

지금 중·고등학교에서 가르치는 모든 내용이 사회에서 정말 필요한 것일까요? 솔직히 아무도 장담하지 못합니다. '삶의 중요한 시기에 있는 아이들의 시간을 우리가 지금처럼 빼앗아도 될까?' 자주 의문을 가져요. 저는 어른들이 그들의 삶을 유린하고 있다고 생각합니다. 이걸 인권 문제라고 보는데요. 청소년 시절에는 왜 인권을 보호받지 못할까요? 먼저 살아봤다는 이유로 기성세대가 청소년에게 '삶을 접고 공부만 해라'라고 말할 수는 없습니다. 지금의 교육 제도는 위 세대가 아래 세대를 압박하는 장치가 됐습니다. 이제라도 그들에게 정말 필요한 게 뭔지 고민하고, 모두가 삶을 즐기면서 자라나도록 길을 내야 합니다. 왜 우리가 교육하고 공부하는지를 숙고해야 할 때가 왔습니다.

나에게 공부란 무엇인가

안 교육과 공부라는 단어가 약간 다른 의미를 전달하는 거 같아요. 선생님에게 공부와 교육은 어떻게 다가오시나요?

최 공부란 단어는 좀 더 개인적인 면으로 다가옵니다. 저는 공부하고 애증 관계에 있어요. 제가 이런 이야기를 하면 안 믿는 분들도 있고 속 다르고 겉 다른 사람으로 보시기도 하고, 가까운 분 중에는 엄살을 떤다고 말씀하시던데요. 사실은 제가 공부를 썩 많이 하지는 않았습니다.

안 석좌교수이신데요?

최 그래서 이야기하기가 좀 힘듭니다. 저는 미국 땅을 밟으면서 공부를 시작했어요. 그전에는 어머니의 혀로 했고요.

"공부해라, 공부해라" 하셔서 억지로 했어요. 억지로 한 것 치고는 서울대학교에 다녔으니 이렇게 말하면 욕을 먹더라고요. 사실 예전의 서울대학교와 지금의 서울대학교는 다릅니다. 제가 다닌 고등학교 학생 500명 중에서 300명이 서울대학교에 갔습니다.

안 그 당시 경기고등학교, 경복고등학교, 서울고등학교의 경우는 500명 중 300명 이상이 서울대학교에 진학했죠.

최 고등학교 입학 과정에서 한 번 걸러졌다고 싶으면 할 말은 없습니다만, 그 학교에서 대단히 특수한 교육을 받은 것 같지는 않아요. 저는 공부를 체계적으로 해본 기억이 없습니다. 시험을 못 봐서 혼났고 너무 혼나니까 밤을 지새웠고 그러다가 시험을 한두 번 잘 봤어요. 엎치락뒤치락하다가 친구 따라 강남 가듯이 서울대학교에 갔습니다. 공부를 잘한 친구들과 비교하면 저는 운이 매우 좋았고, 노력에 비하면 결과가 좋았죠. 대학 입시 준비에 최적화된 학교에 다녔고, 열심히 안 했어도 세뇌당하듯이 수업을 들어 대학교에 진학했습니다. 저는 대학 입시에 두 번 떨어졌어요. 저희 때는 물리학과와 전자공학과가 최고였습니다.

안 〈로보트 태권V〉가 나왔던 그때는 공학 박사가 최고였죠.

최 그렇죠. 학교에서 신문지만 한 종이에 전교생의 성적을 인쇄해서 나눠줬습니다. 인권이 없었어요. 첫 구간이 1등부터 50등까지인데 이 구간에 들어가면 서울대학교 공대나 자연대 어느 학과든 갔습니다. 그 구간에서 중하위권에 있는 학생들이 의예과에 갔어요. 당시엔 배치고사가 있었는데 열 번 정도 모의시험을 봤습니다. 저는 제 실력보다 시험을 잘 치는 경향이 가끔 있었어요. 원래 제 성적은 50등 언저리였습니다. 첫 구간에서 다음 구간으로 밀렸다가 다시 들어오기도 했고요. 그런데 배치고사 점수가 계속 올라 첫 구간에서도 제법 상위권에 들었습니다.

그래서 저는 이과였지만 법대에 가겠다고 원서를 써냈습니다. 아버지가 "가난한 집안의 장손은 법대에 가서 집안을 일으켜야 한다"라고 자주 말씀하셨거든요. 교장 선생님이 안 된다고 말리셨어요. 그때는 무조건 공대를 권유하던 시절이었으니까요. 제가 교장실 앞에서 이틀간 농성했는데도 학교에서 원서를 안 써주겠다고 하니, 아버지가 저를 의대에 보내기로 마음을 바꾸셨습니다. 다음 날 의예과 지원서를 가져가니 교장 선생님이 부르시더라고요. 저보다 키가 작은 분이 저를 끌어안고 번쩍 들고는 "의대 수석하자!" 하시며 기뻐하셨어요. 의대 수석을 목표로 서울대학교에 가서 본고사(1960년대까지 대학입학시험은 학교별로 치러졌다)를 봤습니다. 떨어졌습니다. 우리 고등학교에서 아홉 명이 서울대학교 의예과에 지원했는데 여덟 명이 붙고 한 명이 떨어졌어요. 그 한 명이 바로 저입니다. 배치고사 성적만으로는 제가 제일 높았죠.

안 왜 그랬을까요?

최 저는 애초에 붙을 자격이 없었어요. 성적 기복이 심했고, 수학을 워낙 못했으니까요. 수학 성적이 30점을 넘지 못했습니다. '수포자(수학 포기자의 줄임말)'였어요. 좋은 이과 대학에 가는 건 불가능했죠. 그래서 어떻게 하면 수학 시험을 잘 볼까 고민하면서 전략적으로 접근했습니다. 마지막에 치른 한두 번의 시험에서 전략이 효과를 발휘했고, 배치고사에서 좋은 성적을 받았어요.

안 어떤 전략이었나요?

최 고등학교 3학년 내내 본 시험지들을 들여다보니 수학 선생님이 문제를 내시는 패턴이 있더라고요. 그 패턴에 따라 나올만한 문제들을 추려 집중적으로 준비했죠. 그 패턴 중에서 가장 확실한 게 있었어요. 확률과 통계에서 한 문제씩을 내셨습니다. 수학 잘하는 친구들이 그 문제를 자꾸 틀렸어요. 계산과 통계적 사고는 다른가 봅니다. 저는 계산 분야는 잘하지 못했지만, 확률과 통계는 잘했습니다. 별로 노력하지 않아도 그림이 보이더군요. 그 부분에 집중하여 연습했는데 예상이 맞아떨어졌어요.

안 연구에 최적화되어 있으신데요.

최 수학 선생님이 확률과 통계를 설명하면 해법이 보이고 들렸어요. 일단 확률과 통계 문제를 반드시 맞히겠다고 마음먹고 많이 풀었습니다. 한 문제를 맞으면 15점은 따고 들어가니까요. 대신 제가 대수代數를 못했어요. 대수 문제 유형은 광범위하지만, 기하 문제 유형은 비슷비슷했어요. 그래서 기하 문제를 공략하며 점수를 야금야금 확보해서 막판에 60점 정도를 받았습니다.

이과생들은 국어를 가장 힘들어했죠. 저는 국어 성적이 95점 아래로 떨어져본 적이 없습니다. 제 답을 국어 선생님이 틀렸다고 채점하시면, 무슨 근거로 틀렸다고 하시느냐고 수업 시간에 공개적으로 질문했어요. 국어 선생님이 "교무실로 와." 하셔서 가면, "알았다. 맞혔다고 할 테니, 제발 수업 시간에 덤비지 마라." 하셨습니다.

그럼 제가 "선생님, 김유정의 작품을 다 읽어보셨나요? 김유정의 작품 중에 이 소설은 정통파가 아닙니다. 이 소설은 김유정의 작품 세계에 낄 수가 없습니다"라고 말할 정도였습니다. 공부 잘하는 이과생들도 국어 성적이 70점대였거든요. 저는 그들보다 십몇 점을 더 받았고 영어도 잘하는 편이었습니다. 그렇지만 본고사에서 중요하게 다뤄지는 건 심도 있는 수학과 과학이었어요. 이 두 과목에서 참패하니 의예과에 들어가기는 힘들었죠.

안 과학자이신데 과학을 못하셨나요?

최 네. 물리, 화학, 생물, 지구과학 네 과목을 공부해야 하는데, 화학 성적은 형편없었습니다. 물리, 생물은 조금 했는데 화학은 정말 하기 싫었어요. 화학 공부하시는 분들이 들으면 기막혀하시겠지만, 화학은 너무 기계적이어서 제 가슴을 뜨겁게 만들지 못했습니다. 그리고 제가 과학자가 될 거라곤 꿈에도 생각하지 못했고요. 수학도 그랬습니다. 체계적으로 배워서 문제를 풀기보다 한 문제 한 문제를 수수께끼 풀듯이 대했습니다.

안 풀이 과정을 차근차근 밟지 않았다는 건가요?

최 제가 차근차근 쌓아 올라가는 걸 잘 못해요. 운동도 테니스나 골프 같은 종목은 하고 싶지도 않아요. 그건 단계를 익히고 배워야 하니까요. 축구는 그냥 공을 차면 되잖아요. 남보다 열심히 뛰고, 상황을 파악해서 공간이 보이면 싹 끼어들고, 공이 오면 한 골을 넣고 희열을 느낄 수 있습니다. 차근차근 쌓아가는 과정이 싫었어요. 오래전 한 일간지에서 서울대학교와 카이스트에 들어간 다섯 명을 한자리에 모아놓고 어떻게 공부했는지를 물었어요. 한목소리로 '수학은 암기 과목'이라고 했습니다. 수학은 유형이 있는데, 몇십 가지 유형을 전부 외우고 어느 한 유형을 적용해서 기계적으로 풀면 된다고요.

안 동의하세요?

최 동의합니다. 적어도 대한민국에서 가르치는 수학은 그렇습니다.

수학의 민낯을 보다

안 기계적 문제 풀이는 AI Artificial Intelligence가 더 잘하지 않나요?

최 지금 우리는 AI 시대가 오면 필요 없을 수학만 가르치고 있어요. 제가 펜실베이니아주립대학교에서 미국 유학을 시작했는데, 그곳에 가자마자 GRE Graduate Record Examination(미국 및 여러 영어권 국가들의 대학원수학자격시험) 수학 과목에서 만점을 받았다는 소문이 퍼졌습니다. 제 지도 교수님이 테드 윌리엄스 Ted Williams이신데 수학 생태학을 연구하셨어요. 이론생태학 Theoretical Ecology 수업을 하셨습니다. 이분은 색맹이고 우울한 분위기를 풍기셨지만, 저를 아주 따뜻하게 대해주셨습니다.

제가 미국 유학을 갈 때 장학금을 받을 만한 성적이 안 되어 아버지에게 한 학기 학비만 받고 시작했어요. 그 이상은 기대지 않겠다고 아버지와 약속했죠. '미국에서 죽으면 죽었지. 공부를 마치지 않고 한국에 돌아오지 않겠다'라고 결심했는데, 한 학기가 순식간에 지나갔습니다.

당시 학과장이었던 윌리엄스 교수님을 찾아가서 "돈이 필요합니다"라고 운을 떼며 사정을 말했습니다. 그때 학교에서 수업 조교를 공개적으로 뽑았는데, 윌리엄스 교수님이 네 명을 선발하셨어요. 선발된 미국 학생들 사이에 저를 끼워주셨습니다. "네가 가장 우수한 성적으로 뽑혔다"라고 하셨지만, 그냥 뽑으신 것이 확실하다고 느낍니다. 참 자애로운 분이셨어요.

그러던 어느 날, 윌리엄스 교수님이 저에게 "수학과에 가봐라." 하셨어요. 수학과 학과장님에게 가니 "너희 학과장이 너에게 시험을 내라고 하는데 이유는 모르겠고, 이거 가져가서 옆방에서 풀고 와라." 하며 시험지를 주셨어요. 세 시간 동안 100문제를 풀라고 하셨지만, 한 시간 반 만에 풀었어요. 답안지를 보시더니 "다 맞았네." 하고 윌리엄스 교수님에게 전화를 걸어 이야기하셨습니다. 전화를 끊으시더니 저에게 시험 하나를 더 보라고 하셨어요.

문제가 길고 아무리 읽어도 무슨 뜻인지 이해하기 힘들어서 학과장님에게 문제를 이해하지 못하겠다고 말했습니다. 학과장님이 "그럴 수 있겠네." 하시며 수학과 대학원생을 불러 저에게 문제를 설명해주라고 하셨어요. 저는 그 학생 옆에서 세 시간 동안 문제를 풀었습니다. 답안지를 제출하니 훑어보시곤 제게는 한마디도 하시지 않고 또 윌리엄스 교수님에게 전화하셨어요. 그리고 저에게 윌리엄스 교수님에게 가보라고 하셨습니다.

윌리엄스 교수님에게 가니 "지금부터 생태학 석사와 수학 석사 과정을 같이 공부해라"라고 지시하셨습니다. 수학과 학과장님과 결정했다고요. 저에게 보기 드문 수학 재능이 있다고도 하셨고요. 윌리엄스 교수님의 생태학 수업이 시작되고 5분이 지나면 학생들이 모두 졸았습니다. 억양 변화가 거의 없으셨거든요. 윌리엄스 교수님도 자는 학생들을 깨울 생각을 안 하시고 혼자 중얼중얼 문제를 푸셨습니다.

안 굉장히 평화로우신 분이신데요.

최 한결같으셨죠. 저는 영어가 서툴러 강의를 듣기보다 칠판에 적힌 수학 공식을 따라가느라 졸지 않았어요. 그분이 가끔 틀리시면 지적을 했어요. 그럼 학생들이 모두 깨어났습니다. 그리고 학교에는 수학 천재가 교수를 지적했다는 소문이 퍼졌고요. 그런 저이지만 복수 전공은 하지 못하겠다고 답했습니다. 이유를 물으시길래 옛날이야기를 했죠. 고등학교 때 수학을 너무 못했고, 수학으로 먹고살아야 한다면 차라리 공부를 포기하겠다고요. 그만큼 수학이 끔찍하다고요. 윌리엄스 교수님은 수학과 생태학을 같이 공부하면 미국에 있는 어떤 대학에서도 교수를 할 수 있다고 설득하셨습니다. 수학을 잘하는 사람이 생태학 분야에 꼭 필요한데, 복수 전공을 하는 학생이 드물다면서요. 저라면 잘할 것 같다고 하셨지만, 저는 단호하게 싫다고 했습니다.

안 유학생에게 귀한 기회인데 정말 거절하셨어요?

최 네. 거부했어요. 며칠 뒤, 집단유전학을 지도하는 제인 맥클루어Jane McClure 교수님이 브라운 백 런치 미팅Brown Bag Lunch Meeting을 여셨습니다. 미국 사람들은 점심을 먹으며 가벼운 모임을 하기도 하는데, 점심으로 주로 먹는 샌드위치를 누런 봉투에 넣고 다녀서 브라운 백 런치 미팅이라고 부릅니다. 다 같이 둘러앉아 먹으며 실험한 이야기, 여름에 아프리카 다녀온 이야기 등 이런저런 화제를 자유롭게 나눴어요.

그날은 윌리엄 해밀턴William Hamilton의 논문이 거론됐습니다. 1964년 국제학술지 〈이론생물학Journal of Theoretical Biology〉에 나온 논문인데, 총 52쪽에 걸쳐 수학이 잔뜩 들어 있어요. 그 논문에서 사회생물학이 시작됐다고 평가할 정도이죠. 사회생물학 또는 진화생물학을 공부한다면 꼭 읽어야 하는 고전이에요. 고전이란 무엇인가에 대해 종교학자인 정진홍 선생님은 "모두가 읽어야 하는데 아무도 읽지 않는 책"이라고 표현하셨는데요.

해밀턴의 논문이 바로 그런 고전이에요. 논문 전체가 수학이니까 읽어내지 못하죠. 저도 1주일간 고생해서 겨우 읽었습니다. 학생들이 논문을 읽은 소감을 말했는데, 저는 아무리 들어도 무슨 말들을 하는지 파악할 수가 없었어요. 점심시간이 끝날 무렵 용기를 내어 한마디 했습니다. 제가 읽은 내용과 이제껏 오간 내용이 너무 다르다고요. 맥클루어 교수님이 "너는 논문을 읽었니?"라고 물어보셨어요. 교수님은 눈치채셨던 거죠. 학생들이 논문이 어려워 읽지 못하고 그 논문에 관해 쓴 글만 읽은 것을 말이죠. 저는 읽었지만 잘 모르겠다고 했습니다. 그랬더니 파격 제안을 하셨어요. 다음 시간에 논문에 대해 해설하라고요. '영어도 더듬거리는데 큰일이다' 싶었지만 한다고 했습니다.

화이트보드에 논문에 나온 수학 내용을 적고 풀면서 설명했어요. 학교가 발칵 뒤집혔습니다. 한국에서 온 수학의 귀재가 해밀턴의 논문을 해설했다고요. 2주일 뒤, 인류학과에서 세미나를 해달라는 요청을 해서 강단에 섰는데, 나이가 지긋하신 교수님 10여 분이 앉아 계셨어요. 가슴이 두근거렸지만 한 시간가량 쭉 설명했습니다.

그 후로 미국 생활이 편해졌어요. 제가 뭘 잘 못해도 '재는 알고 있는데 영어로 표현하지 못하는 거다. 재는 천재다' 하곤 넘어갔습니다. 윌리엄스 교수님이 또 저를 부르시더니, 수학 통계를 하시는 가나파티 파틸Ganapati Patil 교수님과 합의를 봤다며 통계학을 복수 전공하면 어떤지 물으셨어요.

윌리엄스 교수님은 제가 학계에서 어떻게든 주목받으며 성장하도록 애쓰셨던 것 같아요. 그런데도 저는 수학이 싫어서 못하겠다고 했습니다. 그러던 제가 펜실베이니아주립대학교에서 석사학위를 받고 하버드대학교에 박사 공부를 하러 가서 엉뚱한 결정을 내렸습니다. '수학을 공부해야겠다!' 쟁쟁한 사람들이 모인 곳에 와보니 요구하는 자질이 무엇인지 보인 거예요. 생물학에 수학까지 곁들이면 좋다는 것을 그제야 알았죠.

● 안 생물학을 공부하는 데 수학이 어떤 면에서 가치가 있나요?

최 상당히 많은 논리가 수학적 논리예요. 과학 중에 물리학은 수학을 수단으로 쓰고요. 생물학은 수학을 몰라도 공부할 수 있는 분야인데, 수학적으로 분석할 수 있으면 상당히 유리합니다.

안 '예를 들어주세요'라고 하면 무리일까요?

최 오랫동안 생태학은 매우 설명적 혹은 기술적descriptive 과학이었습니다. '자연계에 나가 보니 나무도 많더군요. 이 나무도 있고 저 나무도 있습니다'라고 설명하죠. 그런데 나무들의 차이나 현상을 수학적 수치로 보여주면서 분포 구조를 설명하면, '자연이란 오묘하고, 자연이 알아서 조절한다'라는 식으로 뭉뚱그려 이해하기보다 분석적으로 이해할 수 있어요.

안 요새 많이 거론되는 탄소흡수율 같은 걸까요?

최 그럴 수 있죠. 단순한 계산이 아니라 그 계산이 어떻게 예측 가능한지 수학적으로 분석하고 다른 시스템에도 적용하면, 그 시스템이 어떻게 움직일 것이라는 예측력이 생깁니다.

안 그 안에서도 '온도가 중요하다든지 습도가 주요 인자인지' 하는 요소factor를 뽑아낼 수 있나요?

최 네. 온도나 습도 같은 여러 가지 요소를 넣어서 수학적으로 분석해보면 시스템이 어떻게 움직이는지 보이기 시작하죠. 그렇게 안 하면 자연에 나가서 많은 항목을 적어 와, 구체적으로 이들이 어떻게 적응해서 숲이 안정되는지를 설명해야 합니다. '어떻게?'라고 물었을 때 서술적 묘사보다 수학적으로 분석하면 명확하게 보입니다. 일단 한 시스템에서 결과를 도출하면, 다른 여러 시스템에 똑같이 적용할 수도 있고요.

안 생물계도 황금률이란 게 있나요?

최 있죠. 여러 가지 면에서 가능합니다.

안 F=ma 같은 물리 법칙도 나올 수 있나요? 생물학의 법칙으로요.

최 물리학자들은 생물학자들에게 윽박지르며 살아왔습니다. 물리학에는 만유인력의 법칙, 양자역학의 법칙 등이 있는데, 생물학엔 없지 않느냐고요. 저는 찰스 다윈의 이론이 법칙이라고 말합니다. 조건만 맞으면 반드시 일어나야 하는 진화적 변화가 있는데 그것이 법칙이고 원리라고요.

안 그 조건만 맞춘다면 기후위기에서 탈출할 수도 있겠네요. 그래서 탄소를 2030년까지 반으로 줄이라는 건가요? 저는 문외한이라서 자꾸 급하게 현실에 대입해보게 됩니다.

최 생태계는 워낙 복잡해서요. 에드워드 윌슨Edward Wilson 교수님이 "세상에 가장 복잡한 시스템이 두 개 있는데 하나는 인간의 뇌, 브레인 시스템Brain System이고, 또 하나는 자연 생태계Natural Ecosystem"라고 하셨어요. 너무 많은 요소가 있어서 그래요. 그러니까 자연계에는 많은 요소가 있는데 '어떨 때는 이게 중요하고 어떨 때는 저게 중요하다'라고 설명하는 것은 과학 발전에 큰 도움이 안 됩니다. 수학적으로 분석해내고 모델링을 할 때, 어떤 경우에 어떤 요소가 가장 중요하게 작용하는지 보이죠.

수포자에서 수학 천재로 거듭나다

안 결국 수학을 공부하셨어요?

최 네. 수학과에 찾아갔어요. 하버드대학교 수학과 학과장님을 만나서 "생물학과 대학원생인데 수학 과목을 듣고 싶다"라고 하니까, 대수 수업을 소개하셨습니다. 그 수업 담당 교수님에게 가니 조건을 제시하셨어요. "수업을 들어도 되는데 강의실 뒤편에 앉아 팔짱 끼고 있으면 안 되고, 무조건 맨 앞줄 가운데에 앉아야 한다. 시험도 봐야 하고 숙제도 전부 해야 한다. 학점을 받지 않는 학생의 시험지를 내 손으로 채점해야 하는데 누가 손해일까?" 그러면서 "수학은 관조하는 학문이 아니다. 직접 풀고 이해해야 하는 학문이다"라고 하시더군요.

그 대수 수업은 1학기에서 2학기까지 연결되어 있었습니다. 1년 동안 단 한 번도 빠지지 않았습니다. 당시 저는 30대 초였는데, 스무 살인 대학생들과 같이 배웠죠. 수업을 들은 지 한 달쯤 지났을 때, 제가 수학을 못하는 사람이 아니라는 사실을 깨우쳤습니다. 그리고 우리나라의 수학 교육이 엉터리라는 것도 알았고요.

몇 달 지나고 그 교수님과 친구가 됐는데요. 알고 보니 저와 동갑내기였어요. 그 친구가 저에게 수학을 공부했어도 잘했겠다고 하더군요. 제가 펜실베이니아주립대학교에서 있던 일들을 말해줬죠. 그랬더니 그때 수학을 공부했어도 좋았을 거라며 저에게 수학적 감각이 있다고 일러줬습니다.

안 수학적 감각이 뭘까요?

최 수학은 상당히 직관적인 학문이더라고요. 전체를 보고 흐름을 파악하고 어떤 요소들이 필요한가를 분석하며 그걸 바탕으로 문제를 풀어나갈 수 있는 구조를 만들어내는 거예요. 미국 아이들은 수학을 대체로 못해요. 하지만 수학 수업은 우리와 다르게 이뤄집니다. 예를 들면, 공식을 설명하고 객관식 답을 찾도록 가르치지 않고, 어떤 상황을 주고 어떻게 풀 수 있는가를 묻습니다. 그러면 아이들이 무리를 지어 궁리합니다.

한 아이가 "우리가 풀어야 하는 걸 x라고 두자." 하면, 다른 아이가 "x로 가야 하는데 지금 우리가 알고 있는 건 뭐지? 아는 걸 a와 b라고 할까?" 하고 생각을 나눠요. 이 과정이 수학이에요. 상황을 관찰하고 구조를 분석하고 그것에 요소들을 부여해서 관계를 찾아가는 겁니다.

그런데 우리는 해법만을 열심히 가르칩니다. 아이들은 왜 그렇게 풀어야 하는지 모르고 해법만을 배우는데요. 창의적 아이들은 잘 따라 하지 못해요. 가만히 돌이켜보니, 제가 고등학교 때 거제도에서 전학 온 친구가 있었어요.

안 수학을 잘했나요?

최 전교 1, 2등을 다퉜죠. 서울대학교 물리학과에 갔어요. 이 친구와 겨루던 친구도 수학을 잘해서 서울대학교 수학과에 갔습니다. 두 친구는 지극히 착실하고 차분하다는 공통점이 있었습니다. 저에게 수학을 가르쳐줄 때도, "그러니까 이렇게 하라는 거지?"라고 물으면, "일단 들어봐. 처음에는 이것을 해야 해"라고 답했습니다. "그 과정을 밟지 않아도 답이 보이는데, 무엇 때문에 그러느냐"라고 제가 과정을 건너뛰면 저를 말렸습니다. 답이 보이는 것 같아서 건너뛰면 그때부터 안 풀렸어요. 차근차근 단계를 밟아야 문제가 풀렸습니다. 문제를 풀며 직관적 사고를 하다 보면 어렵더라고요.

안 그래도 학문을 하다 보면 직관이 매우 중요하잖아요. 막힌 미지의 벽을 돌파하는 상상력도 직관의 힘이 작용하고요.

최 그렇죠. 고등학교 때는 몰랐지만, 하버드대학교에서 깨우쳤습니다. 수학에서 직관이 중요하다는 사실을 말이죠. 우리나라의 수학 교육은 직관을 사용하면 어느 부분부터 문제가 안 풀려 낭패를 보게끔 하는 구조로 되어 있어요.

안 우리나라에 수포자가 많은 건, 한국인 중에 직관적 성향을 지닌 사람들이 많아서 그런 걸까요?

최 제 생각에도 그래요. 우리끼리는 '엉터리 기질' '약간 넘겨짚는 기질'이라고 하죠.

안 '척 보면 척'이라고요.

최 네. 우리는 굉장히 직관적인 것 같아요. 직관적이고 즉흥적이고 그래서 흥도 끼도 많고요. 하버드대학교에서 1년 동안 수학을 공부한 뒤, 제법 수학을 사용하는 과학자가 되었어요. 그런데 고등학생 때부터 수학 교육을 제대로 받았더라면 제가 지금과는 많이 달라졌겠다는 생각이 들어서 억울하기도 합니다.

안 미국 대학은 문과나 이과나 모두 수학을 필수로 이수해야 해서 우리나라 유학생들이 힘들어 합니다. 우리나라에서는 문과에 진학하면 수학을 안 해도 되니까 문과를 선택했다는 학생도 있고요. 이제 수학에서 교육 방식으로 이야기를 진전시켜볼까 하는데요. 당연히 시험 방식도 포함해야 할 것 같습니다.

최 제가 하버드대학교에서 생태학을 가르쳤어요. 수업 중에 수학을 이야기해야 할 때가 있었죠. 어느 날, 2차 방정식 수준을 설명하는데 한숨 소리가 들렸습니다. "너희 2차 방정식도 모르니?"라고 놀리듯 물었죠. 배운 적이 없다고 답하더군요. 그래도 가르쳐야 할 부분이 있어 미적분을 알아야 풀 수 있는 숙제를 냈습니다. 대신 숙제 마감 기한을 넉넉하게 2주 주었죠.

수강생 80명 모두가 숙제를 제출했어요. 2차 방정식도 모르던 학생들이었습니다. 한 학생에게 어떻게 풀었는지 물었습니다. 도서관에서 미적분학 책을 읽으면서 풀었다고 하더군요. 제가 꿀밤을 주는 시늉까지 했어요. 말도 안 되는 소리로 들렸기 때문이죠. 미적분을 배운 적도 없는데 어떻게 풀 수 있었느냐고 물었더니, 그걸 왜 못 하느냐고 되려 반문하더라고요. 그런 학생을 여러 명 만났습니다.

서울대학교 교수 시절, 문과 학생들에게 하버드대학교에서 냈던 문제를 그대로 내고, 3주 줄 테니 도서관에서 미적분학 책을 펴놓고라도 풀어보라고 했습니다. 한 명도 못 풀었어요. 미적분학 책을 읽을 능력이 안 되는 거예요. 미국 학생들은 한 시간을 주고 풀라고 하면 못 풀지만, 2~3주를 주고 도서관에서 책을 보고 풀라고 하면 대부분 푼다는 거죠. 그 정도까지는 중·고등학교에서 훈련을 받는 겁니다. 우리나라는 짧은 시간 안에 경쟁하는 문제 풀이 훈련만 시키고, 실제로 할 수 있는가 없는가를 좌우하는 능력을 키워주진 않는 것 같습니다.

안 시험은 두 가지 실력을 테스트하죠. 풀 수 있는가, 그리고 정해진 시간 안에 푸는가. 중학교 3학년인 제 딸이 시험을 보고 오더니 묻더라고요. "왜 정해진 시간 안에 풀어야 해요?"

● **최** 우리가 세상을 살아가면서 정해진 시간 안에 반드시 뭘 해야 하는 경우가 그렇게 많은 건 아니잖아요. 물론 정해진 시간 안에 모든 일을 마감해야 하기도 합니다. 그렇지만 한 시간 안에 모든 해법을 찾아야 하는 긴박한 삶을 평생 살지는 않습니다. 우리에게는 문제를 인식하고 숙고할 시간이 충분히 있어요. 그러니까 '어떤 자원을 동원해서 어떻게 문제를 풀어나갈까'를 가르쳐야 하는데, 우리는 주어진 문제를 한정된 시간 안에 어떻게 푸는지를 가르치죠.

조금 다른 이야기이지만, 선거 중에 후보자 토론회를 보면 답답합니다. 토론회는 임기응변의 달인, 어떤 순간에도 당황하지 않는 후보를 뽑아야 한다고 말하는 것 같습니다. 전시 사령관 뽑듯이 돌발 질문을 하며, 서로를 궁지로 몰고 나서 토론을 완벽하게 해낸 듯한 표정을 지어요. 진행자는 후보들이 충분히 의견을 말할 수 있게끔 질문다운 질문을 하지 않아요. 반론이 나오면 어떻게 생각하는지 진의를 알 수 있게 되묻지도 않고요. 자꾸만 극한 상황에 대처하는 순발력을 테스트하는데, 저는 엉뚱한 시험을 내고 있다고 생각합니다.

● **안** 삶을 극단적으로 접근하는 경향이 점점 심해지는 것 아닐까요? 일단 토론의 재미와 시청률을 올려야 투표율도 높아진다는 사고도 있고요.

● **최** 미국에 살 때 즐겨 보던 TV 프로그램이 테드 코펠Ted Koppel

이 진행하는 〈나이트라인Nightline〉이었습니다. 초대 손님 두 명과 인터뷰하는 프로그램인데요. 제 눈에 들어온 진행 방식이 있어요. 코펠이 한 사람에게 "이 문제가 심각해서 질문하는데 잘 생각해서 답해달라" 하면서, 그 옆 사람에게 간단한 질문을 툭 던지며 먼저 답해달라고 합니다. 어려운 답변을 해야 하는 이에게 준비할 시간을 주는 거죠. 다짜고짜 어떻게 생각하느냐고 재촉하면 정리가 안 된 상태로 이야기할 수 있으니까요. 저는 시청자들을 고려한 진행이라고 생각해요. 진행자는 제대로 된 이야기를 하게끔 하는 역할을 해야 합니다.

저도 토론을 이끌 때 그런 식으로 나아갑니다. 먼저 질문을 던져놓고 한 분에게 말합니다. "제가 보기에 당신이 가장 잘 이야기해주실 것 같은데, 답변을 듣고 싶습니다." 그리고 다른 한 분에게 말을 겁니다. "지난번에 이와 비슷한 질문에 답변하신 것 같은데 말씀해주실 수 있는지요." 같은 이야기를 반복하는 분은 쉽게 이야기하실 수 있으니까요. 그분 답을 들으면서 다른 분에게 생각할 시간을 드리는 겁니다. 그러면 청중들은 정돈된 답을 들을 수 있습니다. 상대를 궁지에 몰아넣는 식으로 한다면 토론하는 목적이 실종될 수밖에 없죠.

안 지난 미국 대선 후보자 토론회를 볼 때 인상을 준 장면이 있었습니다. 보수 성향의 앵커가 진행했던 토론회였어요.

당시 도널드 트럼프 Donald Trump 후보자가 상대를 비난하며 분위기를 격하게 몰았고, 바이든 후보자도 밀리면 안 된다고 여겼는지 맞대응하니까 진행자가 강력하게 중단시켰습니다. 비난 말고 토론하자고요.

최 하버드대학교에서 조교를 할 때 제 역할은 수업에서 토론을 이끄는 일이었습니다. 제가 미시건대학교, 서울대학교, 연세대학교, 지금의 이화여자대학교에서 학생들을 가르치며 모두 토론 수업을 해왔는데요. 토론을 할 때마다 학생들이 말을 하도록 제가 독려해야 했습니다. 하버드대학교만 정반대였습니다. 눌렀어요. 조교들끼리 항상 '더티 삭스 dirty socks, 더러운 양말을 준비하라'라고 조언합니다.

안 말을 막아야 하나요?

최 토론이 활발한 경우는 몇 명이 주도하기가 쉽습니다. 골고루 이야기하도록 중간중간 입을 막아야 해요. 그런데 조교들이 학생들의 입을 제대로 막지 못하는 이유가 있습니다. 토론 수업을 이끌면서 누가 몇 번 말했는가를 차트에 적어야 하고, 학생들은 한 번이라도 더 말해서 점수를 따려고 하니까요.

첫 수업 날, 저는 기존과 달리 운영하겠다고 선언했습니다. 몇 번 말했는가를 기록하지 않고 학기말에 누가 가장 즐겼는가를, 토론의 질을 따져 점수를 매기겠다고 했어요. 사실, 매우 위험한 시도였습니다. 하버드대학교는 학생들이 참여하는 위원회가 있는데요. 위원회에서 책 두께만큼 두꺼운 큐-가이드Q-Guide라는 수업 평가지를 만들어요.
그리고 학기말에 교수와 조교 중에서 몇십 명을 뽑아 상을 줍니다. 놀랍게도 제가 여러 차례 베스트수업조교상Best Teaching Fellow Award을 받았어요. 제 토론 수업에 참여한 학생들이 편안하게 하고 싶은 이야기를 할 수 있었다고 뽑아줬습니다.

안 자기의 잠재력을 드러나게 해줘서일까요? 선생님이 수학을 싫어하시게 된 이유가 성적 때문이고, 다시 좋아하시게 된 계기는 선생님들이 잠재력을 개발해주고 수학 재능을 스스로 알아보도록 이끌어줘서니까요.

최 교육은 아이들이 지닌 잠재력이 드러나도록 과정을 다듬고, 흥미가 일어나도록 누구에게나 기회를 줘야 하죠. 모르는 사이에 공부하고 있듯이 마음이 우러나도록요.

시험과 평가가 달라지면 된다

안 성적과 공부의 상관관계, 어떻게 설정해야 할까요?

최 저는 제가 성적을 관할하게 된 시점부터 오늘까지 시험을 보지 않고 성적을 내왔습니다. 교수로 임용된 초기엔 여러 교수가 함께 가르치는 수업이나 일반생물학 수업에선 시험을 치렀어요. 제가 고집부릴 수 없는 상황이었죠. 그런데 서울대학교 교수 시절, 어느 시점부터 시험을 치르지 않았어요.

시험을 치르지 않고 성적을 내는 방법이 분명히 있습니다. 다만, 시간과 노력이 훨씬 많이 들어요. 시험이 가장 간단한 방법이죠. 제가 왜 시간과 노력을 들여 시험을 안 보는 방법을 택했을까요? 좋은 고등학교에 착실하게 다녔는데도 대학 입시에 두 번 떨어졌던 저의 현실에 회의를 느꼈기 때문이에요. '몇 년을 준비하고 재수까지 했는데, 왜 단 하루 만에 치른 시험으로 합격과 불합격이 결정지어질까? 이 시험을 1년 내내 펼쳐서 하면 어떨까?'

제 머릿속에 든 생각이 '평가가 달라지면 된다'였습니다. 저는 긴 시간을 주고 평가하는 방식에서 제법 잘했어요. 우리는 여러 면을 평가할 수 있는데, 기준을 너무 한정시켜 평가합니다. 저는 한판 승부를 겨루는 시험을 없애고, 한 학생을 열몇 가지 부분으로 평가해요. 거의 매일 평가해야만 한 학기 전체 총괄 평가가 나옵니다. 교수 생활 내내 악착같이 했어요.

수업 시간에 배운 내용을 잘 습득하고 외워서 쏟아내는 능력뿐 아니라 그룹 프로젝트를 얼마나 잘했는지도 살펴보고, 조교들이 뒤에서 관찰해온 내용도 포함해서 평가합니다. 제가 읽을거리 숙제를 엄청나게 내줘요. 그걸 읽고 매주 리포트를 써내야 합니다. 여기에 토론이 들어가면 더 다양한 평가를 할 수 있죠. 모든 각도에서 점수를 매기면 빗나갈 수가 없어요. 공평한 성적이 나오니 학생들이 저에게 항의하지 못합니다.

안 평가 방식을 바꿨을 때, 눈에 띄게 달라진 학생들의 면모가 있었나요?

최 그러려면 기존 방식에서 나온 결과와 제 방식에서 나온 결과를 비교해야 하는데, 저는 한 방식으로만 가르쳤기에 답하기가 어렵긴 합니다. 제 수업에 마지막까지 남는 학생은 평균 40여 명입니다. 수업을 시작할 땐 100명이 들어도 점차 힘들다며 도망가고, 성적을 높게 받을 가망성이 없다고 빠져나가는데요. 끝까지 남은 40여 명은 어디다 내놔도 뭔가 하겠다 싶어요. 제가 이화여자대학교에 온 지 15년 만인 2021년 5월 31일에 '자랑스러운 이화인' 상을 받았습니다. 남자 교수에게 줘도 되느냐며 처음엔 고사했죠.

안 축하드립니다. 진정한 이화인으로 다시 태어나셨어요.

최 글쎄 말이에요. 고맙습니다. 제가 15년 동안 꾸준히 가르친 과목이 '환경과 인간'이라는 수업이에요. 그 수업이 끝나면 자연스레 학생 모임이 탄생합니다. 졸업해서도 이어가더라고요. 여러 모임이 꽤 오래 '환경과 인간' 수업에서 담았던 마음을 일상에서 펼쳐가고 있습니다.

안 전공과목이 아닌데도요?

● 최 교양과목이에요. 수업을 듣고 진로를 바꾼 학생들이 상당수 있습니다. 한 학기가 끝날 때쯤 제 방에 와서 "선생님, 책임지세요"라고 협박하는 학생들도 있고, 자기가 4년 동안 전공 공부를 열심히 했는데 "선생님 수업을 듣고 너무 혼란스럽다"라고 말하는 학생들도 있었습니다. 그리고 얼마쯤 지나서야 연락이 와요. 언젠가 한 학생이 미얀마에 있다고 안부를 전했습니다. 미얀마에서 여성의 지위를 향상하는 교육 프로그램을 진행한대요. 제가 "왜 그런 걸 하느냐?"라고 물으니, "다 선생님 때문이에요." 하더군요.

● 안 그 일과 선생님 수업이 어떤 연관이 있나요?

● 최 제가 하는 '환경과 인간' 수업에서 저는 '환경'을 '자연환경'이라고 규정하지 않고, '광의의 환경'으로 생각하자고 제안해요. 환경이라는 개념을 활짝 펼쳤습니다. 우리를 둘러싼 모든 것은 분석하고 보살필 선택지가 될 수 있다고요. 그래서인지 '환경과 인간' 수업에 별의별 위원회가 있습니다. 자전거도로개선위원회, 여성지위개선위원회, 인터넷문화개선위원회, 저출생고령화대책위원회, 국립자연사박물관건립준비위원회, 패스트패션대책위원회 등등요. 학생들 스스로가 위원회를 꾸립니다. 온갖 전공생들이 조를 짜서 프로젝트를 진행하니까 별의별 생각들이 나와요.

학생들은 수업 시간 외에도 모여서 모의를 해요. 서로 다른 전공의 선후배가 함께 가르치고 배웁니다. 그 시간이 진짜 수업이죠. 지금은 아현동이 재개발되어 아파트가 들어서기 시작했는데요. 여러 해 전, 도시재개발위원회 학생들이 온종일 거기 가서 있었어요. 졸업하고 나서도 젠트리피케이션gentrification(둥지 내몰림)을 어떻게든 막아보겠다며 그 일에 뛰어든 학생이 둘이나 됩니다. 제가 가끔 겁나요. '남의 인생을 너무 휘저어놓는 건 아닌가' 하고요. 지난 15년 동안 제 수업을 듣고 진로를 정한 아이들이 제법 많습니다. 그래도 저는 '이런 게 교육이지, 다른 게 있을까'라고 생각합니다.

안 학생들이 '환경과 인간' 수업을 듣고 '전공에 회의가 든다' '책임지셔라'라고 말해서 '와! 그 수업을 듣고 생물학을 하겠다는 지원자가 많아지는구나'라고 생각했습니다.

최 그건 아니고요. 개중에는 생물학으로 전향한 학생도 있고, 노골적으로 생물학을 공부하면 폭이 넓어지는지 묻는 학생도 있었어요. "그건 잘 모르겠지만, 학문 중에 생물학만큼 폭넓은 학문이 또 있긴 어렵지." 이렇게 답한 기억이 나네요.

안 생물학은 80억 인구와 1,500만에 달하는 생물 종을 다루잖아요. 그 안에 깃든 이야기는 무궁무진하죠. 선생님 말씀을 들으면서 '삶에 대한 태도가 바뀌는 공부'가 '진짜 공부'라는 생각이 듭니다. '학생들이 교실 밖에서 그동안 쌓은 배움을 동원해 새로운 모색을 하면서 자기 삶까지 변화시키는 그 맛을 보았구나' 싶어요. 삶에 기회를 주는 수업입니다.

2부

공부의 시간

끌려가지 않고 끌고 간다

많은 일을 하면서 어떻게 느긋할 수 있느냐고요.

마감 1주일 전에 미리 끝냅니다.

마음에 엄청난 평안을 줘요.

결과물의 질을 높일 수도 있고요.

공부의 집을 짓는 기술

안 선생님이 친숙한 학술적 구성으로 진행할까요? 공부의 구성 요소란 무엇일까요?

최 '구성 요소'라는 말을 들었을 때, '우선 반드시 있어야 하는 정해진 것'이라는 생각으로 다가옵니다. 요즘 대학 입시에서 높은 성적을 받은 학생들을 인터뷰하면 아주 체계적으로 공부했더라고요. 학습 목표를 조직적으로 나눠놓고 하나씩 공략하고 점검하면서 단계를 밟았습니다. '참 대단하다. 저런 아이들은 어떻게 컸길래 저렇게 될까?' 약간 존경심도 갖게 돼요. 저는 공부를 체계적으로 해본 적이 없는 것 같습니다. 어떤 공부도 한 번도 그렇게 해본 기억이 없어요. 늘 대충했어요.

안 오늘의 할 일도 없으셨어요?

최 그런 건 잘해요. 어떤 날은 하루에 열몇 가지를 해야 하기에, 시간을 30분 단위로 쪼개서 쓰죠. 그래서 오늘 해야 할 일을 전날 저녁에 점검하고, 빠진 것이 있으면 내일 어떻게 할지 계획을 세웁니다. 그런 습관은 사는 과정에서 어쩔 수 없이 만들어졌어요. 하지만 시험공부는 달라요. 예를 들어 수학 시험을 본다면 범위를 다 훑어야 하잖아요. 그 범위를 꼼꼼히 검토해본 기억이 없습니다. 그러니까 저는 엉성한 사람이에요.

나이가 들면서 남을 책임져야 하는 위치에 서니 조직 관리도 해야 하고, 이것도 저것도 해야 해서 스스로 다독이면서 시간을 챙겨왔습니다. 주변 사람들은 저를 비교적 꼼꼼하다고 평가하는데, 아내는 구멍이 뻥뻥 뚫렸다고 해요. 반박을 못하겠어요. 그저 뭔가를 열심히 하긴 하는데 가장 중요한 것, 꼭 해야 할 것은 빠트려요. 딴짓해서 그런 거죠.

안 예를 들면요?

최 제가 박사학위를 받기까지 왜 그렇게 오랜 시간이 걸렸을까요?

안 미국에서 석사 시작하신 지 11년만이죠?

최 네. 저는 열대지방을 계속 오가야 했습니다. 한 번 가면 몇 달간 있었습니다. 박사학위 논문을 쓸 때는 한 번에 6개월까지도 있었어요. 민벌레Zoraptera라는 희귀한 곤충을 연구하러 간 겁니다. 열대에서 있다가 돌아올 때면, 민벌레가 아닌 딱정벌레를 연구한 논문을 들고 지도 교수님에게 가서 읽어달라고 했습니다. 그다음 번에 돌아와서는 박쥐를 연구한 논문을 가져다드렸어요. 윌슨 교수님과 함께 저의 박사학위 논문 지도 교수님이셨던 베르트 횔도블러Bert Hölldobler 교수님은 마음이 따뜻한 분이셔서 다 읽어주셨습니다. 그러고는 논문 말미에 이렇게 쓰셨습니다. 저에게 논문을 돌려주면서도 같은 말씀을 하셨어요. "그래서, 박사학위 연구는 잘돼 가고 있는 거니?"

박사학위 연구를 위해 열대 우림에 실험 공간을 설치했는데, 산을 타고 40여 분가량 올라야 하는 곳에 있었어요. 저는 종종 그 지점까지 가지 못했습니다. 가다가 나비를 쫓아가고, 가다가 개미핥기를 쫓아갔어요. 한참 관찰하고 나서 시계를 보면 오후 3시였어요. '지금 실험 공간까지 가면 4시가 넘을 터이고, 곧 해가 지겠네. 오늘은 그냥 내려가지 뭐' 하고 돌아서곤 했죠.

어릴 적 저는 매우 부산스러운 아이였습니다. 동네 아이들과 이것저것 하면서 놀다 보면 하루해가 너무 짧게 느껴졌어요. 쪼끄마한 놈이 통행금지 시간이 가까워질 때 집에 돌아왔습니다. 아버지가 늘 대문에서 기다리고 계셨어요. 다음 날에는 회초리로 종아리를 맞고 반성문을 써야 했고요. 그래도 또 그다음 날 밤 11시 59분에 집에 들어갔습니다.

안 몇 살 때인데요?

최 여덟, 아홉 살 때예요. 어느 날엔 동네 아이들을 끌고 샛강에 놀러 갔다가 멋진 곳을 발견했습니다. 강이 내려다보이는 언덕이었는데, 중간 지점이 테라스처럼 평평하게 되어 있고 모래사장처럼 부드러운 흙으로 덮여 있는 것 같았어요. 거기서 햇볕을 쬐면 멋질 것 같았습니다. 아이디어를 냈죠. 굴을 파자! 굴을 파서 아지트로 만들면 기막힐 것 같아서, 밖에서는 안이 보이지 않도록 입구에서 바로 옆으로 꺾어지는 휘어진 굴을 팠습니다. 그 언덕에 있는 흙이 포슬포슬합니다. 쉽게 무너져내릴 수 있는 굉장히 위험한 종류였는데, 그때는 그런 생각을 미처 하지 못할 나이였죠. 아이들이 하도 집에 안 오니, 동네 어른들이 찾으러 다니다가 굴 깊숙이 들어가 흙을 파내고 있는 현장을 보신 거예요. 그날 동네 아주머니들이 우리 집으로 쳐들어와서, 도대체 어떻게 키웠길래 어린아이가 이런 일을 벌일 수 있느냐며 호통을 치셨습니다. 하여간 제가 호기심에 빠져 핵심을 놓치는 짓을 많이 합니다. 가장 중요하고 해야만 하는 프로젝트를 시작하다가도, 다른 재미있는 걸 발견하면 곧장 그리로 가요.

안 프로젝트를 하다가 다른 흥미에 빠지면, 오히려 기존에 진행하는 프로젝트의 내용이 더 풍부해지지 않을까요? 그러면서 새로운 발견도 하고요. 좀 더 넓은 범위에서 접근하는 유용한 방식으로 보이는데요.

최 저도 그렇게 믿고 싶죠. 그런데 심심찮게 난감한 상황을 경험했어요. 해야 하는 가장 중앙에 있는 건 안 하고 주변 걸 하고는, 안 했다는 사실마저 깜빡 잊은 경험이 여러 차례 있었습니다. 이 이야기를 하면 아무도 안 믿어요. 제가 평소에는 상당히 치밀하거든요. 나이가 들어가며 많이 훈련해서 나아졌어요. 30대 중반까지는 약간 문제가 있었다고 해도 과언이 아닙니다.

안 저는 반전이 있을 줄 알았어요. 창의력이란 결국 나의 이런 호기심과 몰입에서 나왔다고요.

최 아니요. 저는 운이 좋게 살아남았어요. 그러니까 미국에서 공부할 때도 그랬죠. 시험을 앞두고 교수님이 핵심을 분명히 알려주셨는데, 저는 엉뚱한 걸 공부하고 시험을 치렀습니다. 시험 준비를 하는 과정에서 옆으로 샌 거예요.

한국에서 대학에 다닐 때도 여러 번 그랬습니다. 수업에 자주 안 들어갔는데, 어느 날 수업에 들어가니 중간고사라는 겁니다. 뭐 어떡합니까. 교수님에게 백지를 제출하곤 말했죠. "오늘 시험 보는지 몰랐습니다. 죄송합니다." 당연히 중간고사 점수는 0점이었어요.

학기말고사를 잘 봐야 했습니다. 생물분류학이었는데, '연체동물문의 특징을 논하시오'라는 문제가 출제됐습니다. '계문강목界門綱目(생물을 분류할 때 사용하는 단계. 스웨덴의 식물학자인 카를 폰 린네Carl von Linné가 제시한 계Kingdom-문Phylum(식물 제외), 문Division(식물의 경우)-강Class-목Order-과Family-속Genus

–종Species의 범위로 나눈 생물 분류법)'할 때 '문'이요. 저는 '교수님을 어떻게 감동시켜서 만회할까'를 생각하며 시험 준비를 했습니다. 그때 원서로 수업을 했는데, 그 교수님이 영어를 잘 못하셨어요. 교수님이 번역한 내용을 한글로 칠판에 쓰면서 가르치셨는데, 저는 영어로 외웠어요.

시험 날, 답안지에 영어로 답을 쓰고, 군데군데 중요한 부분은 한글로 표시해서 제출했죠. B학점을 주셨습니다. 교수님이 저에게 물으셨어요. "어떻게 다 외웠느냐"라고요. "중간고사 0점을 만회하려고 열심히 했습니다." 그랬더니 웃으시더라고요. 또 언젠가는 제가 공부한 내용이 안 나와서 답안지에 이렇게 썼어요. "그냥 제가 아는 걸 쓰겠습니다. 교수님 봐주세요." 0점을 주셨습니다. 그런데, 제가 미국 대학에서 같은 행동을 한 적이 있는데요. 점수를 제법 받았습니다. 제 나름대로 논리를 개발해서 연관을 지어 서술했더니 인정받았어요.

안 융통성인가요? 출제 의도를 파악해서 답을 맞히도록 하기보다는 알고 있는 것을 평가하겠다는 태도일까요?

최 제가 실수를 했을 때, 미국에서는 '너도 이유가 나름 있었겠구나. 한 번 더 기회를 주겠다'라는 태도를 보였습니다. 우리나라에서 그런 혜택을 받아본 기억이 별로 없고요. 이 이야기를 왜 하냐면요. '우리가 아이들에게 뭘 가르쳐야 할까'를 고민할 때, 우리나라 교육이 너무 지나치게 다 가르쳐야 한다는 경직성에 갇혀 있다는 생각이 듭니다.

제가 구멍이 뻥뻥 뚫린 인생을 살아왔지만 나름대로 과정을 지나왔고, 무언가를 익히는 데 시간이 걸렸지만 결국 깊이 이해하고 체계를 잡아내는 결과를 냈습니다. 아! 한 가지 더 고백해야겠네요. 제가 어떤 위치가 되고 난 뒤, 기조 강연 전문 강연자가 됐어요. 지금도 여러 곳에서 부탁을 받습니다. 공부해본 적도 없는 분야에서 강의해달라는 요청도 받아요.

안 가장 당황스러웠던 요청은 어떤 분야인가요?

최 '유아 교육의 통섭' '나노기술과 로봇공학의 융합' 등등인데, 사실 저는 유아 교육과 기계에 대해 아는 게 없어요. 요청하는 쪽에선 평소처럼 통섭 이야기를 하면 된다고 해요. 그렇게 여기저기서 불러 강연을 했는데요. 그 분야의 모든 사람이 아는 기본 용어도 몰라서, 강연을 준비하면서 공부하기도 합니다. 구조적으로 살펴보고 가장자리부터 접근하다 보면 60~70퍼센트는 파악하게 되었다는 느낌이 와요. 그렇게 공부해서 기조 강연을 하고 나면, 사람들은 제가 어느 한 구멍을 모르는지 알아차리지 못합니다.

안 혹시 몰라도 되는 부분 아닐까요?

최 아니에요. 질문을 받다가 건너뛴 부분이 매우 중요하다는 사실을 알아차릴 때가 있습니다. 그때는 즉답을 피하면서 넘어가고, 집에 와서 자세히 읽어보기 시작하죠. 그럼, '와, 내가 겁도 없이 이것도 모르면서 기조 강연을 했구나'라고 생각하게 됩니다. 얼마 지난 뒤, 그에 관한 논문을 써달라는 요청도 받았습니다. 얼마 전에 강연도 했으니 논문을 써줘야 한다고 말하면서요. 결국, 썼습니다. 뒤늦게 모르는 내용을 보충했거든요.

저와 제 아내는 이 점에서 큰 차이가 있어요. 제 아내는 차곡차곡 쌓는 사람이에요. 다 쌓지 못한 상황에서 이야기하는 걸 불편해하고 견디지 못해요. "기다려라. 이 공부를 다 하고 다시 올게"라고 말합니다. 저는 그냥 건너뛰거든요. 감 잡았으면 겁 없이 껴들어 이야기합니다. 그런 제 모습을 보곤 아내가 말해요. "세상 사람들 이상하다. 엉터리를 왜 맨날 모셔가려고 하는지……." 그 사람은 늘 옆에서 저를 지켜봤으니까 저를 가장 잘 알죠. 이런 이야기를 부끄럼 없이 하는 이유는 학문을 성취하는 공부에 대해 말하고 싶기 때문입니다.

안 공부의 구성 요소이군요.

최 네. 제가 생각하는 '공부가 이루어져 가는 과정'입니다. 우리가 존경하는 위대한 학자들이 벽돌을 착착 쌓아가듯 빈틈없이 공부하셨을까요? 저는 절대로 그렇게 하지 않았을 거라고 생각해요. 그렇게 학문하면 생애에 못 끝냅니다. 지나친 완벽주의자들은 어느 단계까진 도달하지만 더 나아가지 못하더라고요.

안 자기만의 언어로 한 분야를 설파하거나, 학문의 꼭짓점을 끌고 앞으로 나아가는 단계까진 못 간다는 건가요?

최 그런 것 같아요. 제가 대가들과 조금 깊이 이야기를 나눠본 경험이 있는데, 대가인데 이런 것도 모르나 싶을 만큼 그분들에게도 구멍이 있어요. 사람이 할 수 있는 일의 양이 있다고 봅니다. 대가는 능력이 출중해서 하나씩 모두 쌓아가며 지금의 자리로 올라갔을 수도 있고, 아닐 수도 있습니다. 그분들도 꼭 완벽하지는 않다는 제 나름의 확신이 있어요.

그래서 저는 공부의 구성 요소를 이렇게 생각합니다. '젊은 친구들, 너무 두려워하지 말자. 어차피 조금은 엉성한 구조로 가는 게 낫다. 이런 것에 덤벼들고 저런 것에 덤벼들면, 이쪽은 엉성해도 저쪽에서 깊게 공부하다 보면, 나중에는 이쪽과 저쪽이 얼추 만나더라.' 깊숙이 파고든 저쪽이 버팀목이 되어 제법 힘이 생깁니다.

안 공부의 집이 지어지네요.

최 네. 그래요. 왜 그럴까 곰곰 생각해보다가 어릴 적 경험이 떠올랐습니다. 초등학교 3학년 때 풀지 못한 문제가 있었어요. 4학년 때 한참 다른 걸 공부하던 어느 날, 화장실에서 예전에 풀지 못한 문제를 봤는데 답이 보이더군요. '작년에는 이 쉬운 걸 몰랐다고?' 하나부터 열까지 차근차근 쌓아가지 않더라도, 다른 걸 하다가 예전 걸 얼핏 보면 안 보이던 것이 보일 때가 많습니다.

안 제가 아는 분은 초등학교 1학년인 둘째에게 글을 가르치려고 채근하지 않더라고요. 첫째가 3학년이 되어서 글도 읽고 셈도 했다며 느긋하게 아이를 바라보는 거예요.

스스로 길을 내며 방향 찾기

● **최** 제가 요즘 꼬마들을 데리고 논에 나가잖아요. 아이들이 논에서 자연을 배우는데, 그렇게 배우면 구멍이 숭숭하게 배울 수밖에 없겠죠. 제가 그 아이들을 앉히고 '세포란!' 하면서 세포 그림을 그리고 '올챙이의 특징은 이렇다'라고 가르치면, 더 체계가 쌓일 겁니다.

그런데 그런 배움이 꼭 좋은 배움일까요? 다양하게 배우면서 쌓아가고 조금은 어설프게 흔들거리다 보면, 어느 순간에 관심이 가는 분야를 찾습니다. 그럴 때 저는 심도 있게 들어가도록 도움을 줍니다. 언젠가는 전반적으로 이해를 높이는, 쓸 만한 학습 성취 구조를 이룰 수 있다고 기대하는데요. 저는 교육을 그렇게 하고 싶어요.

지금도 제가 지도하는 수업에서는 시험 대신 스스로 문제를 만들고 풀어보게 하죠. 자칫하면 제 수업을 마친 학생들이 다른 분의 수업을 들은 학생들에 비해 기초가 조금 부족할 수도 있어요. 제가 모든 걸 다지지 않았으니까요. 그런데 꼭 그렇게 꽉꽉 다져 넣고 확인하면서 가르쳐야 할까요?

안 어떤 20대 초 친구는 교과 과정을 다 배우고도, 무얼 하고 싶다는 마음이 생기지 않아 힘들다고 합니다.

최 가끔은 저도 '내가 혹시 잘못한 건 아닐까'라는 반성을 할 수밖에 없어요. 생태학계에서 흔히 하는 말이 있습니다. 브라운대학교 출신들이 아주 애매하다고요. 일반생물학 지식이 없는 박사들이 있어요. 브라운대학교가 그런 방식으로 공부를 시킨대요. 차근차근 다 다지도록 이끌지 않고 각자가 알아서 하고 싶은 연구를 하도록 지도한다고 합니다. 독일과 영국에서도 박사학위를 받는 데 있어 반드시 이수해야 하는 과목들이 있거나 시험을 봐야 하는 체계가 없어요.

안 자기가 길을 내고 찾아가면서 연구하나요?

최 네. 그렇게 논문을 쓰며 학위를 받습니다. 그분들과 토론을 하면 자기 분야는 누구보다도 잘 알아요. 그런데 가끔은 학생들이 당황할 만큼 일반생물학 수준의 지식이 없는 게 보여요. 뻥 뚫려 있습니다. 그런데요. 미국은 면적도 넓고 대학도 많아서 박사들이 많지만, 학계를 대표하는 학자 중에는 영국에서 학위를 받은 사람들이 많습니다. 미국이 박사 열 명을 만들 때 영국이 박사 한 명을 만드는 비율이라면, 학계를 대표하는 학자의 비율도 10 대 1이어야 하잖아요. 하지만 6 대 4 정도로 영국 출신이 많습니다. 사람을 키우는 방식이 달라서예요. 하버드대학교에서 훌륭한 제자를 많이 길러냈다고 평가받는 노 교수님은 이런 말씀을 하셨어요. "사람을 고만고만하게 키우는 건 누구나 다 하지."

안 가르치고 주입하고 다지는 건, 다 할 수 있다는 건가요?

최 네. 영국은 잘나게 키우는 교육도 한다는 뜻으로 하신 말씀이죠. 영국과 독일의 교육은 학생에게 자유를 많이 주니, 그 속에서 진짜 될성부른 나무는 쭉쭉 뻗어나갑니다. 엘리트 교육을 좋아하는 분들에게도 교육이 갖는 '자유'가 의미 있다는 점을 시사하고 있어요.

안 선생님 말씀을 듣고, '내 입맛에 맞는 공부를 해도 된다'라는 안도감이 들었어요. 공부란 결국 호기심이 권하는 곳으로 뱃심을 가지고 다가가는 것이 아닐까 싶습니다. 자기가 정말 좋아하는 과정을 파고드는 분들에게 응원이 될 것 같아요.

최 뭐든 한참 하면 엉성한 곳들이 슬금슬금 메워지더라고요. 조금이나마 그런 걸 허용하면 좋겠어요. 외나무다리를 비틀비틀 아슬아슬하게 건너가는 사람을 응원해주면 좋겠습니다. 마음을 졸이며 바라보더라도 '어! 저 녀석 보게. 결국엔 건너갔네!'라고 말하는 뿌듯한 경험을 나누고 싶습니다. '그렇게 하면 안 돼' '균형을 잡아야 해' '실수하면 안 돼'라는 말만 하고, 외나무다리를 건너가도록 도와주지도 못하면서 준비만 잔뜩 시키는 그런 교육을 이제는 그만해야죠.

안 그 대신 떨어지더라도 밑에 튼튼한 그물망이 있어야겠죠. 사회적 안전망이 만들어져서 성적이 미래를 좌우하지 않았으면 합니다.

최 그럼 더 좋고요. 어쩌면 이런 것이 다양성이겠죠. 이런 길도 있고, 저런 길도 있어요. 모두가 한결같이 외길을 강요하는 방식에서 벗어나길 바랍니다.

일에 휘둘리지 않고 삶을 지키기까지

안 하루 일과를 어떻게 보내시나요?

최 30분 단위로 쪼개서 일해요. 학생 상담 30분, 회의 한 시간, 그 중간에 30분이 비면 원고 재검토, 그러고는 약속된 곳으로 뛰어나갑니다. 집이 연희동인데 학교까지 매일 걸어 다녀요. 연세대학교 안으로 들어가 동산을 넘어 이화여자대학교 안으로 들어가 고개를 올라 연구실로 오죠. 10년 정도 이렇게 했어요. 3.5킬로미터를 30분 내에 걷습니다. 그 속도로 연구실에서 이대역까지 언덕을 내려와 지하철을 타고 강연장으로 갑니다. 강연이 끝나면 지하철을 타고 다시 연구실로 들어와 뒷일을 하고요. 오후 5시 반에 집으로 출발합니다. 그럼 오후 6시에 도착해요. 하루 평균 1만 5천 보 정도 걷는 일과입니다.

안 12킬로미터 이상 걸으시니 운동을 따로 하지 않으시겠어요.

최 걸어서 출퇴근하게 된 계기가 있어요. 연세대학교 쪽에서 이화여자대학교 후문으로 가려고 횡단보도를 건너다가 인도로 올라오는 턱에 발끝이 걸려 넘어졌습니다. 백팩을 메고 코트 주머니에 손을 넣고 있었는데, 손을 빼지 않고 일어서다가 그만 발이 미끄러져, 축대에 머리를 직각으로 박았어요. 정수리에서 피가 조금 흐르더라고요. 주먹만 한 혹도 부풀었고요. 잠깐 바닥에 앉아서 세브란스병원 응급실로 가야 하나 생각했습니다. 그런데 수업 시간이 다가오고, 혹도 살짝 가라앉은 것 같아서 강의실로 갔습니다.

이틀 뒤, 아침에 어지럽더라고요. 쓰러질 것 같아서 누웠습니다. 그제야 응급실로 갔죠. 온갖 검사를 받았는데, 다친 곳은 괜찮고, 오히려 뇌가 많이 쪼그라들었다며 매년 뇌 사진을 찍으라는 진단을 받았습니다. 술을 거의 마시지 않는데도 그러하니 위험하다는 경고였죠. 콜레스테롤 등이 정상 범주의 경계에 있다며 운동하라는 진단도 받았습니다.

도저히 운동하러 갈 시간이 없어 생각해낸 방법이 '생활의 일부로 운동을 하자!' 다음 날 아침부터 걸었어요. 지금 제 허벅지와 종아리가 제 인생을 통틀어 가장 굵습니다. 재작년 건강 검진에서는 하체에 비해 상체 근육이 부족하니 웨이트 트레이닝을 하라는 지시가 내려졌습니다. 어찌할 방법이 없어 학교 안 휘트니스센터에 등록했죠. 한 달 만에 코로나19가 터지고 지금은 제 방에서 혼자 근력 운동을 합니다.

안 운동할 시간을 내기 위해서 기존에 해오던 일 중에 줄이신 일이 있으신가요?

● **최** 뭘 줄였는지 모르겠네요. 늘 빈 시간을 꽉꽉 채우는 생활을 합니다. 강연이나 회의 요청이 오면 스케줄을 살펴보고 조금이라도 시간이 나면 수락합니다. 꽉 찰 수밖에요. 이렇게 하는 이유는 오후 6시 이후와 주말에 외부 활동을 하지 않기 위해서예요. 원래는 밤무대를 좋아하는 사람이었습니다. 대학에 다닐 때 과에서 행사나 회식을 하면 제가 장소를 섭외했고, 통행금지 시간에 걸리지 않도록 밤 11시 반에 모두 택시에 태워 보냈어요.

장승배기 삼거리에 있는 우리 집에 도착하면 밤 12시가 살짝 넘었는데, 길가에 있는 파출소 앞을 지나며 "늦었습니다. 죄송합니다." 하며 꾸벅 인사를 했죠. "좀 일찍 다녀, 이 놈아!" 한소리를 들으며 이튿날 황급히 집으로 갔습니다. 제 시계는 제 손목이 아니라 언제나 신림동 어느 술집에 있었어요.

● **안** 사교계의 한복판에 계셨네요.

● **최** 그랬는데, 미국에서 살며 바뀌었습니다. 그리고 아내와 아들이 서울로 오면서 확고해졌죠. 아내가 이른바 '보따리장수'라는 것을 해야 했어요. 용인, 수원, 서울 여기저기로 강의를 다녔어요. 그래서 제가 아들의 등하교를 상당 부분 책임졌습니다. 아침에 서울대학교 교수 아파트에서 연희동에 있는 서울외국인학교까지 아들을 데려다주고, 학교로 와서 일하다가 오후 2시에 데리러 갔습니다. 아내가 집에 있

는 날에는 아들을 집에 내려놓았고, 없는 날에는 제 연구실에 앉혀놓았어요. 초등학교 저학년이었을 때 제가 수업에 들어가야 하면 난감했습니다. 저는 할 수 없이 아들 손에 닌텐도 게임기를 쥐어주면서, 방해하면 안 된다고 신신당부를 하고 강의실 구석 자리에 앉혔죠. 딱 두 번 아들이 "아빠." 하고 저를 부르며 앞으로 걸어 나오는 사건이 있었습니다. 화장실에 가야 한다니 어떡해요. 학생들에게 5분만 달라고 양해를 구하고 아이를 안고 뛰었습니다. 그 학기 강의 평가에 학생들이 이렇게 적었더라고요. '마누라도 없냐? 애 보려면 집에 가라.'

안 요즘 같았으면 육아에 진심인 아빠라고 호감을 얻으셨을 수도 있을 텐데요.

최 미국에 있을 때는 여러 차례 아들을 어깨에 얹고 수업을 했습니다. 베이비시터가 약속한 시간에 오지 않아서 아들을 강의실로 안고 왔죠. 그 무렵 하버드대학교의 더들리 허슈바크 Dudley Herschbach 교수님이 노벨화학상을 받으셨어요. 〈보스턴 글로브 The Boston Globe〉에 강의실 사진이 큼지막하게 실렸습니다. 허슈바크 교수님은 강의하고 있고, 그 옆에 커다란 유아용 플레이펜 playpen 안에서 그분의 늦둥이 딸이 놀고 있는 사진이었습니다. '아기를 돌보면서 노벨상 받았다'가 기사의 핵심이었어요. 학생들이 저에게 "선생님도 노벨상 받겠어요"라고 말했습니다. 아들이 칭얼거리면 학생들이 안고 흔들어주면서 강의를 듣기도 했는데, 우리나라 대학의 강의실은 너무도 달랐습니다.

안 〈여성신문〉에라도 날 법한 이야기였는데 아무도 모르네요.

최 가장 큰 문제가 교수 회의였습니다. 제가 아이를 데리러 가기 위해 연구실을 나서는 순간이면 '따르릉' 전화벨이 울렸어요. "오후 5시에 교수 회의합니다"라는 통보였어요. 그걸 지금 말하면 어떡하느냐고 물으니 "지금 잡혔는데 언제 이야기해요?"라고 답했습니다. 몇 번 참다가 말했죠. "미국 같으면 1주일 전에 일정이 나와야 회의가 성립됩니다." 그랬더니 한마디를 하더군요. "여긴 미국 아니거든요." 1995~1996년쯤이에요.

안 선생님이 길을 열으셨네요.

최 정말 그랬어요. 교수 선배님이 저 때문에 학과 교수들의 불만이 심하다며 적나라하게 표현하셨습니다. "새끼 교수 얼굴을 볼 수 있어야 일을 시켜 먹지. 교수 회의에 오지를 않으니……"라고 하시는 거예요. "아들이 학교 앞에서 기다리는데, 제가 여기서 교수 회의를 해야 하나요?"라고 반문했어요. 그랬더니 그분의 첫마디가 "마누라 없어?"였어요. 제가 굴하지 않고 선언했죠. "제 아내는 저보다 더 바쁩니다. 저는 교수 회의에 참석하지 못하는 한이 있더라도 아들을 데리러 가야 합니다."

안 미국에서는 이유를 묻지 않고 양해해주는 일의 1순위가 자녀 등하교이고, 2순위가 자녀의 병원 진료인데요. 저도 처음에는 생경했지만 생활하려고 일하는 것이니 곧 당연하다고 여겨지더라고요. 그렇지만 퇴근 후 회식 자리는 실질적 교내 정치의 시간일 텐데요.

최 어쩌다 교수 회의에 갔더니 제가 알아듣지 못하는 말을 했어요. 어제 이야기했던 대로 하겠다고요. 어리둥절해하니 가장 친한 교수 동기가 말했습니다. “그러니까 회식에 와야지. 어쩌려고 그래.” 저를 혼내셨던 교수 선배님에게도 똑같은 말을 들었어요. “자네처럼 살아서는 한국에서 출세하기 힘들어.” 거기서 제가 가만히 있으면 됐는데, 선배님의 화를 폭발시켰죠. “서울대학교 교수를 하면 한국에서 출세다 한 것 아닌가요? 저는 더 이상 출세할 생각이 없어요.” 선배님이 화를 내시며 “자네 상종 못할 사람이구만.” 하고 문을 팍 닫고 가셨습니다.

안 미국화라기보다는 아이를 키우는 부모 역할에 충실하신 건데요.

최 당시에는 그게 미국화죠. 공적인 일이 최우선이고 가정은 그 일을 위해 희생해야 하는 분위기였으니까요. 학과장이 된 친구에게 제안했죠. “점심 회의를 하자. 미국에서는 샌드위치를 싸 가지고 브라운 백 런치 미팅을 자주 하잖아. 학과장이 도시락 마련해줘.” 그 친구가 머뭇거리며 말했어요. “누가 점심 회의를 하냐. 교수들이 원하지 않을 거야.”

그렇게 저는 교수 회의에 참석을 계속 못 했습니다. 그러던 어느 날, 그 친구가 브라운 백 런치 미팅을 한 번 했어요. 연차가 낮은 교수들이 좋아했습니다. 회의가 끝나고 복도로 나오면서 제 어깨를 잡고 말했어요. "최 선생, 고마워. 우리 아내도 고맙다고 전하래."

안 다들 야근에서 탈출하고 싶었나 봅니다.

최 그렇죠. 오후 5시쯤 교수 회의를 끝내고 회식을 하면 윗사람들이 집에 먼저 가셨어요. 아랫사람들이 회식비를 내야 했는데 당시엔 서울대학교 교수 월급이 얼마 안 되었어요. 2차를 가면 가계 경제가 타격을 받고 매일 늦게 오니 반려자들이 싫어했겠죠. 점심 회의를 하면서 회식이 없어졌습니다. 그 후로 서울대학교 많은 학과가 교수 회의를 점심에 하기 시작했어요. 어떻게 보면 그 전통을 만드는 데 제가 기여한 셈입니다.

안 한 사람의 핍박 속에서 문화가 바뀌었네요.

최 핍박에서 살아남으려고 한 일의 결과가 좋아서 다행이었지만, 과정은 고난이었습니다. 어느 날, 제가 실수를 했어요. 도통 얼굴을 볼 수 없어 일을 못 시킨다고 하셔서 "제가 해야 할 일을 제 우편함에 넣어놓으세요. 아들을 데리고 와서 처리하겠습니다"라고 말했습니다. 다음 날부터 제 우편함이 터질 지경이 됐습니다.

제가 우리말로 글도 잘 썼죠. 영어도 잘 하죠. 뭔가 다듬어야 하는 글들, 영어로 써야 하는 글들을 제 우편함에 넣고 당신들은 손을 터시는 거예요. 집에 가서 아들을 재우고 밤새도록 일했어요. 제가 서울대학교를 떠날 때 과 행정 담당 선생님이, "가시면 어떡해요. 이제 다 우리가 해야 하는데……"라고 할 정도였습니다. 아들을 돌봐야 하니 그렇게 할 수밖에 없었어요.

그런데 그게 제 삶의 리듬을 만들 줄 몰랐습니다. 아내가 하루아침에 울산대학교 음대 학장이 됐고, 제가 우리 집 대표 학부모가 되어 학부모 회의에 오가며 바쁘게 살다가, 아들이 대학에 갔어요. 저는 밤의 황태자로 돌아가고 싶었습니다. 참 신기한 건요. 요즘도 오후 5시 반만 되면 가방을 챙겨서 집으로 가고 있어요. 연구실 책장 한 칸을 메운 책들이 다 제가 쓴 것입니다. 논문도 제법 많이 썼고요. 제가 어떻게 이 많은 일을 할 수 있었을까요?

홀로 있을 때 생각은 자란다

안 안 그래도 여쭈고 싶은 질문이 '어떻게 이 많은 글을 쓰셨을까?'예요. 그러려면 공부도 많이 해야 하는데 과연 비법이 뭘까 궁금합니다.

최 우리나라의 직장인은 회식을 피할 수 없습니다. 코로나19

때문에 조금은 변했는데요. 1, 2차에서 술을 마시면 그날 저녁은 일을 못 하죠. 다음 날까지 숙취가 이어지니 또 일을 제대로 못 합니다. 저는 오후 9시에 아들을 무조건 재웠어요. 아들이 책을 조금 더 읽고 싶다고 하면 몸이 상한다고 잠자리에 들게 했죠. 솔직히 제 욕심으로 새벽 1시까지 서너 시간을 온전히 저의 시간으로 썼습니다.

우리나라에서 자기를 위해 매일 그만한 시간을 쓸 수 있는 성인이 얼마나 있겠어요. 그 덕입니다. 아들이 집을 떠난 후에도 그 삶을 버릴 수 없었어요. 저녁 식사 후 설거지와 뒷정리는 언제나 제가 합니다. 다 하고 책상에 앉으면 어김없이 오후 9시였습니다. 어느덧 이제는 저녁에 집 밖으로 나가도 되지만 나가지 않습니다. 제 삶에 도움이 되지 않는다는 것을 아니까요.

안 우선순위가 무엇인가에 달려 있는데요. 나에게 모든 것이 집중되는 혼자만의 시간이 가장 필요하다고 생각하시나요?

최 그 시간이 없었다면 저는 존재하지 못할 것 같아요. 낮에 학생들과 토론하고 실험도 하지만 마지막 결과물은 혼자 보내는 시간에서 나오죠. 저도 나름대로 창의적 일을 하는 사람이잖아요. 새로운 걸 생각해내고 글을 쓰고 새로운 기획을 했으니까요. 물론, 함께 모여서 해야 할 일도 있지만 혼자서 생각하고 조사하고 읽는 시간이 가장 중요합니다.

안 긍정심리학자 칙센트미하이 선생님이 하신 말씀이 바로 그

거였어요. "창의력은 혼자서 몰입한 시간이 만들어낸다." 자기가 뭔가를 하고 있다는 것조차 잊고, 홀로 집중하며 만들어낸 작업을 사람들은 '창조적이다!'라고 감탄한다고요. 혼자만의 시간이 쌓여 세상의 꼭짓점을 끌고 가는 아이디어나 결과물이 나오지요. 선생님이 삶으로 증명해 보이셨네요.

최 거기에 '행운'을 보태고 싶습니다. 운이 좋다는 표현을 쓸 수밖에 없는 이유는요. 혼자 있는 시간을 누릴 수 있다는 조건과 그 시간을 제법 잘 운용했다는 데 있어요. 혼자 생각하다 보면 완전히 엉뚱한 데로 빠지기 쉬운데, 보편적 범주 안에서 남들이 생각하지 않는 조금 다른 발상을 했다는 것이 다행스럽고 고마움을 느낍니다.

가끔 우리 주변에 혼자 아주 딴생각을 설파하는 분이 있어요. 어쩌면 그분이 천재일지도 모릅니다. 하지만 대중과 소통이 되지 않는다면 무언가를 함께 도모하기 힘들죠. 저는 혼자 일하면서도 과하게 튀어 나가지 않았어요. 모두가 비슷한 생각을 하는 상황에서 조금 색다른 각도로 문제를 이해하자고 제안했습니다. 제 의견이 받아들여질 때가 많았던 건 밤에 온전히 혼자 이것도 저것도 읽고, 이렇게 저렇게 뒤집어보며 생각을 정리한 덕이겠죠. '저 사람이 저런 이야기를 하니 나는 그걸 좀 비틀어 말해볼까?' 회의 중에 갑작스러운 순발력으로 짜낸 생각이 다수의 동의를 이끌기는 힘듭니다.

깨어 있는 동안 쓸 에너지를 충전하기 위해
애써 잠을 청하거나,
게임이나 스포츠는 반드시 이겨야 하는 것이며
멍 때리고 있는 시간은 낭비라고 생각한다면
당신은 너무 열심히 살고 있다.
행복하기 위해 게으름을 피워야 하는 게 아니라
게으름을 피우기 위해 행복해야 한다.

지금 코로나19에 대한 강의를 수십 명이 하고 있는데, 제가 다시 부름을 받고 참신한 각도에서 문제를 본다는 말을 듣는 건, 밤중에 혼자 정리하고 종합해보았기 때문일 겁니다. 오후 9시 이후에 저에게 전화하는 사람이 없어요. 전화해도 계속 받지 않으니까 전화뿐 아니라 문자메시지도 보내지 않습니다.

안 흔히 우리는 '고독'과 '외로움'을 구분하지 못하고 '고독'과 '고립'을 혼동합니다. '고독'이란 '자발적 홀로 있음'에 가까운 것 같아요. 이 홀로는 세상과의 단절이 아니고요. 내가 나와 온전히 함께하면서 내 안에 스며든 세상의 요소도 바라보도록 안내하지요. 혼자 있는 시간은 세상과 연결된 적극적 나의 존재를 깨달아가는 시간이 아닐까요?

최 '자발적 홀로 있음'이라는 표현이 참 좋네요. 시인 황동규 선생님은 그걸 '홀로움'이라 부르셨죠. 저는 어울리기 좋아하지만 반드시 혼자 있는 시간을 확보합니다. 그 시간에 외롭다는 표현은 전혀 어울리지 않아요. 홀로움, 참 멋진 단어인 것 같아요.

안 혼자 있는 시간에 익숙해지는 길을 안내해주신다면요?

최 어느 날 갑자기 예정된 스케줄이 취소되고 몇 시간 여유가 생긴다면 당황스럽겠죠. 그래도 그냥 신발을 신고 산에 올라가면 괜찮습니다. 바닷가로 나가면 돼요. 자연에 있으면 아무런 문제가 없어요. 그런데 도시에서는 쉽지 않아요. 저는 제가 기획해서 혼자 있습니다. 그 시간을 즐긴다기보다 가장 중요한 삶의 순간으로 받아들이고 일에 집중해요. 제가 재수생 시절, 대학생 시절, 삶이 마음대로 풀리지 않던 시절, 그 시절엔 음악다방에 오후 3시쯤 들어가 오후 9시까지 앉아 있었어요. 시 쓰는 척, 음악 듣는 척 쭈그리고 앉아 허송세월했죠. 그런데 삶의 목표를 정하고 노력하기 시작한 후부터 그래 본 적이 없어요.

안 홀로 있기 다음으로 꼽는 우선순위는 뭔가요?

최 해야 할 일들을 준비하는 거죠.

1주일 앞서 한다

안 처음부터 기획하는 삶을 사셨나요? 정돈되고 계획한 일을 할 수 있어야 안정감을 지니도록 타고난 성향도 있잖아요.

최 그럴 리가 없죠. 저는 대책 없는 아이였어요. 어머니가 오지 못하는 곳으로 도망가 놀았고, 다음 날 숙제를 안 했다고 혼나면 잠깐 반듯했다가, 흥미로운 게 앞에 나타나면 모든 걸 잊어버렸어요. 어른이 돼서도 가끔 뭐에 꽂히면, 해야 할 일들을 잊어버려 주변 사람들을 난처하게 만들었습니다.

안 가장 되돌리고 싶은 일이 있으시다면요?

최 결혼 초였어요. 아내와 낯선 도시로 여행을 가서 도서관에 들렀습니다. 각자 정보를 찾아서 두 시간 후에 만나기로 했는데 제가 다섯 시간 동안 나타나지 않았어요. 휴대전화가 없던 시절이라 뛰어다니며 찾다가 겨우 만났는데, 그런 일들이 몇 번 있고 나서 아내가 저를 믿지 못했어요. 아이에게도 그런 적이 두 번 있습니다.

안 아이에게요? 아드님 몇 살 때요?

최 여덟 살쯤이었어요. 아들과 어디 앞에서 만나기로 하고선 한참을 기다리게 한 거죠. 사람들 만나서 해야 할 일을 빨리하고 아들을 만나러 가야겠다고 생각했는데, 일하면서 잊은 거예요. 뒤늦게 달려가니 아들이 서서 울고 있더라고요. 다시는 안 그런다고 아들과 철석같이 약속했는데, 그다음에 또 같은 일이 벌어졌습니다. 지방에서 일이 있던 날이었어요. 서울로 돌아오는 시간을 계산까지 했는데, 뭔가에 꽂혀서 머릿속에서 오류가 났어요. 아내가 아들을 데리러 간다고 생각하면서 또 늦었죠. 그날은 아들 친구 집에 맡겨 놓아서 큰일은 없었지만 그분이 울산에 있는 아내에게 전화했어요. 세 시간이 넘었는데도 제가 안 온다고요. 아내가 울산에서 비행기표를 막 구하던 찰나에 제가 나타났죠. 아내가 화가 단단히 났었습니다. "당신에게 어떻게 아이를 맡길 수 있겠느냐. 내가 울산대학교 교수를 그만두겠다"라고 말하는 아내에게 싹싹 빌었죠. 아들 친구 엄마에게도 사죄했습니다.

안 제가 다 식은땀이 나네요. 즉흥적 몰입을 잘하시는 점은 돋보입니다. 지금까지 엄청난 작업량을 소화한 특별한 시간 관리법이 있으신가요?

최 많은 사람이 마감 시간 1초 전까지 하죠.

안 뇌 과학자들은 마감 시간이 가까워질수록 세로토닌이 나와 일의 효율을 확 끌어올린다고 합니다. 글 쓰는 사람들은 마침내 그분이 오셨다고 영감에 들뜨기도 하고요.

최 저도 그런 사람이었어요. 어느 순간 그 비극의 악순환을 끊었습니다. 제가 사회적으로 조금 성공했다면, 그 비결은 시간 관리입니다. 계기가 있었습니다. 하버드대학교에서 기숙사 사감을 할 때 제가 데리고 있는 한 학생에게 배웠어요. 제 지도 학생 기숙사에서 맥주를 마실 기회가 있었는데, 룸메이트들 가운데 한 명이 늦게 들어왔어요. 다들 한잔하자고 권하는데, 그 학생은 할 일 있다고 자기 방으로 들어가더라고요. 서양인은 친구가 할 일이 있어서 간다고 하면 놔두지만, 저는 한국인이니까 그 학생을 쫓아가서 말했죠. "친구들이 너를 얼마나 기다렸는데 이렇게 매정하게 들어가니?" 그러니까 이해 못 하겠단 표정을 지었어요. "할 일이 뭔데?"라고 물었더니 리포트를 써야 한대요. "언제까지 내야 하는데?"라고 물었습니다. 5일 후까지래요. 속으로 말했죠. '뭐 이런 매정한 녀석이 있나? 괘씸하네…….'

안 우리가 5일 후에 제출할 리포트보다도 못한 사람들이냐.

● **최** 마음속에 있는 말을 꺼내려는데 "선생님, 저 바빠요"라고 하는 거예요. 내일 점심을 같이 먹자고 했죠. 사감의 임무 첫 번째가 아이들과 식사하는 거예요. 그러면서 잘 지내고 있는지 자연스레 살피는 겁니다. 기숙사 식당에 둘이 앉았는데, 어젯밤 일이 잊히지 않아서 또 물어봤습니다. 5일 후에 제출할 리포트를 기어코 그 시간에 해야 했느냐고요. 너무도 당당하게 당연히 그렇게 해야 한다고 답하더군요.

그날 이후 제가 발견한 하버드대학교 학생들의 특징이 있습니다. 상당히 많은 학생이 그렇게 해요. MIT 학생들과 하버드대학교 학생들이 다른 면이 있습니다. MIT 학생들은 진짜 열심히 공부합니다. MIT는 모든 건물이 지하 터널로 연결돼 있어서, 일단 한 건물로 들어가면 햇빛을 안 봐도 됩니다. 온종일 지하 터널로 다니면서 수업을 듣고, 도서관에 가서 공부하며 실제로 햇빛을 자주 안 봐요.

하버드대학교 학생들은 사회생활을 바쁘게 합니다. 오케스트라도 해야지, 학생회도 해야지, 축구도 봉사도 해야 해요. 그런 활동을 하지 않고 공부만 해서 성적을 잘 받은 아이들을 서로 인정해주지 않습니다. '공부는 언제 할까' 싶은데 시험만 보면 잘 보는 그런 아이들을 떠받드는 분위기죠. '내가 이 정도 되는 사람이다'를 동료들에게 알려야 하는 스트레스가 학생 시절부터 있어요. 저는 그 학생에게 모든 걸 미리 하는 태도를 배웠습니다. 처음에는 미리 한다는 뜻을 이해하지 못했어요. 5일 후에 내야 할 리포트는 오늘 끝낸다는 의미였습니다.

안 5일 전에요?

최 네. 5일 후에 마칠 일을 5일 전에 끝낸다는 겁니다. 왜 그러느냐고 물었더니 5일이라는 시간을 확보하기 위해서라고 했어요. 미리 끝내고 틈날 때마다 리포트를 다시 들여다보며 조금씩 고친다고 하더군요. 그러면 질이 좋아질 뿐 아니라 돌발 변수가 생겨도 대처할 시간이 있다고요.

그날부터 저는 '미리 한다'가 습관이 되도록 노력했습니다. 1주일을 앞서 끝내고자 결심했는데, 처음엔 잘 안 되더라고요. '실제로 1주일이 있다'라는 생각이 제 머릿속을 떠나질 않았습니다. 오랫동안 연습하니까 자동 입력이 됐어요. '언제까지 끝내야 하는 일'은 '1주일이나 2주일 전까지 끝내야 하는 일'이 됐어요. 미리 다 해놓습니다. 남은 기간 저는 다른 일을 하다가 갑자기 30분 정도 여유가 생기면 그때 다시 그 일을 살펴봅니다. 한 번 더 읽어 보고, 조금 고치고, 파일을 저장하죠.

안 시간을 두고 다시 보면 내가 나를 코칭하듯이 객관화가 되죠.

최 맞아요. 때로는 많은 걸 충분히 고칠 수도 있습니다. 그렇다고 제 글이 김훈 선생님 글만큼 유려해지기는 어려워도, 어느 정도 근접하는 수준에 도달할 수 있지 않을까요? 김훈 선생님과 제가 백일장을 하면 제가 이길 리가 만무합니다. 김훈 선생님은 원고지에다 꾹꾹 눌러서 딱 끝내시는 분이니까요. 그런데 1주일을 주면 제 글도 가능성을 갖지 않을까 싶어요. 김훈 선생님은 그래도 두 시간 안에 쓰실 거고, 저는 1주일 전에 끝내놓고 1주일 내내 100번쯤 고칠 테니까요. 35여 년 전, 그 학생과 점심을 먹으며 나눈 이야기가 제 인생을 바꿨습니다.

안 그 후 35여 년 동안 엄청난 생산력을 장착해서 쏟아내셨네요.

최 그 이전과는 비교가 안 되는 생산성을 갖게 됐죠. 저에게는 최적의 비법이에요. 십몇 년 전 뼈저리게 느꼈어요. 그때 독감을 지독하게 앓았습니다. 아무것도 못하고 누워 있었어요. 당연히 일이 밀렸죠. 막상 털고 일어났는데 내일까지 마감해야 하는 일이 도사리고 있었습니다. 가슴이 뛰면서 도저히 끝내지 못할 것 같다는 생각에 사로잡혀 불안했어요. 너무도 오랜만에 죽고 싶은 심정이었습니다.

그렇게 한 이틀 동안 해야 할 일을 하는데, 세포 하나하나가 저리는 듯해 미칠 지경이었어요. 3일째 되는 날, 가만히 앉아서 생각했습니다. 그리고 결정을 내렸어요. 방법은 하나다. 1주일분의 일을 싹 덜어냈습니다. "저, 못합니다. 죄송합니다." 간곡히 그리고 단호히 취소했습니다. 산에 가서 걷고 집에 와서 '나, 이제 옛날로 돌아간다'라고 다짐하고는 새로 시작했습니다. 몸이 갑자기 아무렇지도 않더라고요.

굉장히 극적 경험이었습니다. '내가 지금 어떻게 살고 있는가'를 체험한 사건이었어요.

안 스스로의 한계를 알게 되셨군요.

최 미리 하지 않으면 저는 기능할 수 없다는 사실을 알았죠. 그래서 더 철저하게 미리합니다.

안 제가 2015년과 2020년에 불안 장애를 겪었습니다. 6개월 넘게 기획 연재를 하면서 저를 긴장 속에 몰아넣었어요. 어쩌다 북 토크에서 이런 고백을 하면 사람들이 반가워하시더라고요. 마감에 쫓기며 무언가를 생산하는 많은 사람이 긴장을 조절하지 못해 힘든가 봐요. 고무줄에 비유하면, 팽팽하게 당기기만 하고 이완시키지 않으니 어느 순간 철사처럼 굳어져 자기를 찌르는 거 같습니다. 저도 미리미리 하는 습관을 들이는 중인데, 오랫동안 스스로를 벼랑으로 모는 습관을, 한계를 극복하려는 시도라고 착각했던 것 같아요.

최 제가 바삐 산다는 걸 다들 아세요. 어디 가면 저를 대한민국에서 가장 바쁜 사람이라고 소개합니다. 제가 이 일도 하고 저 일도 하고 무슨 일에도 관여한다고 신문에 실리니까요. 저에게 다들 묻습니다. 도대체 그 많은 일을 하면서 어떻게 느긋할 수 있느냐고요. 제 답은 하나죠. 마감 1주일 전에 미리 끝냅니다. 마음에 엄청난 평안을 줘요. 결과물의 질을 높일 수도 있고요. 딱 한 가지 나쁜 건, 시간 관리가 된다는 자신감이 넘쳐 너무 많은 일을 수락한다는 겁니다.

안 행복하신가요?

최 행복하죠.

안 하루 중 언제가 가장 행복하세요?

최 혼자 있을 때요.

안 최소 하루 네 시간은 행복하시니까…….

최 그러니까 행복한 거죠. 저녁에 컴퓨터 앞에 앉아서 강의를 준비하고, 파워포인트로 자료를 만들고, 글도 쓰지만, 1주일 전에 일을 미리 해놨으니까 여유가 있죠. 그때 평소에 생각나서 적어놓은 내용들을 꺼내서 읽어보고, 자료도 더 찾아서 적어 넣고, 새 기획도 합니다. 그 시간이 가장 좋아요. 그러다 며칠 뒤, 누군가를 만나서 그 내용을 꺼내놓았는데, '그것참 기막힌 아이디어입니다'라는 말을 들으면 더욱 기분이 좋죠.

안 하루 일곱 시간을 주무신다고 하셨으니까, 24시간에서 일곱 시간 빼고 나머지 열일곱 시간에서 네 시간 행복하시니 어마어마한 행복 비율이네요.

최 저는 진짜 행복한 사람이에요. 나머지 열세 시간도 제가 하고 싶은 일을 찾아서 하고 있잖아요.

3부

공부의 양분

읽기 쓰기 말하기

읽은 내용을 기억해서 베끼는 게 아니라,
읽으면서 생각하는 과정에서
자기만의 문장이 탄생합니다.

친숙함을 낯설게 하는 전략

안 선생님, 오늘 아침에 나온 신문 칼럼 잘 읽었습니다.

최 기승전결도 없는 글인데 계속 쓰라고 하네요.

안 선생님 글에 기승전결이 없다고요?

최 네. 한 문학평론가가 쓴 글을 읽다가 기승전결 없이 흘러간다는 비판을 보았어요. 마음이 약간 쪼들려 쭉 읽어 내려갔는데 반전이 있었습니다. '친숙함을 낯설게 하는 전략'이라고 평가하더군요. 익히 아는 것을 자연에 빗대어 뒤틀어놓으니 익숙함이 낯설어진다고요. 좋은 말 같았습니다. 하지만 기승전결이 없다는 말을 다른 데서도 두어 번 더 들었습니다. 한 번은, "다들 최 선생이 글을 잘 썼다고 말하는데 내가 보기에는 그렇지 않아요. 글이란 모름지기 기승전결이 있어야 합니다"라고요. 옆에 계신 분이 "옛날 글이나 기승전결을 따지지 요즘 어디 그럽니까?" 이렇게 저를 변호해주셨지만 그 말을 세 번 들은 걸 보면, 제 글엔 기승전결이 없나 봐요.

안 기승전결이 뭘까요? 저는 본론부터 꺼내는 글을 좋아해서요.

최 제가 어릴 때 익힌 글쓰기는 중요한 이야기를 결론에 쓰는 것이었죠. 서두에서 중요한 이야기를 다 하고 나면 더 할 이야기가 없으니까요. 문학적 글쓰기가 특히 그렇죠. 그런 제 글쓰기가 완전히 달라진 계기가 있습니다. 미국에서 겪은 일이에요. 우리나라에 있을 땐 제가 글을 잘 쓴다는 소리를 들었던 문청文靑이었습니다. 찬바람만 돌면 신춘문예 열병을 앓았죠.

안 신문사에 원고를 보내셨나요?

최 용기가 나지 않아 못 보냈어요. 그래도 늘 마음에 두고 살았고, 나이가 들어서도 가끔은 찬바람 맞으며 길을 걷다가 뜬금없이 신춘문예를 떠올리며 아쉬움에 젖곤 합니다. 그랬던 제가 미국에 가서 처음으로 리포트나 논문을 썼어요. 저에게는 피터 애들러Peter Adler라는 좋은 친구가 있습니다. 지금은 미국 클렘슨대학교 명예교수예요. 펜실베이니아주립대학교에서 함께 공부하던 시절, 제가 뭔가를 쓰면 무조건 그 친구에게 보여줬습니다. 그 친구가 지적해주는 몇 가지를 탁 바꾸면 글이 나아졌습니다. 그래서 모조리 보여줬습니다. 1년 반쯤 지난 어느 날, 그 친구가 제 글을 보자마자 행위

예술을 했어요. 스테이플로 고정해 건넨 제 원고를 북- 뜯더라고요. 그러더니 맨 끝 장을 맨 앞에 놓고 다시 스테이플러로 콱 찍어서 돌려줬어요. 제가 "그러지 말고 읽어줘"라고 간청했더니, "들어봐. 너는 이제 영어 문장을 제법 잘 만들어. 그만하면 내가 하나하나 고쳐주지 않아도 될 정도야"라고 말하더군요.

안 영어로 쓴 글을 문법에 맞게, 미국에서 통용되는 문장으로 수정받고자 시작한 일이었군요?

최 미국에 막 도착했을 때니까 영어가 서툴고 자신이 없었어요. 피터가 자상하게 알려줬죠. 한 장짜리 숙제까지 다 읽어줬습니다. 그날 그 친구가 한 행동은 '너의 결정적 약점은 영어 실력이 아니라 결론을 이야기하는 데 너무 뜸을 들인다는 것이다. 과학적 글쓰기는 결론부터 써야 한다'라는 뜻이었습니다.

논문을 쓸 때 맨 앞 장에 개요를 쓰는 이유죠. '내가 하고 싶은 이야기는 이것이다'라고 명시합니다. 그런데, 저는 결론을 끝까지 숨기다가 맨 마지막에 가서야 짠! 하고 내놓았었죠. 문학적 글쓰기와 과학적 글쓰기가 충돌하던 시절이었어요. 그때부터 열심히 연습했습니다. 우리나라로 돌아오기 얼마 전에는 급기야 전문 서적 두 권의 편집장을 맡았는데, 미국에서 태어나고 자란 학자들이 보내온 논문에 빨간 펜으로 지시를 내리기까지 했어요. 10여 년이 지난 어느 날, 제가 동료들에게 '맨 뒤에 쓴 결론을 맨 앞으로 가져오시오'라는 지적을 하고 있더라고요.

그리고 한국에 오고 얼마 지나지 않았을 때입니다. 민음사에서 내는 〈세계의 문학〉이라는 잡지에서 원고 청탁을 했습니다. '내게 글을 요청하는 문학 잡지가 있다니!' 흥분해서 냉큼 수락했어요. 마감 1주일 전부터 잠을 못 잤습니다. 두세 줄을 쓰고 나니 못 쓰겠더라고요. 결론을 서두에 다 쏟아놓아서 더는 이야기가 없는 거예요.

안 청탁을 받자마자 떠오른 생각이 있었을 텐데요. 미리 구상도 하셨을 테고요.

최 하고 싶은 이야기는 많았죠. 그런데 십몇 년 동안 과학적 글쓰기에 익숙해져서 요약부터 쏟아내고 나니 '뭘 더 이야기하지? 이거 어떡하지?' 이러면서 4일 동안 잠도 못 자고 끙끙대다가 전화를 걸었어요. "도저히 못 쓰겠습니다. 용서해주십시오." 그분들이 늘 하는 거짓말이 있어요. "지면 비워놓았다."

안 윤전기를 멈추고 기다리겠다고요.

최 네. 그걸 곧이곧대로 믿고 사나흘을 더 고생해 억지로 써 넘기고 난 뒤, 하루 종일 누워서 잤습니다. 하여간 그때부터 '글이 좋다'라는 사탕발림을 들으며 많이 쓰게 됐는데요. 제가 봐도 제 글에 기승전결은 없어요. 그냥 핵심을 푹 치고 난 뒤 뒷수습하는 글입니다.

쓰는 두려움을 극복하기 위하여

안 요즘 글쓰기 관련 책에서 많이 하는 조언이 '하고 싶은 말을 먼저 쓰라'입니다. 그런데, 글쓰기가 두렵지는 않으세요?

최 한때는 두려웠죠.

안 어떻게 극복하셨어요?

최 몇 번 쓰다 보니까 사라졌어요. 그다음부터 즐기기 시작했습니다.

안 비법을 알려주세요.

최 제 삶의 다른 많은 일과 마찬가지로 쓰는 것도 저는 미리 씁니다. 그게 핵심 전략이에요. 얼마 전, 정유정 작가님이 TV에 나오셔서 노트를 보여주시는데 그렇게 치열하게 쓰시는 줄 몰랐어요. 영화감독처럼 구성을 완벽하게 짜놓으셨더라고요. 제 글쓰기는 잔뜩 궁리해놓고 한꺼번에 턱 쏟는, 참으로 위험한 글쓰기예요. 하지만, 미리 씁니다. 죽이 되든 밥이 되든 일단 탈고해요.

안 마감 며칠 전에 탈고하시나요?

최 대체로 1주일 전에 끝내고 3~4일 전에 송고합니다. 신문 기자들 사이에서 제가 글을 미리 주는 필자로 유명해요. 그 대신 제 글에 손을 대면 큰일이 난다는 것도 다들 압니다. 가끔 그걸 모르고 저에게 묻지 않고 고쳐서 신문에 실은 뒤에 놀라기도 하죠. 저는 가만히 안 있어요. 전화해서 누가 고쳤느냐고 묻습니다. 데스크에서 고쳤다고 하면 데스크 누구에게 전화하면 되느냐고 물어서 진짜로 싸웁니다.

안 어느 정도 고쳤는데요?

최 토씨 고친 것도 싫어요. 전화해서 말합니다. "내가 어떤 때는 '는'이라고 하는 게 더 좋을까, '도'라고 하는 게 더 좋을까, 온종일 고민합니다. 원고를 3~4일 전에 보내는 이유 중에 하나도, 고쳐야 하면 저에게 연락하시라고 한 겁니다. 무슨 자격으로 말도 없이 제 글에 손댑니까? 이제 당신네 신문사에는 글을 보내지 않겠습니다." 이런 일이 몇 번 있었습니다. 기자들끼리 '평소에는 매우 온화한 사람인데 자기 글에 손대면 돈다'라고 말한대요.

저는 미리 쓴 뒤 계속 고칩니다. 어릴 적, 아버지가 신문을 방바닥에 펼쳐놓고 홍얼홍얼 천자문을 읽듯이 읽으셨어요. 저도 제 글을 써놓고 읽습니다. 소리 내어 읽으며 어딘가 숨쉬기가 좀 불편하면 그 문장을 뜯어고쳐요. 물 흐르듯이 흘러갈 때까지요. 1주일 전에 탈고한 뒤 3~4일간 거짓말을 조금 보태면 한 50번을 고칩니다. 읽고 고치고 또 읽고 고치고 저장해요. 저녁때 다른 일을 하기 전에 모니터에 글을 띄워 소리 내어 읽으면서, 불편한 문장을 또 고치고 저장해둡니다. 그리고 다음 날 아침에 읽으면서 또 고쳐요. 읽어줄 만한 글이라고 생각할 때까지 하는 겁니다.

안 글을 잘 쓰는 두 가지 방법은 '일단 미리 쓴다. 계속 검토하면서 물 흐르듯이 넘어갈 때까지 손본다'네요. 내용 변화가 별로 없는데도 쉼표나 조사를 고치시는 이유가 뭘까요? 어떤 차이를 만들어낸다고 보시나요?

최 은근히 빨려 들어가는 글이 있고, 읽으면 자꾸 뭔가가 걸려서 거리감이 생기는 글이 있다고 생각합니다. 읽는 사람이 미처 알아차리기 전에 한 문장에서 다음 문장으로 살랑살랑 넘어가서, '맞아. 그렇지' 하게끔 하는 것이 더 중요한데요. 언젠가 제가 김훈 선생님에게 진짜 몽당연필로 쓰시는지 물었더니, 몽당연필은 아니어도 연필을 잔뜩 깎아놓고 쓰신다고 하셨습니다. 작년에 저에게 편지를 보내셨는데 원고지에 쓰셨더라고요.

저는 컴퓨터가 없으면 글을 못 써요. 김훈 선생님처럼 원고지에 쓴다면 고쳐야 할 때 난감하죠. 제가 뜻밖에 자주 하는 행동이 있는데요. 읽다가 '재미없네. 뭔가 밋밋하네'라는 생각이 들면 문단 순서를 바꿉니다. 가끔 기막힌 맛이 살아납니다. 아까 제가 하고 싶은 말을 단도직입적으로 툭 던지고 나간다고 했잖아요.

어떤 날은 매우 조신하게 깔끔한 순서로 쭉 씁니다. 그러고 계속 읽으면 아주 재미가 없어요. 그때 마지막 문단을 쏙 뽑아서 맨 앞에 던져놓으면 갑자기 재미있는 글이 되는 거예요. 읽는 사람이 처음에 충격을 탁! 받고, '아, 이 양반 지금 무슨 소리 하는 거야!'라고 생각하며 언짢은 기분으로 제 글을 읽겠죠. 그러다가 마지막에 설득되면 성공입니다. 저는 독자를 함정에 살짝 빠뜨려놓고 '제가 요렇게 이야기할 줄 알았죠? 아니에요. 저는 이 이야기를 하고 싶었어요'라는 식으로 쓴 글들을 좋아합니다. 또 하나는 계속 읽으면 멋진 한 문장이 탄생하는 수가 있습니다. 단어 한두 개를 바꾸면 사람들이 아주 좋아하는 문장, 사람들이 안 좋아해도 스스로 감탄하는 문장이 탄생합니다.

안 내 오늘의 문장으로 기억에 남는 거죠. 나중에라도 셀프 인용하고 싶은 문장으로요.

최 오늘 칼럼에서 제가 "이제 우리 정치 플랫폼도 일방 변론이 아니라 쌍방 숙론이 주도할 것이다"라고 썼어요. 기성 정치인 대다수는 준비해온 내용을 말하는 데 익숙한 사람이라서, 젊은 정치인이 갑자기 훅 치고 들어오니까 당황해하더군요. 이 상황을 보고 '이제는 그 자리에서 자기 생각을 말해야 하는 시대가 열린 것이다'라고 해석했습니다. 그랬다가 몇 번 다듬으면서 '일방 변론이 아니라 쌍방 숙론'이라는 표현을 떠올렸죠. 조금 깔끔하게 대구를 만들고는 흐뭇했습니다.

안 쌍방 숙론이라고 하니까, 서로 소통하며 길을 찾아가는 정치의 원래 의미를 기억하게 됩니다.

최 '깊이 생각하면서 이야기하고 맞춰 나가는 정치가 가능해지지 않을까?' 하는 현상 분석이에요.

안 글쓰기 비법을 말씀해주셨는데요. 20세기 중반부터 한동안 '전화의 시대'를 살았습니다. 편지에 대한 아련한 추억을 담은 산문들이 쏟아지기도 했는데요. 휴대전화가 등장하고 이메일이 생기면서 다시 글로 소통하는 시절이 됐습니다. 스마트폰과 함께 SNSSocial Networking Service를 지켜보며 이제 포스팅이나 문자메시지도 글쓰기 범주 속에 자리잡혔다는 생각을 합니다. 몇 줄 안 되는 문장이지만 강박을 느낍니다. 아마 그래서 이모티콘이 탄생하지 않았을까 싶어요. 글 쓰는 부담감을 줄여주도록요. 짧은 문장 쓰기에서 중요한 것은 무엇이라고 보시나요?

최 젊은 세대는 전화하기를 싫어한다고 해요. 문자메시지로 할 말을 전화로 하면 실례 수준이라고 하는데요. 그 점에서 저는 젊은가 봅니다. 전화를 받는 게 불편해요. 어느 때는 일부러 받지 않고 '문자메시지 주시면 고맙겠습니다'라고 써서 보냅니다. 지난 10년 동안 전화로 1분 이상 이야기해 본 기억이 거의 없어요.

강연 요청 때문에 이메일을 선호하는 쪽으로 갔던 거 같습니다. 강연 요청을 전화로 받으면 "어유, 죄송합니다. 그날도 뭐가 있는데요"라는 말을 꼭 하게 되더라고요. 달력을 보면서 세 번쯤 거절하니까 수화기 너머에서 선배님이 "최재천이 많이 컸네." 하시며 뚝 끊으시는 거예요. 제가 핑계를 댄다고 생각하신 거죠. 그 후로 전화로는 그런 대화를 안 합니다. '문자메시지나 이메일로 주세요. 죄송합니다. 안녕히 계세요.' 끝!

안 소통에 있어 쓰기가 차지하는 중요성은 어느 정도일까요?

최 제 삶에서 쓰기는 참 중요해요. 저는 타자를 정식으로 배우지 못해서 손가락 두세 개로 치는데 제법 빠릅니다. 실시간 응답도 너끈히 해내죠. 심지어 고등학생이 저에게 중대한 인생 상담을 하면 대여섯 줄에 하고자 하는 말을 모두 담아 답합니다. 오랫동안 거의 모든 소통을 이메일로 하는 바람에, 전화로 하면 3~4분 동안 해야 할 말을 이메일 네 줄 안에 담아 소통할 수 있게 됐어요.

안 오해가 생기지 않으면서도 사안에 관해 대화보다는 좀 더 깊게 생각할 수 있도록 전달하고자 하시는 건가요?

최 네. 같은 내용도 전화로 하면 종종 오해가 생기는데, 짧게 쓰면서도 오해 없이 소통하고, 더 나아가서는 은근히 설득하고, 상대가 기분 좋게 사태를 마무리하도록 하는 거죠. 요즘도 강연 요청이 1주일에 스무 건 정도 들어와요. 그중 80~90퍼센트를 거절해야 합니다. 자칫 자기 자랑하는 사람이 될까 염려되는데요. 10년 전 즈음 안철수 씨가 토크콘서트 문화를 우리 사회에 성공적으로 일으켰을 때, 그분이 어느 인터뷰에서 강연 요청이 1년에 3,000건이 들어온다고 했어요. 제가 집에 가서 세어봤어요. 전해에 받은 강연 요청이 6,000건 정도더라고요. 그 요청을 다 정중하게 고사해야 하는 시간이 얼마나 쌓였겠습니까?

칸을 막는 '불통'과 삶을 나누는 '소통'

안 무응답은 안 하세요?

최 중·고등학생들에게도 '최재천 교수님에게 이메일을 보내면 반드시 답장을 받는다'라는 걸로 따뜻하게 알려졌어요. 모든 이메일에 한 줄이라도 답장을 합니다.

안 왜 꼭 하세요?

최 저도 애타게 누군가에게 그런 편지를 보낸 경험이 많아요. 저에게 보내온 이메일에는 눈물 없이 읽지 못할 사연들도 있습니다. "어릴 적부터 교수님을 존경했고 지금은 고등학교 교사가 됐는데 저희 아이들에게 교수님 말씀을 들려주고 싶습니다." 그런 이메일을 보면 애가 닳습니다. 그런데 일정상 거절해야 하면 아쉬울 때가 많아요. 저는 답장을 안 하는 건 거절보다 더 나쁘다고 생각해요. 최소한의 예의라고 생각해서 거절 답장이지만 보내죠. 놀랍게도 거절 답장을 받았는데도 굉장히 호의적으로 응답해주시는 분들이 많아요.

안 저도 섭외 편지를 많이 보내는데요. '당신이 이렇게 좋은 기획을 제안하고 꼭 답하고 싶은 질문들을 보내주었는데 내가 얼마나 바쁘면 인터뷰를 거절해야 할까요!'라는 답장을 받고는 '세상에 기여하는 당신에게 감사하며 늘 응원하겠다'라고 거절 감사 답장을 보내요.

최 제 인생을 바꿔놓은 윌슨 교수님과의 첫 만남을 편지가 연결해줬어요. 제가 펜실베이니아주립대학교에서 친구 피터와 연구실도 같이 쓰고, 밥도 같이 먹으러 가고, 자는 시간 빼고는 항상 붙어 다녔습니다. 저녁때 스파게티를 무한정으로 파는 가게에 가서 잔뜩 먹고 나면, 연구실에서 공부해야 하는데 배가 부르니 앉아서 수다를 떨었습니다. 피터에게 매일 물었어요. "내가 오늘 낮에 이런 이야기를 하고 싶었는데 영어로 어떻게 말해야 할지 몰랐어. 그럴 때 좋은 표현이 뭐야?" 친구는 상황에 맞는 표현을 대여섯 가지 가르쳐줬어요. 그러면 저는 새벽 2시에 기숙사로 가는 숲길에서 큰소리로 연습하고, 다음 날 그 표현을 써먹었습니다. 피터에게 가장 먼저 배운 영어 표현이자 '삶의 수업'이 "You never know until you try"예요. "우리는 해보기 전에 절대 알 수 없어"라면서 미국을 이해하는 가장 중요한 정신이라고 설명했죠. 저는 '그래, 도전한다'라고 결심하고 첫 결혼기념일에 아내를 꼬드겼어요. "우리 이번 추수감사절 방학에 보스턴에 다녀올까?" 아내의 사촌이 MIT에서 공부하니 얼굴도 보고 그 집에서 묵자고 했습니다만, 저는 딴생각을 하고 있었어요. 하버드대학교에 가서 윌슨 교수님을 뵙고 싶었습니다.

윌슨 교수님에게 편지를 썼어요. 한마디로 '제가 이런 사람인데 만나주시겠습니까'였죠. 그리고 피터에게 괜찮은지 봐달라고 했어요. 피터가 보더니 "Are you crazy?" 제정신인지 묻는 거예요. 진짜 윌슨인지 물으면서, 우리 같은 사람이 만날 수 있는 분이 아니라고 말했습니다. 그때 제가 말했죠. "네가 맨날 나한테 'You never know until you try'라고 말했잖아. 내가 트라이하겠다는데 뭐가 문제냐"라고요. 2년여를 같이 붙어 다녔으니까 형제 같은 친구가 됐는데, '뭐, 이런 녀석이 다 있나?' 하는 표정으로 저를 바라봤습니다. 제가 고쳐달라고 하니 영어 표현을 봐줬어요. 그리고 편지를 보냈어요. 답장이 왔어요. 그 답장을 들고 피터에게 달려갔습니다. 보고도 못 믿더라고요. "이 사람이 너한테 답장을 했다니 있을 수 없는 일이다!" 그렇게 윌슨 교수님을 만났고 그 계기로 제가 하버드대학교에 들어가게 됐습니다. 그 편지가 제 인생에 있어 어마어마한 전환점을 만들었어요.

안 답장을 왜 하신 거 같아요?

최 모르겠어요. 아마 저처럼 누구에게나 답장을 하시는 분이었나 봅니다. 다행히 저에게 주신 답장은 거절이 아니라 수락이었죠. 왜 수락하셨을까? 특별한 건 별로 없었을 거예요. 딱 하나 의심이 가는 건 윌슨 교수님이 비무장지대에 무지무지 관심이 있으셨어요. 제가 졸업하고 가끔 하버드대학교에 가서 교수님 방문을 똑똑 두드리고 들어가면 첫인사는 "제이Jay야, 잘 있었니?"가 아니고, "DMZDemilitarized Zone(비무장지대)는 잘 있느냐?"였어요. 한 번이 아니었습니다.

안 그럼 DMZ로 모셨어야 하지 않나요?

최 제가 모시려고 DMZ 관련 행사에 열몇 번을 초청했는데, 결국 안 오셨어요. 제가 무지하게 삐쳤습니다. 그때는 어쩌면 제가 한국에서 왔다니까 DMZ 이야기를 해보고 싶으셨을지도 몰라요. 실제로 DMZ 이야기를 하셨고요.

보스턴에 도착해 아내에게 약속이 있다는 고백을 하고 윌슨 교수님 방으로 갔습니다. 복도 끝에서 30분을 어슬렁거리다가 약속 시간 5분 전에 가서 '똑똑똑' 문을 두드렸는데, 남침례교회 목사님 같은 분이 나오셨어요. 윌슨 교수님은 표정이 온화하시고 말씀도 느릿느릿한 남부 출신이십니다. "아! 네가 제이로구나." 하시며 들어오라고 하셨어요. 첫 말씀은 "참 미안한데, 교수 회의가 갑자기 잡혀 15분밖에 시간이 없다"였습니다. 훗날 안 사실인데 이게 그분의 전략이에요. 모든 사람에게 15분을 제시하고 그 시간 동안 판정하십니다. 이야기를 이어갈 가치가 없다고 느끼시면 15분이 지나기 전에, "오늘 만나서 반가웠습니다." 하고 등 떠밀어 보내시는 거예요. 15분의 허들을 넘어야 했습니다. 첫 질문이 DMZ에 관한 질문이었어요. 저는 답하고 시계를 보면서 남은 시간을 살폈는데, 두 번째 질문이 들어왔어요. "너는 어떻게 이렇게 영어를 잘 배웠니?" 제가 답한 뒤 세 번째 질문이 들어왔는데, 남은 시간이 4~5분밖에 안 되는 거예요. 그래서 당돌하게 말했죠. "질문에 답하고 싶은데…… 아홉 시간 동안 운전해서 여기까지 왔습니다. 사전에 15분밖에 없다고 말씀을 해주시지 않은 건 불공평합니다." 그때 윌슨 교수님 표정이 약간 달라졌어요. '어, 이놈 봐라'라는 표정이셨죠.

안 '요즘 아이들이란 쯧쯧' 이러셨을까요?

최 당시 동양인에 대한 평판은 '무조건 다소곳하고 말 잘 듣는다'였어요. 그런데 불공평하다는 말을 한 거죠. "지금까지는 성실히 답변했지만, 이제 4분밖에 안 남았습니다. 여기 온 이유를 설명할 수 있게 해주십시오." 잠시 주춤하시더니 "해봐라." 하셨습니다.

저는 전략을 가지고 갔어요. 윌슨 교수님의 생애 최초 논문이 민벌레에 관한 논문입니다. '앨라배마주에서 윌슨이 민벌레를 처음으로 채집했다'라고 요약되는 한 장짜리 보고서인데요. 그걸 알고 "저는 민벌레를 연구하고 싶습니다" 하니까 이분이 "민벌레?" 하시며 파일 캐비닛을 열고 누렇게 바랜 논문을 꺼내셨어요. "내가 민벌레에 대해 쓴 논문을 알고 있니?"라고 물으시는데 모른 척했죠. 그렇게 이야기가 시작되고 두 시간이 훌쩍 지났습니다.

그러고는 저를 끌고 과 사무실로 가셔서 "이 학생이 펜실베이니아에서 운전하고 왔으니 기름값을 주면 좋겠다"라고 하셨습니다. 마지막 인사를 하는데 밑도 끝도 없이 그러셨어요. "하버드대학교 입학이 녹록한 일이 아니지. 민벌레 연구를 하고 싶다면, 강 건너에 보스턴대학교라는 좋은 대학이 있어. 우리 연구실 출신이 교수로 있으니 거기도 고려해봐라." 제가 무슨 용기가 났는지 몰라요. "보스턴대학교에 갈 거면 저는 그냥 펜실베이니아주립대학교에 있겠습니다. 저는 교수님하고 연구하고 싶어서 하버드대학교에 오고 싶을 뿐입니다." 교수님이 "알았다. 잘 가라"라고 인사를 하셨고, 결국 저를 받아주신 거죠.

솔직히 제가 펜실베이니아주립대학교를 졸업하고 우리나라에 돌아왔다면 이만큼 인정받았을까요? 우리 사회는 주립대학교 출신에게 그렇게까지 주목하지 않습니다. 물론 제가 실력으로 뭔가를 입증하는 일도 벌어질 수는 있겠지만, 저에게 하버드대학교 출신이란 아우라는 굉장한 거품을 줬어요. 부인할 수 없습니다. 그리고 그 편지가 없었으면 제가 무슨 재주로 하버드대학교에 갔겠습니까.

● 안 아닐 거 같은데요. 저는 1999년에 《개미제국의 발견》이란 책을 보고 선생님을 알게 됐습니다. 하버드대학교도 눈에 들어오지 않았고 윌슨 교수님도 몰랐고요. 오로지 개미에 끌려 책을 읽고는 너무 좋았습니다. 그다음에 글과 방송으로 만난 선생님은 늘 '최재천'이셨습니다.

최 하버드대학교라는 후광을 부인하기 어려워요. 그 바쁜 윌슨 교수님이 답장을 해주셨다는 점이 특별합니다. 저도 학생들에게 다 답장하고, 또 많은 아이가 저를 찾아와요. 흔쾌히 시간을 냅니다. 그 정도는 해야 한다고 마음에 담고 있죠. 제 인생에 윌슨이라는 은인이 있으니까요.

안 또 다른, 미래의 최재천을 위해 시간을 내시는 거네요.

최 네. 기꺼이. 적어도.

글쓰기가 키워내는 힘

안 글쓰기가 키워내는 힘이 있다고 할 수 있을까요?

최 저는 글쓰기가 매우 매우 중요하다고 생각하는 사람입니다. 제가 초·중·고등학교에서 교육받을 땐 글쓰기도 시험보듯이 했어요. 시간을 정해주고 쓰게 했죠. 백일장도 시간을 정해주고 하잖아요.

안 과거 제도에서 내려온 전통일까요?

최 완전히 과거 시험이죠. 대학에서도 리포트를 쓰게 했지만 실제로 중요하게 여기지 않았습니다.

안 그땐 시험을 잘 봐야 했죠.

최 그렇죠. 실험 리포트는 늘 비슷했어요. '매우 노력했는데, 실험은 실패했다. 왜 실패했을까. 기계가 안 좋아서…….'

그런 이야기만 수없이 구구절절 써냈을 뿐, 리포트다운 리포트를 써낸 기억이 거의 없습니다. 미국 대학에 가니까 리포트가 이루 말할 수 없이 심오하더라고요. 충격을 받았습니다. 밤을 지새우며 써야 했어요. 그랬는데도 교수님이 저를 불러서 말씀하셨어요. "리포트는 너의 생각을 정리하는 것이다. 뭐 했다고 쭉 써내는 것은 리포트가 아니다." 저는 마음속으로 영어 단어를 떠올렸어요. '리포트Report.'

안 그렇죠. 보고서잖아요.

최 '내가 한 과정을 상세히 적어서 보고했는데 그게 왜 리포트가 아닐까?' 속으로는 '교수님이 논문을 쓰라고 하지는 않으셨잖아요'라고 반박하고 싶었는데, 영어가 서투니까 그냥 "네" 그러고 다시 써 냈어요. 그렇게 훈련을 받았습니다. 저는 교수가 된 뒤 맡은 수업에서 시험을 보지 않는 대신 리포트, 글쓰기를 압도적으로 중요시합니다. 제가 이화여자대학교에서 가르치고 있는 '환경과 인간' 수업에 대한 강의계획서에 'Reading, Writing, Speaking Intensive Course'라고 써놓았어요.

안 '읽기, 쓰기, 말하기 집중 과정'이네요. 'Intensive', '집중'이라는 말이 부담스럽습니다.

최 거의 매주 글을 써서 내야 해요. 외부 강사도 한 학기에 열 분 이상 모십니다. 우리 사회에서 다들 만나고 싶어 하는 대단한 분을 모시죠. 요즘엔 젊은 세대가 좋아하는 분들을 모시는데도 학생들이 제 수업을 너무 힘들어합니다.

안 미국에서는 대학에 들어가기보다 나오기가 훨씬 어렵다는 이야기를 많이 하죠.

최 네. 제가 미국에서 동물행동학Ethology을 가르칠 때, 학생들은 수요일 저녁에 학교에서 동물 다큐멘터리를 봐야 했어요. 참석도 평가에 들어가고 소감도 써서 내야 했습니다. 매주 별도의 토론을 하고 그에 관한 글도 썼습니다. 거의 매주 책 한 권을 읽고 독후감도 제출해야 했습니다. 우리나라에서 교수를 하면서 학생들에게 이와 똑같은 일정을 요구했더니, 학생들이 '제정신이냐'라고 묻더군요.

안 '우리가 이 수업만 듣습니까'라고 했나요?

최 그거였어요. 저는 이렇게 답했습니다. "미국에서 가르칠 때는 지금 요구하는 것의 두 배를 요구했고, 미국의 대학생들은 한 학기에 내 과목 같은 수업을 다섯 개 듣는다." 미국의 좀 괜찮은 대학에 다니는 학생들은 잠이 부족할 정도로 공부합니다. 우리나라 대학생들은 카페에 가서 차도 마시고 친구도 만나고 게임도 합니다. 제가 가끔 강연할 때나 인터뷰에서 "대한민국 교육을 내 손에 쥐어주면 지금 우리나라 대학생들을, 속된 표현으로 오줌을 지릴 정도로 만들어놓겠다"라고 말합니다.

공부의 한 축은 학습량

안 '공부의 늪에 푹 빠뜨리겠다.' 이렇게 되나요?

최 왜 그런 말까지 했을까요? 10년 전에 중국 학생 한 명이 저와 공부하겠다며 유학을 왔습니다. 북경사범대학교를 졸업한 학생이에요. 좋은 대학을 나왔지만, 북경대학교나 칭화대학교 출신은 아니죠. 성적표를 보내왔는데 제가 상상할 수 있는 거의 모든 생물학 수업을 다 들었어요. 무지하게 많이 들었습니다. '혹시 조작한 거 아닐까?' 하는 생각이 들 정도였습니다.

첫 학기 내내 오전에는 보이지 않더군요. 조교에게 어디 있느냐고 물었더니 오전에는 어학 수업을 듣는다고 했어요. 이화여자대학교에서 유학생들에게 한국어 수업을 하는데, 많은 학생이 신청만 하고 잘 가지 않습니다. 그런데 그 학생은 간 거예요. 처음엔 한국말 두어 마디밖에 못 했어요. 한국어 수업을 들은 지 9개월 지난 뒤, 세미나에서 한국어로 발표했습니다.

안 노력이 어마어마하네요.

최 네. 2년 만에 논문을 썼어요. 중국으로 돌아간 뒤, 그 논문을 쪼개서 저희 분야 최고 저널에 두 편을 냈습니다. 석사과정만 마친 상태에서 공신력 있는 저널에 논문 두 편을 실은 거죠. 요즘도 저와 한글로 이메일을 주고받습니다. 누군가에게 그 이메일을 보여준다면 외국인이 보냈다고 상상도 못할 겁니다. 그 학생 이름이 주젠Zhu Zhen이에요. 저희는 젠젠이라고 불렀습니다. 제가 가르치는 우리나라 학생 다섯 명을 묶어도 주젠과 상대가 안 됩니다. 이 말의 핵심은 그 친구가 칭화대학교 학생도 아니고 북경대학교 학생도 아니라는 겁니다.

안 그럼 칭화대학교, 북경대학교 학생들은 학습량이 더 많다는 건가요?

최 그렇죠. 무서울 정도예요. 북경사범대학교에 주젠 같은 아이가 몇 명쯤 있을까요? 북경대학교, 칭화대학교에는 또 몇 명이나 있을까요? 한 1,000명쯤 있을까요? 1만 명쯤 있을까요? 북경사범대학교가 2020년 기준 중국 내에서 대학교 순위 34위였습니다. 세계 순위로는 342위라고 세계 대학 순위를 매기는 기관인 세계대학랭킹센터Center for World University Rankings에서 발표했는데요. 저는 중국에 주젠 같은 학생이 적어도 100만 명쯤 있으리라고 생각합니다. 그런 나라와 지금 우리가 경쟁하고 있습니다. 대학생들에게 강연할 때 저는, 여러분들이 그 경쟁에서 이길 수 있으리라는 기대가 되지 않는다고 솔직히 말해요.

안 '꼭 경쟁해야 할까요?'라고 묻는 학생이 있다면요.

최 그러면 할 말은 없습니다. 어차피 우리는 국제 시장에서 돈을 벌어 와야 하는 시대에 살아요. 우리는 수출로 먹고 사는 나라이고, 중국은 우리가 경쟁해야 하는 이웃 나라입니다. 삼성이 자랑하는 '초격차'가 언제까지 유지될 수 있을까요? 우리나라 고등 교육이 가르치고 있고 학생들에게 요구하는 방향이 별나게 창의적이지는 않다고 생각합니다. 그렇다면, 대학 문턱을 넘은 학생들에게 성실과 지식을 채울 수 있도록 양적으로라도, 공부를 많이 시키는 틀을 갖춰야죠. 적어도 많이 하는 분위기는 만들어줘야 하지 않을까요?

나의 생각이 자리 잡는 글쓰기

안 선생님은 수업에서 학생들에게 다큐멘터리를 보고 글을 쓰게 한다고 하셨는데요. 그럴 땐 어떤 글을 써야 하죠? 보통 우리는 줄거리를 쓰고, 어디서 감동을 받았고, 나는 앞으로 어떻게 살겠다는 식으로 전개해야 모범 답안으로 쳐주는데요.

최 요즘 제 수업을 듣는 학생들은 외부 강사 강의를 들을 때만, 그날 자정 전까지 원고지 열 매에 해당하는 글을 써야 합니다. 수업을 못 들어도 쓸 수 있습니다. 제가 모시는 분들은 저서가 있는 분들이고, 그 저서를 도서관에 지정 도서로 넣어놨기 때문에 책을 읽고 쓰면 됩니다. 다만 그분이 하신 말씀을 그대로 적어서 내는 건 자기 글이 아니니, '강사의 이야기와 자기 생각을 적절히 배합해 표현했는가'로 평가합니다.

한 강의마다 10점이에요. 10편을 제출하면 100점이죠. 그래서 대개 열한 분을 모십니다. 성적이 안 나온 1편을 빼는데, 열한 분의 강의를 듣고 10편만 내면 빼줄 게 없잖아요. 이때 인생을 말합니다. "살다 보면 열한 개 중에서 열 개만 해도 될 때가 있는데, 이때 열 개를 하는 사람이 유리할까 아니면 최선을 다해 열한 개를 다 하는 사람이 유리할까?" 열한 개 하는 사람이 유리하죠. 실수한 하나를 뺄 수 있으니까요. 학생들에게 알아서 정하라고 합니다. 거기다 다른 책도 읽고, 독후감도 써내야 하고, 그룹을 이뤄 위원회 활동도 하면서 활동 보고서도 써야 합니다.

다 쓰기writing입니다. 위원회 활동을 하면서 포스터를 만들어야 하는데, 저는 그것도 쓰기라고 생각합니다. 위원회 활동을 하면서 하는 발표는 말하기speaking예요. 이 모든 걸 하려면 기본적으로 읽어야 하니 읽기reading이고요. 그래서 'Reading, Writing, Speaking Intensive Course'라고 합니다. 일일이 조각조각 점수를 매깁니다.

안 선생님이 내시는 쓰기 숙제의 핵심은 '남의 생각을 익히는 것'이 아니라 '논리와 감성을 동원해서 내 생각을 찾아가는 과정'으로 보입니다.

최 네. 그 작업을 저는 '에세이'라고 부르고, 학기말에는 학문적 글쓰기인 논문을 내도록 합니다. 국내의 이름난 학술지 몇 개를 예로 들며, 그 속에 있는 논문들 중 한 구성을 따라서 써보라고 해요. 학생들이 마지막에 논문 쓰기를 너무 힘들어해서 해마다 계속할 것인가를 고민합니다.

안 에세이 11편 쓰기도 벅찬데, 언제 논문을 쓰겠어요.

최 학기말까지 위원회 활동을 하고 그에 대한 최종보고회 보고서도 쓴 다음, 그다음 주에 논문을 내야 해요. 위원회 활동에 몰두하다가 미처 논문을 챙기지 못해 남은 1주일 안에 쓰려 한다면 어렵겠죠. 다른 거 다 잘하고 여기서 무너져 C학점을 받기도 합니다. 제가 학기초에 이런 말을 해요. "인생이 그렇다. 설마 우리 인생이 '쟤가 내 경쟁 상대지' 그러면서 상대를 뭉개고 방해하고 나 홀로 득세하는 방식일까? 내가 관찰한 일상의 모습은 그렇지 않다. 평소에는 동료로 같이 도우면서 뭔가를 만들어낸다. 그리고 같이 평가를 받는데, 그런 와중에 쟤는 평가를 잘 받고 나는 못 받는다. 아마 다 같이 못 받은 것보다 더 억울할 텐데, 어떻게 해야 할까? 동료를 뭉갠다고 내가 올라가지 않으니 같이해야 하는 일은 하고, 동료가 잠시 쉴 때 나는 돌아앉아서 또 일하는 거다. 내 친구들이 잘 때 일어나서 조금 더 한 그 시간으로 판가름이 난다."

제 수업의 점수 절반은 동료와 같이해서 얻는 점수이고, 절반은 혼자 해서 얻는 점수예요. 제가 학기중에도 여러 번

이야기합니다. 논문 준비를 시작해야 한다고요. 왜냐면 위원장이 돼서 모든 걸 지휘하고, 보고서도 거의 혼자 다 써서 만점을 받았다 해도 기껏해야 50퍼센트니까요.

삶이란 게 그래요. 함께하는 일을 열심히 해도 자기 일을 못 챙기면, 나중에 상대가 나보다 더 잘나갈 때 상대에게 "너는 노력을 더 해야겠다"라는 말을 듣는 험한 꼴을 당할 수 있습니다. 반대로 내 것은 열심히 챙기면서 같이 일할 때 얌체처럼 굴면 동반추락하고요. 이 둘을 어떻게 잘 조율하느냐가 인생이죠.

저는 작은 인생을 한번 살아본다고 여기고 잘해보자고 독려해요. 실제로 조율에 실패하는 학생들이 있습니다. 종강하는 날, 언제나 학생들과 피자를 먹으며 종강 파티를 하는데요. 그때 어떤 아이는 저를 붙들고 하소연해요. "선생님, 제가 왜 C학점을 받아야 돼요?" "허유- 그러게 말이다. 어떡하면 좋니." 같이 울죠. 그리고 제가 말해요. "그런데, 첫 시간에 내가 다 설명했잖아. 이를 어떡하느냐."

안 눈물의 배신인데요. 공감의 배신이고요. 공감하셨으면 기회를 주셔야죠.

최 다행히 2019년쯤부터 학교가 절대 평가를 허락해줘서 요즘은 제가 A, B학점을 남발하고 있습니다.

무엇을 어떻게 읽을까

안 많은 분이 글을 잘 쓰고 싶어 합니다. 그럴 때 우선 책을 많이 읽으라는 조언을 받는데요. 왜 책을 읽어야 할까요?

최 책 읽기에 대해 강연할 때 저는 코끼리가 똥 누는 사진을 화면에 띄웁니다. 코끼리 똥 실제로 보신 적 있으세요? 어마어마합니다. 들어간 게 있어야 나오지 않겠습니까? 어떤 분은 독서를 안 하는데도 글을 제법 쓴다고 말해요. 저는 그 말을 믿지 않습니다. 많이 읽은 사람들이 글을 잘 써요. 읽은 내용을 기억해서 베끼는 게 아니라, 읽으면서 생각하는 과정에서 자기만의 문장이 탄생합니다. 글을 읽지 않은 사람이 글을 잘 쓰는 사례를 거의 본 적이 없습니다.

안 책 읽기는 저자와의 대화 같아요. 저자가 제안하는 내용을 궁리하게 되고, 내 눈으로, 내 속도로 읽으면서 생각도 정리되고요.

최 제가 아들을 키우면서 가장 잘한 일은 책을 읽어준 것이라고 생각해요. 우리 부부는 미국에서 늦은 나이에 아기를 낳았는데, 육아에 도움을 줄 사람이 없었어요. 학구적인 아내는 육아 책을 잔뜩 사다 읽으면서 아이를 키웠습니다. 아기가 깨면 안 되니까 둘 다 조용히 움직이며 애지중지했죠.

어느 날, 제 아내가 성가대를 지휘하는 미국 교회에서 금실 좋기로 소문난 노부부가 우리 집에 오셨어요. 그 할머니가 침대에 뉘어놓은 아들을 안으시더니, 세상 이야기를 술술 하시는 거예요. "오늘 뉴스에 이런 게 났는데"라고 하시면서요. 우리 부부는 '이게 뭐지?'라는 표정으로 당황했는데, 할머니가 저희를 쳐다보며 말씀하셨습니다.

"웃기지? 너희들 생각에 얘가 아무것도 모르는 거 같지? 그런데 얘는 다 듣고 있거든. 얘한테 매일 '우르르 까꿍'만 하는 것은 시간 낭비니까 책을 읽어주고 세상 이야기를 해줘"라고요. 그날부터 아기가 눈 뜨고 있는 시간에는 둘이 번갈아서 책을 읽어줬어요. 어느 날은 너무 졸려서 책을 읽다 잠이 들었는데, 누가 책을 읽고 있더라고요. 아들이었습니다. 책을 다 외운 거죠. 그림을 보면서 줄줄 읊었어요.

오랫동안 우리 집에는 버젓한 TV가 없었습니다. 미국에서 가져온 태블릿만 한 TV를 안방 침대 옆에 놓고 자기 전에 아내와 이따금 보았죠. 아들이 집 안에서 할 거라곤 책 읽는 것밖에 없었습니다. 대학에 들어가기 전까지 2천여 권 정도 읽었을 거예요. 학교 성적은 별로 안 좋은데, SAT Scholastic Aptitude Test(미국의 대학입학자격시험) 같은 시험을 보면 거의 만점을 받았습니다. 어떻게 그런 시험은 잘 보느냐고 물었더니 "그거, IQ 테스트 같은 거야. 책에 다 있어"라고 말하더군요. 특별히 학교에서 배운 게 아니라 책을 줄기차게 많이 읽은 덕에 안 거죠.

● 안 대학수학능력시험의 영어 지문도 과학 기사나 국제 뉴스

에서 가져오는 경우가 많은데, 영어 단어를 몰라도 아는 내용이면 풀 수 있죠. GRE도 마찬가지고요. 내용을 파악하며 답을 유추할 수 있으니까요.

최 아들이 글을 잘 씁니다. 미국 대학 교육이 거의 다 글쓰기잖아요. 그 덕분에 무사히 졸업한 것 같아요. 글쓰기 훈련을 따로 받진 않았지만, 결국 많이 읽은 사람을 당해내기란 어려운 거죠.

안 그럼 뭘 읽어야 할까요? 사실, 읽어야 할 책이 많다고 여기지만 대학 입시를 준비하거나 취업을 준비할 때, 과연 내가 지금 이 책을 읽고 있어도 되는지 확신이 서지 않잖아요.

최 우리나라 교육은 독서를 체계적으로 접근하지 않습니다. 그래서 부모가 아이와 함께 책을 읽고 이야기를 나누는 것이 중요해요. 저는 아이가 읽는 책을 같이 읽고, "그 부분은 정말 재미있지 않았니?"라고 말을 걸면서, 온종일 책에 관한 이야기를 할 때가 많았어요. 제가 읽는 책을 아들이 읽기도 했고요. 읽어야 할 책들을 잘 안내하는 체계가 우리나라 교육에도 있으면 좋겠습니다. 우리는 너무 교과서 중심입니다.

안 저희 아들은 초등학교 4학년 때부터 온종일 책을 읽기 시작했는데요. 그럴만하겠다고 여겼어요. 읽는 책이 온통 SF 시리즈물이었어요.

최 우리 집에도 그런 책들이 쌓여 있습니다.

● 안 제가 논픽션을 권해도 맨날 그것만 보길래 초등학교 6학년 때 선생님과 이야기를 나눴어요. 역사를 전공하셨고, 영화 〈죽은 시인의 사회〉에 나오는 존 키팅John Keating 선생님 같은 분이셨는데, 대뜸 "어떤 시리즈를 보는데요?"부터 물으셨습니다. 무슨 무슨 시리즈 네댓 편을 말했더니, "다 좋은 거예요. 진짜 재미있어요. 어머니도 같이 읽으세요"라고 하시더군요. 그때 '공상 과학 시리즈를 쓴 이 작가들도 온갖 인문·과학·사회·역사 책을 보며 공부를 무지하게 했을 것이다'라는 믿음을 가졌죠.

● 최 저도 걱정할 필요가 없다고 생각해요. '우리 아이는 저런 것만 읽는다'라는 상황이 '책을 안 읽는다'라는 상황보다는 훨씬 낫고요. 그런 분야의 책을 읽던 아이는, 반드시 다른 분야도 찾아 읽습니다. 하여간 많이 읽어야 합니다. 그런데 저는 읽는 속도가 너무 느려요. 저는 눈으로 읽는 걸 배우지 못했습니다. 입으로 읽어요. 소리를 내든 묵음이든 입으로 읽어야 하니까 느릴 수밖에 없죠. 게다가 대화가 많은 책을 배우처럼 연기하며 읽습니다. 하지만 읽은 내용은 잘 기억해요. 빨리 못 읽는 대신 꼼꼼하게 읽는 편이에요.

● 안 공부하듯이 읽으시는군요.

● 최 옛날에는 책 여백에 메모도 했는데요. 10여 년 전에 다른 사람들이 빌려가도록 제 서고를 개방하면서부터 그 버릇을 버렸어요. 책을 빌려간 사람이 메모를 읽다가 '최 교수님

은 여기서 이런 생각을 하셨구나' 하고 알아차리면 내용 집중에 방해가 되잖아요. 그래서 포스트잇을 붙이기 시작했습니다. 다 읽은 소감을 정리한 다음, 포스트잇을 떼서 버립니다. 저는 매우 숙독하는 사람이에요. 많이 읽지는 못했지만, 엄선해서 읽은 내용을 깊게 소화하는 편이라 제 글에 책 내용을 적당히 녹여내기도 합니다.

안 독후감을 쓰시는군요. 어떤 기준으로 책을 고르시나요?

최 서평을 써달라는 요청을 많이 받으니까 독후감을 많이 썼죠. 일본의 다치바나 다카시立花隆 橘隆志 선생님이 쓴 《나는 이런 책을 읽어 왔다》와 같은 책을 한 권 쓰고 싶어 시작한 작업이 《과학자의 서재》가 됐어요.

안 《통섭의 식탁》도 그 연장인가요?

최 《과학자의 서재》에 제 서평을 묶으려 했는데, 출판사 분과 이런저런 이야기를 하다가, "그 책을 읽을 때 어떠셨어요?"라고 자꾸 묻는 바람에 대답하는 도중에, 이상하게 제 자서전처럼 돼서 하는 수 없이 다시 서평 책으로 쓴 책이 《통섭의 식탁》이에요. 신문에 서평 칼럼을 퍽 오래 연재했고, 출판사에서 추천사를 써달라는 요청이 많아서, 지난 십몇 년 동안 쉼 없이 책을 읽고 책에 관해 쓰는 삶을 살았습니다. 지금도 이달 안에 추천사 두 편을 써야 해서 원고를 읽으며 어떤 부분을 부각할까 메모하고 있죠.

안 추천사를 쓰시는 책은 더욱 엄선하셨을 것 같아요.

최 한 달에 열 권 넘게 요청을 받으니 다 쓸 수는 없습니다. 오래전에 주변 분들과 상의해서 채택한 방법이 있습니다. 이렇게 저렇게 거절해봤는데 다 통하지 않더라고요. 저자의 친구가 전화하고 역자의 지인이 연락을 주고요. 거절하지 못하는 상황에서 벗어나는 방법은 고료뿐이었죠. "얼마 이상을 주셔야 고려해볼 수 있다. 정말 죄송한데 제 글이 마케팅 차원에서 그 액수만큼 가치가 있다고 판단하시면 다시 연락을 주시라. 그때 원고를 검토하겠다"라고 답합니다.

그다음 제 이름을 올릴 만한 책인지 아닌지, 원고를 보고 판단하게 해달라고 요청합니다. 실제로 고료 이야기를 꺼내면 많이 걸러져요. 그 방법을 고수하는 이유입니다. 문제는 소문이 좋지 않게 났더라고요. '최재천 교수는 돈을 밝힌다.' 욕을 먹더라도 내 시간을 내가 관리할 수밖에 없다는 생각에서 감수합니다.

안 우리나라는 거래를 하면서도 '돈' 이야기는 피하는 문화가 있습니다. 외국에서 사업하는 분들이 당혹해하시더라고요. 비즈니스를 하러 만난 식사 자리인데도 한국 기업 사장님들은 골프 이야기만 하다가 일어나기 5분 전에야 얼렁뚱땅 돈 이야기를 한다고요.

최 익숙지 않은 분들이 있죠. 제 조건을 검토하고 바로 거절하면 서로 시간을 효율적으로 관리할 수 있습니다. 원고를 훑어보고 제가 의견을 담아도 좋겠다 싶은 책만 채택하니까, 매우 좋은 책을 많이 읽을 수 있어요. 번역서 추천사를 쓸 때 저는 출판사에 원서를 꼭 달라고 요청합니다. 원서와 번역 원고를 같이 보면 자연스레 감수하게 돼요. 그래서 처음부터 추천과 감수를 다 하는 것으로 계약하자고 이야기해요. 저는 다 살피거든요. 표현도 제안하고 오역도 바로잡고, 어떨 땐 번역을 거의 다시 하다시피 관여하죠. 시간이 오래 걸려요. 무엇보다 중요한 건 용어예요. 동물, 식물 이름은 많은 경우 우리말이 없어요. 그러면 논문을 샅샅이 뒤져서 살펴보고 우리에게 맞는 새로운 이름을 짓습니다.

안 번역하면서 마주하는 어려운 점이 있어요. 그 책을 아우르는 어휘들의 우리말 용례를 찾아서 마치 어휘 사전을 만들듯이 정리하는 일입니다. 그래야 통일성 있게 번역이 되니까요. 그런데 우리말의 용례가 역자마다 다릅니다. 아직 학계나 사회적으로 정리되지 않은 경우죠. 잘못 자리잡힌 단어는 두고두고 난감한데요. 이럴 때 선생님처럼 전문가이면서 권위를 갖춘 문장가가 어휘를 다잡아주면 역자들이 환영할 것 같습니다. 저는 '번역을 할 때 내가 이 말을 창조해도 되나?' 하는 의문에 자주 빠졌거든요.

최 그 작업을 지금 자원해서 하고 있죠. 한번은 제가 직접 책을 번역했는데, 저는 전문가로서 당연히 이렇게 번역해야 한다고 전했습니다. 출판사 편집장이 안 된다고 했어요. 이미 인터넷에 통용되는 단어로 번역이 굳어졌다는 겁니다. 제가 새로운 용어를 쓰면 독자들이 혼란스러워서 안 된대요.

안 말의 가장 중요한 성질은 늘 변한다는 데 있잖아요.

최 그럼요. 용어들도 변합니다. 제가 '잎꾼개미'라는 말을 만들었어요. 영어로 'Leaf-cutting Ants'입니다. 이 개미는 이파리를 물고 다닙니다. 제가 국립생태원에도 전시해놓았는데요. 그걸 예전에 누가 '가위개미'라고 번역했습니다. 언뜻 보면 잎을 자르는 모습이 가위질하는 것처럼 보일 수도 있어요. 실제로는 톱질을 합니다. 그러니 가위개미라고 부르면 안 되죠.

안 우리나라에는 없는 개미인가요?

최 우리나라에는 없어요. 그래서 잎을 자른다고 가위개미라고 번역했겠죠. "그 번역이 틀렸다. 나무를 해 오는 사람을 나무꾼이라 부르듯이 잎을 해 오니 잎꾼개미라고 부르자"라고 제안했습니다.

안 나무꾼은 나무를 지고 집으로 오고, 이 개미는 잎을 물고 자기 굴로 오나 보죠?

최 그렇죠. 행동의 목적에도 맞고 우리말의 아름다움도 살려서 용어를 다듬었죠. 그래도 잎꾼개미로 번역하면 안 된다고 해서, 그럼 책을 안 내겠다고 버티면서 추진했습니다. 그렇게 하고도 잎꾼개미로 자리 잡기까지 20년이 걸렸어요. 이제는 잎꾼개미를 쓰는 곳이 조금 더 많습니다. 한 번 잘못된 번역을 바꾸는 일은 무지 지난한 싸움이에요. 그래서 아예 '처음 번역할 때 제가 개입해야겠다'라는 말도 안 되는 사명감을 갖게 됐어요.

안 읽기에 관한 이야기를 나누면서 선생님이 국어 발전에 기여하시고 있다는 사실을 알게 됐습니다.

최 우리나라에 없는 동물을 다루는 외국 과학 책이 많아서, 생물학을 공부하지 않은 분이 번역하면 이름 짓기가 이따금 난감할 거예요. "이 새는 이런 특성을 가지고 있기 때문에 이렇게 이름을 붙이면 오역이 될 수 있다"라는 의견을 번역가에게 전합니다. 이름도 제안하면서요. 그렇게 번역가와 이메일을 주고받으며 함께 궁리해요.

안 요즘은 매달 회비를 내고 책을 읽으며 함께 토론하는 살롱과 같은 문화가 활기를 띱니다. 제 친구 중에 그런 유료 모임에서 클럽장을 하는 친구가 몇 명이 있습니다. 엊그제 이런 이야기를 하더라고요. 주로 20대 후반이나 30대 초 직장인이 참가하는데, 넉 달 동안 지구적 경제 구조와 불평등, 환경에 대한 책들을 읽었다고 해요. 다들 열심히 읽어 왔는데 마지막에 개인 소감을 말할 때 허탈했다고 합니다. 예를 들면, 재레드 다이아몬드 선생님의 《문명의 붕괴》를 읽고 토론한 뒤 '내일부터 텀블러를 가지고 다니겠어요' '오늘부터 분리수거를 더 꼼꼼히 하기로 했습니다'라고 결심했다는 거죠.

최 그도 나름 좋은 발전 아닌가요?

안 '나는 무엇을 할 것인가'까지 나아가서 실천을 다짐하는 모습은 아름다운데요. 거대한 질문과 수많은 사회 현상을 목도하고 내놓은 나의 결심이 허무할 정도로 소극적이라는 거죠. '내가 세상에 기여할 수 있는 최선의 방식이 지금 분리수거뿐일까? 분리수거를 잘하는 건 당연한 생활 습관이고, 보다 적극적으로 세상에 다가가는 자세가 나오지 않는 이유가 무엇일까?' 세상을 이해하는 사고 체계가 자리잡지 못해서일 수도 있고, 세상을 나와 분리된 세계로 보니 TV에서 방영하는 다큐멘터리를 보듯 감동을 받고 비판을 하면서도 관람자 위치에서 흘려보내는 건 아닐까 싶어요. 책을 읽긴 읽었지만 깊게 사고하며 안으로 다지는 접근을 어려워하는 것 같습니다. 하나하나 짚어줘야 할 텐데요. 책 읽기가 갖는 힘이 뭘까요? 20, 30대에게 길 안내를 해주신다면요?

최 스스로 뭘 읽어야 할지를 어려워한다는 건가요?

안 일단, 책 읽기가 익숙하지 않은 문화이니, 뭘 읽어야 할지 어려워하죠. 두 번째는 책을 읽긴 읽는데, 토익 공부하듯이 읽어야 하나? 아니면 독서는 취미니까 휴식을 취하듯이 감상해야 하나? 전반적으로 책을 왜 읽는지 갈피 잡기를 어려워합니다.

독서는 빡세게 한다

최 독서는 일이어야만 합니다. 독서는 빡세게 하는 겁니다. 독서를 취미로 하면 눈만 나빠집니다. 한동안 마음을 비우기 위해서 독서를 하자는 말까지 버젓이 권해졌어요. 그러다 보니 아주 말랑말랑한 책만 팔렸죠. 김난도 교수님과 친하긴 하지만, 가끔 저는 '아프냐?'라고 묻는 책을 뭐 하러 읽느냐고 대중 앞에서 말합니다. 언젠가 제 강의가 끝나고 김난도 교수님이 다음 차례로 대기하고 있으셨는데요. 제가 그렇게 말하니, "선생님, 어떻게 그러실 수가 있어요"라고 하시더라고요.

우리나라 도서 시장에서 가장 잘 팔리는 책은 마음을 살살 건드리는 책 혹은 자기계발서입니다. 그런데 자기계발서를 읽고 성공했다는 사람을 저는 본 적이 없습니다. 성공한 사람이 자신이 어떻게 성공했는가에 대한 책을 써서 돈을 더 번 사례는 아는데, 그 책을 읽고 성공한 사람을 본 적이 없거든요. 책은 우리 인간이 지식을 전달하기 위해서 만들어낸 발명품인데, 그 책을 취미로 읽는다? 이건 아니죠.

독서는 일입니다. 빡세게 하는 겁니다. 읽어도 되고 안 읽어도 되는 책을 그늘에 가서 편안하게 보는 건 시간 낭비이고 눈만 나빠져요. 책은 인류의 발명품 중에서도 최악의 발명품이기 때문입니다. 우리의 눈은 3차원을 보게끔 진화했어요. 책은 평면에 글자를 새겨서 만든 2차원 물건입니다. 그러니 얼마나 눈이 아파요. 책은 눈을 망가뜨린 원흉이에요.

우리는 기획서를 작성해서 책을 읽어야 합니다. 치밀하게 기획해서 공략해야죠. 한 번도 배우지 않은 분야의 책을 공략해보는 것도 좋습니다. 한 번도 배우지 않았는데 술술 읽힐까요? 난생처음 붙든 양자역학 책의 책장이 척척 넘어갑니까? 진화심리학이 하도 뜬다니까 '좀 읽어 봐야지'라고 생각하곤 붙잡았는데, '와! 잘 읽히네' 하면 거짓말이에요. 당연히 안 읽힙니다. 그런데 그 책을 있는 힘을 다해서 끝까지 읽고, 또 비슷한 진화심리학 책을 사서 읽다 보면, 세 번째 책은 참 신기하게 술술 넘어갑니다. 어느 순간 그 주제가 내 지식의 영토 안으로 들어와요.

제가 해봐서 아는 이야기 하나를 할게요. 진화심리학을 공략을 한 다음에 양자역학을 공략하겠다고 마음먹고 읽으면 어떨까요? 힘들어요. 그런데 요런 투쟁을 몇 번 하다 보면 그다음에 생판 모르는 분석철학을 읽고 문화인류학을 읽을 때, 묘하게 쉬워집니다. 독서량이 늘어날수록 완전 새로운 분야의 책을 접할 때, 전보다 덜 힘들어하는 자신을 발견할 거예요. 평생 다양한 책을 읽으며 살아온 제 경험담입니다. 학문은 모두 연결되어 있잖아요. 어떤 분야를 기어올라가면서 3층에서 보려고 애써도 안 보이던 게, 다른 분야를 올라가면서 4층에서 건너다보니 저쪽 분야 3층 구조가 훤히 보이더라고요.

독서를 일처럼 하면서 지식의 영토를 계속 공략해나가다 보면 거짓말처럼, 새로운 분야를 공략할 때 수월하게 넘나드는 나를 만나게 됩니다. 그날이 오면 스스로가 자랑스럽고 사랑스러우실 거예요. 100세 시대에 20대 초에 배운 지식으로 수십 년 우려먹기가 불가능합니다. 학교를 다시 들어갈 게 아니라면, 결국 책을 보면서 새로운 분야에 진입해야 하죠. 취미 독서를 하고 있을 때가 아닙니다. 독서는 기획해서 씨름하는 '일'입니다.

안 수명이 길어지면서 직업을 여러 번 바꿀 상황이 도래했다는 판단이신데요. 나를 찾기 위해서 나를 찾는 법에 대한 책을 읽을 것이 아니라 내가 몰랐던 지식을 탐구하면서 그 안에서 나를 만들어가자는 말씀이신가요?

최 네. 그래서 저는 '지식의 영토를 넓힌다'라고 표현합니다. 이제는 그렇게 하지 않고는 살아남기 힘든 세상이 왔어요.

안 40대 중반이면 직장에서 밀려나고 직업까지 바꿔야 하는 상황에 맞닥뜨리는 요즘입니다.

최 대기업에서 임원이 못 되면 퇴사를 합니다. 보통 40대 후반 혹은 50대 초반이죠. 그 후의 삶을 어떻게 만들어가야 할까요? 저는 대학을 많이 만들어야 한다고 주장합니다. 그 시점에 있는 사람들을 교육시킬 수 있도록 대학이 다변화하고 지금보다 서너 배는 늘어나야 합니다. 그 이야기를 관료들도 있는 자리에서 했더니 교육부장관이 싫어하시더라고요. 어른이 배우고 훈련받을 곳이 준비되어 있지 않은 지금, 결국 책밖에 없어요. 취미 독서는 아예 깨끗이 잊으세요. 독서는 일입니다.

까짓것 당당하게 말한다

안 잘 쓰려면 많이 읽어야 하고, 그럼 '무엇을 읽을까?' 하는 막막함을 안고 한 번도 배우지 않은 지식의 영토를 점령하는 '기획 독서'를 빡세게 하자고 하셨습니다. 삶의 지평이 달라질 것 같아요. 당연히 소통하려면 중요한 '말하기'도 달라지겠죠. 이제 말하기로 넘어가고자 합니다. 제가 어릴 적엔 아이들이 말하기를 배우러 웅변학원에 다녔습니다. "이 연사 두 손 모아 외칩니다!" 이러면서…….

최 강력히 외칩니다!

안 제가 '강력히'를 빠뜨렸네요. 그리고 2000년대부터 전직 아나운서들이 스피치 교실을 열었고요. 아나운서 지망생뿐 아니라 방송에 출연하고 싶은 의사, 변호사, 기업가 들이 그곳을 더 많이 찾았습니다. 요즘은 유튜브 채널도 많아서인지, 스피치 코칭을 받고 싶어 하는 사람들이 더 늘었습니다. 어떠하면 말을 잘할 수 있을까요? 하버드대학교 최고의 토론 수업 강사로 뽑혔던 선생님의 비법을 알려주시죠.

최 하버드대학교는 대놓고 '우리는 리더를 기르는 대학이다'라고 선언해요. 리더는 일단 말을 잘해야 합니다. 그래서 토론 수업 성적을 낼 때 누가 말을 잘했는가를 가장 중요하게 보고 점수를 줍니다. 누가 설득력 있게 말했고 가장 잘 이끌어 갔는가를 채점하죠. 토론을 잘하려면 말이 짜임새 있어야 하고 논리적 사고를 해야 하니 글쓰기 훈련이 되어 있어야 하고요. 글을 잘 쓰려면 책 읽기가 필요한 거죠.

그러니까 읽기, 쓰기, 말하기인데, 결국 말하기에 방점이 찍힙니다. 하버드대학교에서 정치 지도자들이 많이 나오는 이유는 말을 잘하기 때문입니다. 버락 오바마Barack Obama도 그렇고, 다들 자기 언어를 사용합니다. 중요한 연설문을 봐도 남이 써준 원고를 읽었다기보다는 어느 정도 자기가 관여한 내용이 눈에 보이죠.

결국, 말을 잘하려면 글쓰기를 잘해야 하니, 평소에 많이 읽고 많이 관찰해야 합니다. 예전에는 영어와 우리말의 차이인가를 의심했어요. 길에서 누가 한 말씀해달라고 하면 미국인은 참 잘하더라고요. '영어는 말하기 쉬운 언어인가?' '우리말이 구조적으로 가진 뭐가 있나?' 의심했어요. 요즘 우리나라 젊은 친구들은 짧은 시간 내에 하고 싶은 말을 조리 있게 잘합니다. 그걸 보면 언어가 갖는 차이는 아닌 거 같고, 훈련이 됐느냐 안 됐느냐 같아요.

제가 하버드대학교에 다닐 때 데렉 복Derek Bok 총장님이 교육학습센터Teaching&Learning Center를 만드셨어요. 그 센터에서 원하는 교수들에게 수업을 비디오로 녹화해 컨설턴트들이 함께 보며 분석해줬습니다. 거기에 대학원생 세 명을 뽑았는데 제가 들어갔어요. 저도 제 수업을 녹화했어요. 학생들 앞에서 강의하는 모습을 촬영하고 분석을 받았습니다. 저는 코칭을 받고, 센터는 제 내용을 지도 자료로 썼죠.

안 컨설팅을 아주 정식으로 받으셨네요.

최 그때가 1980년대 중후반이에요. 저는 첨단 방식으로 코칭을 받은 초기 수혜자인 거죠.

안 뭘 지적받고, 뭘 깨우치셨나요?

최 저는 제 약점을 학생에게 숨기려 하지 않았어요. 솔직히 드러내서 학생들이 제 말에 쉽게 접근하도록 했는데, 그 전략이 좋은 평가를 받았습니다. '내가 너희에게 이르노라. 적어라. 배워라.' 이렇게 지배하는 자세로 말하지 않고, 낮은 자세에서 좀 모자란 듯이 다가갔어요. 학생들이 편하게 질문하도록 하는데, 상당히 효과적이었다고 평가를 받았습니다. 그리고 설명을 조리 있게 하는 데는 부족하다는 평이 있었는데요. 아무래도 모국어가 영어는 아니니 한계가 있었죠. 당연히 오바마가 말하는 수준에는 못 미쳤습니다. 수업 끝에 학생들의 뇌리에 남는 유려한 문장이 필요한데, 제 표현들이 평범하다는 평가를 받았습니다.

안 사실, 뭔가를 확실히 인식시키려면 약간의 권위적 제압이 필요하니까요. 제가 선생님 말씀에서 느끼는 글쓰기와 말하기의 핵심은 자기를 솔직히 드러내는 '자기다움'에 있다고 봅니다. 나를 드러내는 글쓰기, 결국은 '내가 나를 키워야 하는구나'라는 생각이 들어요.

최 이는 좀 어려운 부분인데요. 제가 어디서 '나다움' '자기답게 사는 인생이 가장 행복한 인생이다'라고 이야기했대요. 저는 기억이 안 나는데, 간혹 인터뷰할 때 그 의미를 묻는 질의를 받곤 합니다. 솔직히 할 말이 별로 없어요. 저는 제가 한 것보다 훨씬 많이 얻었다고 늘 생각합니다. 제가 연구하는 학문은 양자역학처럼 어마어마한 이론 체계로 수학 모델링을 해서, 우리 눈에 보이지 않는 세계를 이해하게끔 하는 건 아니잖아요. 개미가 어떻게 산다는 지극히 상식적이고 누구나 볼 수 있는 걸 말하죠. 가끔 사람들이 저에게 겸손하다고 하는데, 사실 겸손하려고 한 게 아니라 내세울 게 없어서 겸허할 수밖에 없습니다. 그걸 오히려 좋게 평가해주시니 고마울 뿐이에요.

안 선생님 말씀을 듣기 전에는 '나답게'를 '나를 내가 원하는 방향으로 성장시킨다'라고 여겼는데, 선생님의 답에서 핵심은 '나에 대한 자신감을 가지면 되겠구나'라는 생각이 드는데요. 읽기, 쓰기, 말하기를 할 때는 자연스레 나를 드러내야 진정성이 담기면서 상대에게 깊게 다가갈 수 있습니다. 그러려면 나를 믿어야 하지 않을까 싶어요. 너무 비약인가요?

최 아니요. 생각하게 만드는데요. 제가 학부 때 '동물학과'를 '똥물학과'라고 말하면서, 그야말로 열등의식으로 똘똘 뭉쳐 있었어요. 그런데 미국이라는 나라에서 살면서 굉장히 당당해졌어요. 결혼 초, 제가 한 몇 년 동안 아내에게 가장 많이 들었던 말이 "당신은 왜 이렇게 비겁해"였습니다. 제가 너무나 엄한 아버지 밑에서 크면서 매우 비겁해졌어요. 잘못했다고 하면 큰일이 일어나니, 변명하고 사태를 빨리 덮고 현장에서 피하는 행동에 익숙해졌죠. 그럼에도 끊임없이 야단을 맞았고, 결국은 들킬 테지만 일단 아니라는 말부터 했습니다. 그래서 결혼 초에 많이 싸웠나 봐요.

안 솔직히 말해도 별일 일어나지 않았을 텐데 아니라고 하셨군요.

최 눈에 빤히 보이는데도 '내가 설마 그랬겠어?' 이런 식으로 나가는 거죠. 아내가 지쳐서 하던 말이 있었어요. "참 비겁하다. 그거 인정한다고 내가 뭐라 그러냐? 털고 가자." 미국에서 15년 동안 살면서 주눅을 많이 벗었어요. 미국 사회가 저를 비겁하게 만들지는 않더라고요. 우리나라에서 제가 뭘 하려고 하면 아버지는 "네까짓 게"라고 하셨어요. 일단 제 기를 죽이고 잘못하면 "내 그럴 줄 알았다"라고 하시니 주눅이 들었습니다.

미국에서 저는 미리 평가받거나 '넌 해봐야 안 될 거야' 라는 말을 듣지 않았습니다. '이 사람들이 왜 나를 믿어줄까?' 처음엔 너무 이상하더라고요. 그런데 잘못하면 결과에 대한 책임을 확실히 묻더군요. 완전히 바닥을 친 두 과목이 있었어요. 그중 한 과목은 노 교수님의 수업인데요. 어느 날, 그분이 저를 부르시더니 말씀하셨어요. "Drop, 포기 기간이 며칠 남았다. 이 수업을 포기하면 학점 기록이 남지 않으니 생각해봐라." 그래서 포기했어요. 포기하지 않았으면 완전히 바닥 점수를 받았겠죠. 다른 한 과목은 컴퓨터 프로그래밍인데, 그건 제가 못했어요. 바닥 점수를 받았습니다.

미리 알려주거나 결과를 두고 이야기하는 사회에서 한참 살다 보니, 뜻밖에 좀 당당해지더라고요. '까짓것 해보자. 하다 안 되면 할 수 없지!' 이렇게요. 우리나라에 돌아와서 주변 분들이 어쩌다 한 번씩 저에 대해 평하시는데, 겁이 없는 사람 같다고 해요. 제 능력이 부족하여 쉽게 해내지 못할 것 같은 일도 제가 하더라고요. "해보죠"라고 말하고서 일을 맡으면 열심히 해서 그런대로 잘했어요. 그렇게 여기까지 왔죠. 어떤 분이 제 미국 생활을 보고 인생 세탁이라 그러던데, 그 인생 세탁 과정이 없었다면 지금의 저는 존재할 수 없었다고 생각해요.

안 나를 드러낸다는 건 스스로 주체적으로 생각한다는 건데요. 물론 자신감도 있어야겠지만 결국은 내가 나를 드러내도 안전할 때 드러낼 수 있다고 봅니다. 요즘 제 또래 40, 50대와 자녀들의 의사소통 중에 가장 안 되는 부분이 '괜찮아요'입니다. '귤 먹을래?'라고 물었을 때 '괜찮아요'라고 답하면 기성세대는 껍질을 까고 있어요. '먹겠어요'라는 의미로 받아들입니다. 사실은 '아니요, 싫어요'일 텐데요. '괜찮아요'가 나온 배경은 '아니'라고 하면 더 세게 '네' 하도록 만들어서일 텐데요. '괜찮아요'가 시대를 대변한다는 생각이 듭니다.

최 그게 충청도 사투리로 '됐슈'예요.

안 '됐슈'가 거절이군요?

최 그렇죠. '됐슈' 그러면 안 해도 된다는 건데, 부모는 해달라는 걸로 이해하죠.

겁먹지 않고 들이댄다

안 서열이 낮은 자의 처지에서는 싫은데 완곡하게 거부하는, 감정적 공격을 받지 않으면서 뜻을 전달하는 방어적 표현이 필요합니다. 자존감을 채우고 자신감을 가지고 자기를 내세울 수 있으려면 어떤 여건이 조성되어야 할까요?

최 제가 유튜브 채널을 개설했는데, '내공왕'이라는 코너가 있어요. 별의별 질문에 답을 하는 건데요. 그중 이런 질문이 있었어요. "남 앞에 서면 너무 떨려서 말도 못 하겠어요. 교수님은 말씀을 잘하시는데 그런 자신감은 어디서 오는 건가요?" 제가 답했습니다. "저도 옛날엔 그랬어요."

옛날엔 저도 남 앞에서 말할 때 실수할까 봐 머릿속으로 해야 하는 말을 수없이 반복했어요. 그런데도 막상 나서면 자신이 없어 목소리가 갈라졌습니다. 망신도 숱하게 당했고 많이 떨었어요. 어느 순간에 그냥 털어냈습니다. 미국에서 어차피 미국인보다 영어로 잘 말할 수도 없고, 제가 최고로 잘해야 하는 것도 아니고요.

말을 잘 못해도 인생이 끝나는 것도 아니니, '에라 모르겠다' 하기 시작했습니다. 그렇게 실수도 했는데, 주변에서 오히려 북돋아줬어요. 어느 순간 스스로 달라지는 걸 느꼈습니다. 우리 사회는 실수를 너무 실수로 낙인찍어요. 미국 사회에서 좋았던 건 실수를 실수로 인정하고 지나간다는 것이었습니다. 저에게 치명적 일이 벌어지지는 않더라고요. 영어를 배워서 하는 사람이니까 영어를 못해서 그런 것처럼 슬쩍 묻어갔고요. 또 누가 그렇게 말해주면서 주변에서 인정해주는 분위기가 생기니까 그때부터는 막 저지르게 됐습니다.

제 아내가 저에게 그걸 지적했어요. "당신은 겁이 없다. 사람들 대다수의 일생에 한두 번 벌어질까 말까 한 순간에도 식은땀을 흘리기는커녕 그냥 한다." 제가 겪은 가장 위대한 사건으로, 레너드 번스타인Leonard Bernstein을 소개해야 하는 일이 있었습니다.

● 안 20세기를 대표하는 그 지휘자요?

● 최 네. 그 위대한 번스타인이 하버드대학교에 오셨을 때였어요. 그분이 후원하는 중국계 미국인 첼리스트 비온 창Bion Tsang이 그 당시 하버드대학교 학생이었어요. 현재 텍사스대학교 음대 교수님이고요. 어느 날 번스타인이 비온을 만나러 온다고 해서 비온이 첼로 연주를 하고 번스타인이 듣고 평하는 자리를 만들었죠. 당시 음악 사감을 하던 제 아내가 이 행사를 기획했습니다.

그런데 행사가 열리기 한 시간 전, 갑자기 아내가 저에게 사회를 보라는 거예요. "내가 뭘 아는 게 있어야 사회를 보지." 했더니, 지금 사람이 없다고 했어요. 양복을 차려입고, 음악에 대해서 이응 자도 모르는 제가 "오늘 레너드 번스타인이 하버드대학교에 왔고, 비온 창이 연주한다"라고 사회를 봤어요. 아마 웬만한 사람이면 다리가 후들거려서 한 마디도 못 했겠죠. 나중에 번스타인이 고맙다며 저를 끌어안았습니다. 다른 교수님들도 저를 툭툭 치면서, "사회를 참 잘 봐"라고 하시더군요. 저는 국제회의를 주재하기 전날 밤에도 잠을 설치는 법이 없습니다.

안 청심환을 드신 적은 없겠네요?

최 먹어본 적이 없어요. 실수하면 사과하면 된다는 생각, 그리고 실수를 실수로 받아준 환경을 경험하면서 떨림을 극복할 수 있었죠. 저도 제 연구실에서, 또 국립생태원장으로 일하던 시절에도 실수한 사람을 탓하지 않았습니다. '실수한 사람을 꾸짖지 않는다'라는 철칙을 마음에 새기고 살아요. 제 경영 십계명 중 하나입니다.

안 사건을 단지 사건으로 흘려보내는 합리성이네요.

최 그리고, 다른 사람들은 내 실수를 별로 기억하지 않습니다. 우리는 실수하면 완전히 그 동네에서 매장된다고 생각하는데, '다른 사람들은 나에게 관심이 없더라'가 제 결론이고요. '너무 겁먹지 말고 들이대라'가 제 조언입니다.

안 제 아들이 초등학교 4학년 올라갈 때 담임 선생님이 학부모 오리엔테이션에서 이런 말씀을 하셨어요. "지금이 실수를 경험하며 안전하게 배울 수 있는 마지막 학년입니다. 아이가 준비물을 집에 놓고 가도, 가져다주지 마세요."라고요. 기뻤습니다.

최 좋은 선생님이네요. "선과 악이 다 선생이다"라는 말이 떠오릅니다. 우리나라에서 겪은 엄격함이 미국 생활을 하는데 도움이 된 적도 있습니다.

펜실베이니아주립대학교에서 2년째 되는 여름방학이었는데, 데이비드 피어슨David Pearson 교수님이 애리조나 사막에서 하는 연구의 조수를 뽑는다고 공고를 내셨어요. "저도 가겠습니다." 했더니 교수님이 좀 못미더워하시는 눈치셨어요. 가장 마지막에 깍두기로 붙었습니다. 미국 학생 세 명에 제가 꼈죠. 애리조나의 싸구려 모텔에서 머물렀는데, 네 명이 한 방에서 잤어요. 교수님은 다른 방에서 주무셨고 아침마다 저희를 깨우러 오셨습니다. 저는 문간에 있는 침대에서 자서 그랬는지, 잠에 곯아떨어져도 교수님이 걸어오는 소리에 감각이 깨어났나 봅니다.

교수님이 말씀하셨죠. "네 발가락을 건드리기 0.3초 전에 네가 일어난다." 송장처럼 누운 자세로 자다가 그대로 발딱 일어나 "굿 모닝 서Good morning, Sir." 하며 앉는다고 합니다. 다른 세 명은 몸을 두드리고 흔들어도 뭉그적거리고요. 2~3일 지나자 교수님이 저를 대하는 태도가 확 달라지셨어요. 우리나라에서 엄격하게 자란 생활 습관이 미국에서 큰 도움이 됐습니다. 어릴 적엔 참 싫었어요. 아버지가 마당에서 헛기침을 하시면, 후닥닥 일어나 이불을 각 맞춰 반듯하게 개고 쏜살같이 밖으로 나갔거든요.

안 어린이인데 군기가 바짝 들었네요.

최 군대식으로 하셨으니까요. 세숫대야에 물을 받아 아버지에게 가져다드리며 아침을 여는, 결코 즐거운 시간이 아니었습니다. 그런데 그 훈련된 반듯함 덕분에 미국에서 믿을 만한 놈으로 인정받았습니다. 그리고 무엇보다 제가 미국 교육 시스템 안에서 훨씬 더 능력 발휘를 잘했어요. 우리나라 시험 제도는 너무 흑백으로 평가하는 데 반해, 미국 교육은 평가에 있어 회색인 부분이 상당히 많더라고요. 자기 논리를 잘 푸느냐 못 푸느냐에 따라서 슬쩍 넘어갈 수 있는 부분도 있고요.

우리나라에서는 연거푸 실패하고 의욕도 잃었는데 여유 있는 분위기 안에서 기량을 폈던 것 같습니다. 미국 대학에서의 성적만 두고 보면 저는 최상위 학생이었어요. 거의 모든 과목에서 A학점을 받았습니다. 남의 나라말로 하는데도 훨씬 잘했어요. 우리나라 대학에서 제 성적은 거의 바닥이었고요.

안 자존감이 충천하셨나 봐요.

최 더 중요한 건 재미있더라고요. 동물에 대해서 배우니 좋아서 더 잘했던 거죠. 제가 저에게 "최재천, 너 이런 애였어?"라고 물을 정도로 열심히 하는 저를 발견했습니다. 우리나라에 있을 때는 '어떻게 하면 안 할 수 있나? 가장 최소한의 노력으로 최대치를 뽑겠다'라고 효율만 생각했습니다. 펜실베이니아주립대학교에서 공부하던 어느 날이었어요. '인간은 왜 잠을 자야 할까? 나는 할 게 너무 많고 읽을 게 너무 많은데 왜 이렇게 피곤하고 졸릴까? 나를 용서할 수가 없다'라는 이상한 말을 제 마음속에서 하고 있더라고요. 소스라치게 놀랐습니다.

안 공부의 끝판왕이신데요. '왜 세 끼를 먹을까'보다 더 높은 단계요.

최 새벽 2~3시인데도 공부를 끝내기 싫어서 더 읽고 더 찾고 있는 저를 발견하고는 '그래도 조금 자둬야 내일 하겠지'라고 생각하며 새벽 3시에 기숙사로 갔어요. 아침 8시에 다시 학교에 왔습니다. 그러니 잘할 수밖에 없죠.

토론으로 무엇이 옳은가를 찾아간다

안 우리나라 교육의 최대 약점은 무엇이라고 생각하세요?

최 우리나라 교육의 가장 약한 지점은 토론이에요. 학생들이 자기 생각을 정리하고 이야기할 기회를 갖지 못하고 교과 과정을 마칩니다. 우리나라 교육이 미국 교육에 비해 좋은 점이 참 많아요. 하지만, 결정적으로 모자라는 부분이 바로, 학생들이 자기 의견을 정리하고 발표하는 훈련을 거의 못 받고 정규 교육 과정을 빠져나간다는 점입니다. 제 예상으로 곧 바뀔 겁니다. 바뀌게 되어 있습니다.

안 무슨 근거로요?

최 우리나라가 선거 연령을 만 18세로 낮췄잖아요. 고등학교 2학년, 3학년이 투표합니다. 중앙선거관리위원회가 고등학교에서 정치 토론을 하지 못하게 막고 있어요. 과연 언제까지 막을 수 있을까요? 못 막습니다. 고등학교 3학년 교실에서 정치 토론이 벌어질 수밖에 없습니다. 그럴 때 토론 방식에 대한 상식이 없는 상태에서 후보들을 비난하고 욕까지 하는 부정적 방향으로 흐르면 정말 안 되잖아요.

그리 머지않은 미래에 교육부가 '고등학교에서 어떻게 정치 토론을 슬기롭게 할 수 있을까'를 두고 고민할 수밖에 없으리라고 생각합니다. 막는다고 막아지지 않죠. 토론 중에 가장 재미있는 토론이 정치 토론인데요. 극명하게 다른 후보들이 있잖아요. 게다가 우리가 사는 문제를 다루고요. 그 어떤 주제보다도 말하기 쉬워요. 고등학교에서 정치 토론을 하기 시작하면, 그 분위기는 아래로 흘러내려 가면서 초·중학교에서도 드디어 토론 수업이 활성화되리라 봅니다. 그림이 보여요.

안 정치 토론을 이성적으로 이끌려면 정치가 아니라 토론에 방점이 찍히겠어요. 말하고 듣고 판단하고 생각을 심화시키려면 '창가에 앉은 사람들이 환기를 책임져야 할까?' '창옆자리를 몇 주에 한 번씩 바꿔야 할까?' '오는 순서대로 앉을까?' 등 민주적 결정 구조가 이뤄질 것 같습니다. 그러려면 말하기 능력을 향상시키는 발표 수업이 초등학교 1학년부터 활발해지겠는데요.

최 그렇죠. 일찍 오는 순서대로 창가 자리를 피할 수 있다면 창가 자리는 징벌적 의미가 될 테니, '다른 방식으로 하자'

숙의熟議란 여럿이 특정 문제에 대해

깊이 생각하고 충분히 의논하는 과정을 뜻한다.

나는 '토론討論, discussion'을

'숙론熟論'이라 부르기를 제안한다.

대의 민주주의를 하자고 뽑아놓은 정치인들은

대화는 고사하고 제대로 마주 앉을 줄도 모른다.

우리 시민이 나서서 숙론의 장을 열었으면 좋겠다.

까지 나아가겠죠. 토론이 막 벌어지는 분위기가 형성될 때 교사들도 참고할 수 있는 가이드라인이 있으면 좋겠습니다. 아직도 학습이 수동적 방법으로 진행되는 면이 짙게 남아 있는데, 이 틀에서 벗어날 기회도 토론에 있습니다. 토론이 진행되면서 아이들은 훌륭한 토론을 하려고 준비할 테니까 자기주도학습이 저절로 일어나리라 생각합니다.

안 선거 연령이 낮아지면서 교육 내용과 학습 방식도 창문 열면 공기 흐름이 바뀌듯 반드시 변화할 거라는 그림이 그려지네요. 그런데요. 생각을 정리하고 바른 결정을 내리는 일이 나이와 상관없이 점점 더 숙제처럼 다가오는 시절입니다. 나이가 많다고 해서, 경험이 쌓였다고 해서 올바른 결정을 내리는 데 조금이라도 더 유리하지는 않습니다.

미디어 리터러시라는 오늘의 숙제

최 네. 최근에 언론보다 유튜브를 더 신뢰한다는 설문조사 결과가 나왔습니다. 수많은 사람이 조직적으로 생산하는 내용보다 개인이 운영하는 미디어의 내용을 더 신뢰한다니 어떻게 이런 한심한 일이 벌어졌을까요? 최근에 언론이 얼마나 이상한 짓을 많이 했으면 사람들이 이렇게 반응할까요? 저는 우리가 데이터를 어떻게 분석하는가만큼은 꼭 배워야 한다고 생각합니다. 편집 능력을 배우는 거죠. 전체를 보고 무엇이 맞는 말인지를 골라내는 능력을 갖춰야 합니다.

좋은 예가 있어요. 산림청이 나무를 베고 있는데, 제가 칼럼에 "이명박 정부의 '4대강 사업'에 이어 숲 생태계마저 괴멸할까 심히 두렵다"라고 썼습니다. '문재인 정부, 제발 이런 실수하지 말아 달라'라는 뜻으로 썼는데요. 4대강 사업을 밀어붙이던 사람들이 처음에 수질이 좋아진다고 말했습니다. 지금까지도 굳세게 우겨요. 보를 막으면 물이 많이 차니까 그 안에 있는 유해 물질이 희석된다는 논리죠. 그런데 보에 물이 차고 난 후에도 계속 유해 물질이 흘러들어서 멈추게 될 수밖에 없습니다. 결국은 '녹조 라떼'가 되는데 그 부분은 말하지 않죠. 시민들을 부분적 논리로 공격하는 겁니다.

지금 산림청의 논리도 똑같아요. 우리가 50년 동안 나무를 키웠잖아요? 나무를 심고 그 정도 지나면 키는 얼추 클 만큼 다 큽니다. 그렇다고 탄소흡수력까지 멈췄을까요? 다 자란 어른 나무들이 줄 맞춰 서 있으니 비좁아서 옆으로 살이 찔 수 없는 것뿐입니다. 키는 컸는데 옆으로 못 자라니 예전보다 흡수량이 생각만큼 늘지 않아요. 그럼 여기서 뭘 해야 하느냐? 싹 베어내는 것이 아니라 빽빽한 숲을 솎아주는 겁니다. 그래서 키가 다 큰 나무가 옆으로 크면서 훨씬 많은 이산화탄소를 흡수하게 되는 거지요.

안 간벌이죠.

최 간벌을 해야죠. 그러면 나무의 몸집도 커지면서 북아메리카 국립공원들 안에 있는 레드우드Red-wood같이 자랍니다. 산림청은 그 단계까지 안 가고 지금 탄소흡수량 그래프가 약간 꺾이기 시작한 것만 보여줍니다. 간벌을 하면 다시 성장할 텐데, 그곳을 보여주지 않고 있어요.

안 제2차 성장 곡선이 되는 거죠?

최 그렇죠. 30~50년 된 나무를 호흡 곤란한 중늙은이 취급해서 베어내고, 갓난아이를 줄 세우는 묘목을 심자는 거예요. 여기서 핵심은 데이터 전체를 보여주지 않는다는 것입니다.

안 뉴스에서 탄소흡수량을 높이고 기후위기에 대응하자며 우리 산의 나무를 베어내고 새로 심어야 한다고 해서, 뉴스를 보며 고개를 갸웃했어요. 인터넷을 뒤져보니 언론사 여기저기에서 그 내용을 보도했더라고요. 산림청에서 보도자료가 나왔고 언론이 그대로 받았구나 싶었습니다. 받아쓴 내용에 구색을 갖춘 언론 취재를 했다는 점이 언론인조차 이슈 접근 훈련이 되지 않았다는 것이어서 답답했습니다. 전문 지식이 없어 그럴싸하게 들렸다 해도 검증하는 기본을 갖추면 거를 수 있는데요.

최 보여주고 싶은 부분만 보이면서 개발한 이상한 논리를 펴는 것이죠. 제대로 파악하는 능력이 부족한 겁니다. 하지만 국민이 전체를 볼 수 있는 능력을 갖추면 반드시 간파됩니다. 예를 들면 저 같은 사람들은 과학 중에서도 진화를 공부했으니까 타임 스케일이 크죠. '30년 관찰한 표본으로 무슨 결론을 내느냐, 1,000년 된 나무까지 살피고 나서 말하자.' 이렇게 지적하며 '가지고 있는 내용을 다 보여라'라고 요구하는 겁니다.

안 실제로 그렇게 오래된 나무들이 세계에 있잖아요. 미국 캘리포니아 세쿼이아국립공원에 있는 세쿼이아의 경우, 제너럴 셔먼, 즉 셔먼 장군General Sherman이라고 이름 붙은 나무의 수령은 2,300년~2,700년 사이라고 하는데요.

최 오래된 거목들이 정말 많죠. 자, 제너럴 셔먼 한 그루가 빨아들인 탄소량을 생각해봅시다. 무려 392톤이라고 합니다. 그리고 나무가 자라면서 1톤의 탄소를 흡수할 때마다 공기에서 3.66톤의 이산화탄소를 제거해요. 왜냐면 대기에서는 탄소 하나에 산소 두 개가 붙어 이산화탄소로 떠 있잖아요. 그러니까 실제로 제너럴 셔먼 한 그루가 대기 중에서 제거한 이산화탄소는 저장하고 있는 392톤이 아니라 1,439톤입니다. 어마어마한 양이죠.

여기에 우리나라 산림청의 최대 오류가 드러납니다. 지금 탄소흡수량만 말하는데 정작 중요한 것은 바로 탄소저장량이에요. 제너럴 셔먼이 저장하는 탄소량을 고려해야죠. 제너럴 셔먼을 잘라내고 다시 심으면 저장됐던 탄소가 전부 공기 중으로 나옵니다. 나무를 베고 불태우면 그 탄소가 어디로 가겠어요. 데이터를 잘라 부분만 말하며 호도하고 있습니다. 이럴 때 사람들은 '왜 요것만 보여줘요? 우리는 그보다 더 많이 보고 싶습니다'라고 말하면 됩니다.

안 우리 아이들이 살아가는 동안 닥칠 기후변화로 인한 자연재해가 조금은 줄어들 것 같습니다.

최 바로 교육이 키워내야 할 능력이라고 저는 생각해요.

안 얼마 전 북 토크를 할 때 제가 "정치와 권력을 결합해야 한다. 권력은 자본에 있고, 세계화 속에서 정치도 유권자인 우리 손에서 멀어져 시장으로 갔다"라고 말하니까 한 친구가 "그럼 정치인한테 권력까지 주면 어떡하나요?"라고 묻더군요. 그 친구는 정치를 의인화해서 받아들인 거예요. 하나님을 말씀으로 받아들이지 않고 의인화한 하나님으로 생각하면서 목사님이 하나님이 되는 오류가 나오는 식으로요. 그리고, 국가 권력이라는 것도 증시처럼 항상 변하는 존재로 보지 않은 거죠. 촛불을 들었을 때 권력은 우리 손으로 좀 가까이 왔다가 또다시 멀어져 우리 뜻을 저버리는, 이런 변동을 늘 겪습니다. 선생님 말씀을 들으며 우리가 모든 현상이 시간 속에 변화하며 존재하는 본질을 배워본 적이 없어서 그런 것 같다는 생각이 들었습니다. 보여지는 현상을 대상화하고, 권력의 주체를 의인화하면서 오히려 내 권리를 놓치고 있다는 걸 모르며 살아간다고 할까요.

최 조금 거창하게 이야기하면 상대성이잖아요. 우리는 상대성에 대한 교육을 너무 안 합니다. 알버트 아인슈타인Albert Einstein의 상대성 이론만 상대성이 아니죠. 다윈의 이론을 핵심만 말하라 하면 상대성이에요. 다윈이 이야기한 건 처음부터 끝까지 상대성입니다. 상대와의 관계 속에서 조금이라도 적응을 잘했으면 살아남을 수 있음을 설명해냈습니다.

그런데, 적자생존이란 말이 부각되면서 진화에 대한 오해가 생겼습니다. 다윈이 친구인 사회학자 허버트 스펜서Herbert Spencer의 표현을 받아들여 쓴 말이 '적자생존'입니다. '적자생존'을 'survival of the fittest'라고 최상급으로 썼어요. 이 말이 다윈 진화론의 존폐에 굉장히 많은 영향을 끼쳤다고 생각해요.

스펜서는 다윈의 진화론을 제대로 잘 이해하지 못한 상태에서 흥분된 마음으로 견해를 열정적으로 풀어냈습니다. 저는 그를 다윈의 전도사 중에 한 명이었다고 표현하는데요. 다만 한 가지 단서를 붙이죠. 아직 하나님 말씀을 제대로 다 이해하지 못한 전도사님이라고요. 그런 사람이 적자생존을 최상급으로 표현하는 바람에 우리가 무지무지 적응을 잘해야만 살아남는 것처럼 이해하게 됐어요.

안 네. 최고여야만 살아남는다고요.

최 그 말이 서양 근대 문화에 굉장한 영향을 미쳤습니다. 데일 카네기Dale Carnegie, 존 록펠러John Rockefeller 같은 사람들이 《성경》을 가르치고 주일학교 선생님을 했다고 하는데, 재벌이 되고 난 뒤에도 교회에 가서 '나처럼 최고가 돼야 살아남는다'라는 식으로 설파했어요. 사실은 그렇지 않습니다. 자연에서는 꼴찌만 아니면 삽니다. MBC 예능 프로그램인 〈나는 가수다〉에서는 매주 일곱 명이 노래를 부르고 한 명만 떨어졌어요. 만일 일곱 명이 노래를 부르는데, 한 명만 붙고 다음 주에 그 사람만 나올 수 있다면 모두가 별의별 모략을 다 썼을 겁니다. 노래 부르는 중에 괜히 돕는 척하면서 흔들리게 만든다든가 그러면서요. 한 명만 떨어지니까 아무도 자기가 되리라고 기대하지 않았고, 떨어지는 한 명이 발표되면 마치 자기가 떨어진 듯이 달려가서 끌어안고 눈물을 흘렸습니다. 훈훈한 프로그램이 됐죠.

실제로 자연계가 그렇게 운영돼요. 가장 적응을 잘한 하나만 살아남고 다 죽는 것이 아니라 풍요로운 시대에는 아무도 안 떨어져요. 〈나는 가수다〉의 방송 마지막 날, 사회자가 "오늘은 아무도 안 떨어집니다"라고 했어요. 다들 의아해하니 "오늘이 마지막이거든요"라고 하더군요. 모두가 웃었어요. 풍요로운 시절에는 아무도 도태되지 않습니다. 그러나 힘들어지면 제일 못하는 끝이 사라집니다. 1등만 남겨놓는 일은 처음부터 없었어요. 우리나라는 그동안 어땠죠? "국민 여러분, 너무나 안타깝습니다. 은메달에 그쳤습니다." 이렇게 말했잖아요. 80억 명 중에서 2등을 한 사람을 두고 안타깝다니, 어처구니없는 말이죠.

안 4등도 그렇죠. 메달이 없다는 이유로 낙오된 것처럼 여겨졌습니다. 어릴 적 교실에서부터 물든 마음의 습관이에요.

최 그래도 2018년 평창동계올림픽 때부터 신선하게 달라졌습니다. 동메달에도 진심으로 환호하고요. '아! 우리 사회가 조금 여유로워졌구나'라고 느낍니다. 저는 그동안 '우리가 상대성을 너무 간과한 것이 아닐까?' 하는 생각을 자주 해왔어요. 서양의 사고 체계는 플라톤 철학에서부터 출발했는데요. 플라톤 철학은 이데아 철학이죠. 플라톤이 이야기한 것처럼 진리가 있고…….

안 최초의 하나가 있고요.

최 그렇죠. 우리는 동굴 벽에 비친 그림자처럼 진리의 투영체, 진리의 쭉정이들로 이 세상에 있다는 거죠. 그러니까 호모 사피엔스의 진리는 어딘가에 있을 테지만 우리는 불완전한 변이들로서 여기서 복닥거리고 있다는 말인데요. 다윈이 이걸 뒤집은 사람입니다.

다윈은 진리라고 일컬어지는 그것이 중요한 것이 아니라 지금 여기서 살아가고 있는 우리가 중요하다고 보여줬어요. '내가 중요하다. 내가 변이를 가지고 있기 때문에 내가 변화를 일으킬 수 있는 중심이다. 내가 그 주체다.' 바로 이 점을 과학적으로 설명해주신 분이에요. 서양의 2,000년 사고 체계를 뒤집어버린 사상가입니다.

지금 이 순간 누구에게 '당신은 절대 불변의 진리가 있고,

세상은 절대로 변하지 않는데 우리가 착각 속에서 산다고 생각합니까? 아니면 세상의 모든 것은 다 변한다고 생각합니까?'라고 물으면, 100명 중에 99명은 후자라고 답할 겁니다. 세상 모든 게 변한다고요. 바로 다윈이 가르친 거죠. 다윈 이전의 서양인은 그런 사고를 하지 못했습니다.

안 저는 개인의 힘이 있다고 생각하는데요. 왜냐면 세상이 완전히 변화하려면 그 구성원인 내가 바뀌어야 그 변화가 완성되기 때문입니다. 그리고 나의 변화를 통해 세상은 조금이라도 달라지니까요.

최 아주 조금이라도 그 성질이 달라지니 세상은 변화하는 거죠.

안 제가 '나는 결코 변하지 않을 거야'라고 거부한다면, 전체 세상의 변화를 마지막까지 제가 막고 있는 거고요.

최 그것이 바로 알 박기의 힘입니다.

안 네. 바른 알 박기를 하려면 무엇보다 두루 공부해야겠다는 생각이 듭니다.

4부
공부의 성장

배운지 모르게 배운다

저의 딴짓이 지금의 저를 만들었습니다.
제가 생물학만 내내 공부했다면 저는 지극히 평범한 곤충학자,
어쩌면 신기한 작은 곤충을 연구하는 사람으로만
살아갔을지 모릅니다.

생각하는 힘을 기른다

안 AI와 경쟁하는 세상입니다. 결국 '미래는 창의력이 좌우할 것이다'라는 말들을 합니다. 창의력은 어디 가서 배우고 어떻게 평가받을 수 있을까요? 창의력을 가르칠 수 있을까요?

최 저는 창의력을 가르칠 수 없다고 생각합니다. 오히려 가르치려 덤벼들 때 죽을 수밖에 없다고 생각해요.

안 창의력은 외부에서 오는 게 아니라 내부에서 나온다는 뜻인가요?

최 창의력을 키울 수 있을까요? 창의력이 커질 수 있는 분위기를 만들 순 있을지 몰라요. 그러나 한 사람의 창의력을 키울 수 있는 교육 방법이 있는지, 그건 잘 모르겠어요. 이런 건 가능하죠. 저는 일방적으로 가르치지 않습니다. 저는 '이거다' 가르치고, 시험에 나오니 '외워 써라' 하지 않아요. 예를 들면, 생물학을 공부하는 학생들에게 해밀턴의 포괄적합도Inclusive Fitness 이론을 가르치고, 로버트 트리버스Robert Trivers의 부모-자식 갈등 이론Parent-offspring Conflict을 가르치지만, 시험에 '로버트 트리버스의 부모-자식 갈등 이론에 대해서 논하라'라는 문제를 내지는 않습니다. 이론과 논리를 응용해서 나름대로 분석한 해석을 쓰라고 해요.

안 트리버스의 이론을 적용하는 문제를 어떻게 내는지 예를 들어주시면 좋겠어요.

최 제가 미국에서 학생들을 가르칠 때, 이런 문제를 낸 적이 있습니다. '부모와 자식 간에 일어나는 갈등 상황을 묘사하고 로버트 트리버스의 이론으로 이 상황을 분석해보라.'

안 '인간의 진화적 본성을 설파하라', 이렇게 되나요?

최 그렇죠. 지금 당장 문제를 낸다면 이렇습니다. '첫아기를 낳았는데, 밤마다 아기가 칭얼댑니다. 부모는 안타까운 마음에 아기 곁을 떠나지 못합니다. 아기는 왜 그렇게 칭얼거릴까요? 아기에게 전략이 있다면, 어떤 전략인지 설명해보세요.' 트리버스는 부모-자식 갈등 이론의 차원에서 이렇게 설명할 거예요. '둘째를 밸 수 없게 만드는 전략일 수 있습니다. 엄마 아빠가 밤에 성관계를 가지면 둘째가 태어날 테니, 밤에도 엄마 아빠가 아기에게 관심을 갖도록 아기는 칭얼대야만 합니다.'

안 '나만 계속 돌봐줘'라는 지능적 요구네요. 돌봄 자원을 그 누구와도 나누지 않으려는 인간 아기의 똑똑함인데요.

최 실제로 아기들이 칭얼거리는 이유에는 진화적 의미가 있습니다. 살아남기 위해서죠. 충분히 크면 동생이 태어나는 것을 어느 정도 허용할 수 있어요. 내가 아직 아기인데 동생이 태어나면 자원을 충분히 받지 못할 테니, 진화적 전략을 써야겠죠. 이런 문제도 내보고 싶어요. '임신했을 때 입덧은 왜 일어날까? 부모와 자식의 갈등 관점에서 분석해보라.' 저는 이렇게 트리버스의 이론에 입각해서 현실에 적용하는 자신의 생각을 발전시키도록 문제를 내겠습니다. 단순하게 '로버트 트리버스의 이론을 설명하라'라는 방식으로는 결코 창의성을 키울 수 없을 테니까요.

안 시험 속에서 이론을 적용하다 보면 일상에서도 자연스레 해석하고 이해하는 시야가 넓어지겠어요. 만약 삼촌 집에 갔는데 갓 태어난 조카가 울면, "숙모, 괜찮아요. 이 아기는 지금 자기의 자원을 최대한 활용하려는 거예요. 너무 긴장하지 마세요." 이렇게 말할 수 있겠어요.

최 "조카가 숨넘어가는 상황은 아니니 적당히 달래시면 돼요." 이렇게 이야기하면 분위기가 진정되죠. 엄마들 중에는 아기와 같이 숨넘어가는 분이 있잖아요.

안 세상에 대한 이해의 폭이 넓어져 생각이 막히는 당황스러움이 줄겠습니다. 그리고 입덧에 관한 문제는 저와 독자들의 창의성을 키워나갈 기회로 삼고 한번 풀어보겠습니다.

최 네. 저는 꽤 오래전부터 시험을 보지 않기로 결정했기에 지금은 시험으로 창의성을 개발하는 시도는 못하는데요. 그 대신 '환경과 인간' 수업을 할 때 늘 고민하며, 학생들이 어떤 과정에서 창의성을 발휘하는가를 관찰합니다. 그 속에서 제 의문의 답을 찾아가고 있어요.

오늘 수업에서도 이번 학기 '환경과 인간' 수업의 위원회 중에 인터넷문화개선위원회가 최종보고회를 했습니다. 제가 학기초에 학생들에게 세상의 모든 인터넷 문화를 모두 다룰 수는 없으니, 한 학기에 할 수 있는 아주 구체적 주제를 찾아내야 한다고 강조했습니다. 그래서 소위원회 두 개로 나뉘었어요. 인터넷에서 이화여자대학교를 비난하는 사람들이 제법 많습니다.

안 젠더 갈등 때문에 심해졌죠.

최 네. 한 소위원회에서 이를 분석하고 대책을 마련하여, 학교 당국과 여러 번 논의했습니다. 저는 학생들이 직접 행동하며 경험하도록 독려합니다. 무엇이든 필요하면 저에게 요청하라고 말해요. 예전에는 학생들을 국회로 데려가기도 했고, 서울시장님과 대화하는 자리를 마련하기도 했어요. 서울시장님과 학생들이 한자리에 앉으면 "시장님, 저는 갑니다. 학생들과 논의해주세요." 하고 빠져나왔습니다. 저는 학생들이 현실에까지 다가가기를 원해요. 이번에 인터넷문화개선위원회 산하 또 다른 소위원회는 성희롱을 다뤘습니다. 제가 수업을 이렇게 설계한 목적은 스스로 문제를 발굴하고 어떻게 개선해나갈지 논의하여 가능한 한 실제 적용까지 해보기 위해서입니다.

지난주에는 동물권위원회에서 최종보고회를 했는데, 그 학생들은 학기 내내 동물보호센터에 가서 봉사 활동을 했습니다. 동물 복지를 우리 사회에서 어떻게 실현해나갈까를 모색했죠. 매 학기 여러 위원회가 참 열심히 참여해요. 오늘 최종 발표를 하면서 인터넷에 올라온 성폭력에 대한 글을 읽어야 했을 때 고통이 너무도 심했다고 눈물을 흘리는 학생이 둘 있었습니다. 가슴이 아프다며 말을 잘 잇지 못했어요. 매 학기 학생들이 문제를 찾고 해결법을 모색하다 보면, 가슴도 뜨거워지고 바꿔야 한다는 의지가 강해지면서 법을 만들어야 한다는 결론으로 흘러갑니다. 한국법제연구원에 계신 분을 모셔서 강의를 열기도 했죠.

저는 '그 일은 이렇게 해야지'라고 말하지 않고 학생들이 창의적으로 사고하도록 수업 구조를 짜놓을 뿐입니다. 학생들이 제법 좋아합니다. 오늘도 최종 발표를 마치고 감정에 북받쳐 "한 학기가 어떻게 갔는지 모르겠어요. 이런 경험을 하게 해주셔서 고맙습니다"라며 학생 몇 명이 울먹였습니다.

창의력은 경험에서 나온다

안 눈물이 날 정도로 북받친다는 건 가슴으로 느꼈고, 그만큼 공감력이 확대되면서 자기가 사는 세상이 넓어졌다는 의미일 텐데요. 사회도 연대감이 강화되니 공익적으로 좋고요. 선생님 말씀 속에서 '창의력이란 온 마음을 쏟으며 길을 모색하는 경험에서 나온다'라는 생각이 듭니다. 그렇다면 '창의력을 키우는 교육'이란 '자기 일처럼 몰두하고 부딪쳐나가는 환경을 만들어주는 것'일 텐데요.

하지만 우리의 현실은 조바심이 이는 구조입니다. '시험 준비해야 하는데 시간 낭비가 아닐까?'라는 생각을 하게 되지요. 대학 졸업하고도 취직을 머뭇거리는 마음들을 들여다보면, '비정규직으로 시작하면 영영 정규직에서 멀어질 수 있다'라는 불안감이 있어요. '경험하기'보다는 학력을 높이는 진학이나 시험 준비로 선회합니다. 진짜 공부는 경험하기라고 할 수 있을까요?

최 저는 그렇게 믿고 하고 있습니다. 이화여자대학교 교수로 부임했을 때, 저를 영입한 총장님이 2,600명이 들어가는 대강당을 내주시겠다며 전교생을 상대로 수업해달라고 하셨습니다. 그런데 제 수업에 100명 이상이 들어온 적이 없습니다. 그래도 저는 제 수업을 들은 학생들이 소중한 경험을 했다고 자부합니다.

어제도 동물권위원회 학생들이 에코백을 가져왔습니다. 제가 여섯 개를 샀습니다. 동물보호소에 기부한다고 100개를 만들어 파는데, 아직 쉰한 개가 남았다고 해요. 수업이 끝나도 계속 팔겠다고 합니다. '우리는 수업과 상관없이 끝까지 간다'라고 선언했어요.

오늘은 인터넷문화개선위원회 학생들이 '수업은 곧 끝난다. 하지만 우리는 사는 내내 끊임없이 인터넷 문화를 개선하고자 노력하겠다'라고 결의했습니다. 다음 주면 마지막 수업인데, 저는 이 말을 해줄 거예요. "여러분은 이 소중한 경험을 이제 버리려 해도 버리지 못할 것입니다. 여러분의 삶 속에 일부가 되었기 때문입니다. 여러분의 많은 선배가 고백하듯 평생 간직합시다."

안 경험이 인생에 길 하나를 내는 셈이네요.

최 그렇죠. 하지만 단기간으로 보면 쓸데없어 보일 수도 있어요. 학생들이 제 수업 수강 신청하기를 꺼린다고 합니다. 누군가 게시판에 제 수업을 들으면 다른 수업 다 망한다고 써서 악명이 높아졌기 때문이라네요. 그 정도로 힘들다는 말이죠. 부모 입장에서 보면 권장하고 싶지 않은 수업일 수 있습니다.

그런데 저에게 어떤 일이 벌어졌는지 아세요? LG글로벌 챌린저라는 프로그램이 있습니다. 순위권에 뽑히면 해외에 나가 여러 경험을 하도록 LG가 후원하는데, 제가 경연에 나가고자 하는 팀들을 여러 번 상담해주었습니다. 열 팀 넘게 지원했는데 번번이 떨어졌어요.

딱 한 번 대상을 받은 팀이 나왔습니다. 마감 10일 전에 찾아온 팀이에요. 제 연구실 대학원생들이 급조한 팀이었어요. 다른 학교 팀들은 몇 달 전부터 준비했을 텐데 지금 해서는 어렵다고 말렸어요. 그래도 하고 싶다고 간청하는 바람에 도와줬습니다. 그 팀이 대상을 받았습니다. 별다른 탐방 기획이 아니에요. 에콰도르 갈라파고스 제도에 가서 생태계의 원형을 찾겠다는 내용으로, 주로 말로 설명한 기획입니다. 그동안 자문해준 팀들에 비하면 엉성했죠.

안 다른 인상적 기획들이 있었나요?

최 외국 몇몇 연구소를 방문해서 최첨단 생명과학의 현재를 탐구하겠다는 팀도 있었고, 자연사박물관 일곱 곳을 돌아보면서 생명 연구의 기틀을 분석하겠다는 거창한 계획을 세운 팀도 있었습니다. 저는 왠지 LG가 그냥 제 연구실에서 훈련받은 학생을 살펴보려 했던 게 아닌가 싶어요. 진짜로 통섭적 인재인지 확인하고 싶어 한 것 같아요. 갈라파고스 팀 다섯 명 중 네 명이 입사를 원해서 지금 잘 다니고 있습니다.

세상은 어느덧 경험을 소중하게 여기는 방향으로 움직이고 있다는 생각이 듭니다. 그동안 대기업들은 성적 좋은 지원자들을 우선 뽑았습니다. 저는 LG에 가서도 강연했고,

삼성에 가서도 강연했는데 성적표를 심층 분석하라고 강조했어요.

안 어떤 과목을 어떻게 공부했는지 분석하라는 제안이신가요?

최 최재천 교수의 수업을 듣고 D학점 받은 학생을 뽑아야지, 최재천 교수의 수업을 듣다가 빠져나가서 다른 말랑말랑한 수업에서 A학점 받은 학생을 뽑으면 그 학생이 회사를 위해서 공헌하겠느냐고 물었습니다. 자기 관리를 잘하는 학생일 확률이 높다고요.

성적을 잘 받은 학생들은 대체로 자기 관리에 충실합니다. 성실하기는 해요. 성적은 성실함을 측정하는 도구입니다. 하지만 창의성을 보여줄 수는 없습니다.

미국의 대학들은 지원자들의 고등학교 성적표를 세심하게 들여다봐요. 그 아이가 AP Advanced Placement(고등학생들이 미리 대학 기본 과목을 선이수하는 과정) 수업을 몇 과목이나 들었는지 분석하면서, A도 받고 B도 받으며 나름대로 고생한 아이를 뽑습니다.

기업은 월급을 줄 사원을 뽑는데, 평점만 보고 뽑는다면 기업의 미래를 포기하는 것과 같습니다. 평점 3.7이라는 숫자는 중요하지 않습니다. 삼성에서도 인사 담당 전무님이 통섭형 인재를 뽑겠다고 하셨습니다.

각자의 더듬이를 존중한다

● **안** 공부를 잘해서 대기업에 가는 사람도 있지만, 아르바이트를 하며 구직하는 사람도 있습니다. 평생직장이 사라졌지만 안전한 직장을 얻고자, 노량진에서 3년, 5년을 보내죠. 지금보다 10년 후의 차이가 훨씬 크기 때문인데요. 경험을 주저하는 젊은 세대에게 선생님은 어떤 이야기를 해주고 싶으세요?

● **최** 오래전 알리바바 창업자 마윈Ma Yun이 했던 말이 기억나는데요. 대학생들에게 대기업에 취직하지 말라고 이야기하더군요. 대기업에 들어가면 여러 명 중 한 명이 되고, 중소기업 좋은 데를 찾아가면 멘토를 만날 수 있다고요. 전체적으로 돌아가는 일머리를 배워 언젠가는 마윈이 될 수 있다는 제언이죠.

제 아들도 10년 가까이 벤처를 하고 있어요. 저러다 제대로 먹지도 못하는 지경이 되면 어떡하나 불안하기는 해요. 그래도 하고 싶은 대로 밀고 나가라고 북돋습니다. 요즘은 조금 빛이 보인다고 합니다. 한 번 사는 인생이에요. 하고 싶은 일을 하고 살아야죠. 열심히 하다 보면 되기도 해요. 제가 고등학생을 대상으로 강연할 때마다 부모님들도 꼭 오시라고 청합니다. 아이들의 결정에 아무래도 부모님들의 영향이 크니까요.

● 안 성적이 좋은 자녀에게 무조건 의대에 가라고 강권하는 부모님들이 여전히 있습니다.

● 최 네. '그런 거 해서 밥이나 먹겠니?' '대기업 취직해야지' '뉘집 애는 어디에 들어갔다.' 아이들의 장래는 부모님들이나 주변의 결정에 따라 휩쓸려가잖아요. 아이들의 장래를 아이들에게 맡기면 지금 같은 쏠림 현상은 사라지겠죠. 어른들이 아이들의 결정을 좌지우지하고 대신해주기 때문에 여러 문제가 파생되고 있습니다. 저는 아이들은 육감으로 미래를 느끼고 있다고 믿기에, 부모님들에게 이 말을 전하고 싶어요.

"어른들뿐 아니라 아이들 중에는 내로라하는 대학을 나와야 어느 정도 생활을 유지할 수 있다고 생각하는 이들이 많은데요. 우리 아이들이 살아갈 세상은 지금부터 20년 후에요. 40대가 삶의 중심이라고 하면, 지금 공부하는 아이들은 적어도 20년 후의 세상을 예측하면서 자기 삶을 기획해야 합니다. 하지만 20년 후를 내다보기에는, 우리의 생각이 너무도 하루하루 현실에 초점이 맞춰져 있습니다."

● 안 중학교 3학년인 제 딸이 대학을 꼭 나와야 하느냐고 물었습니다. 자기는 아이돌이 되고 싶기에 대학에 갈 필요가 없을 것 같다고 해요.

● 최 기성세대의 더듬이에 걸리는 신호와 젊은 세대의 더듬이에 걸리는 신호가 다른 거 같아요. 아이들은 미래에 대한 감을

가지고 있습니다. 제 아들이 교수를 하지 않겠다고 말한 게 10년 전인데요. 지금 생각하니까 제 아들의 선택이 맞았어요. 지금 대학교수를 해봤자 20년 후에는 결코 좋은 직업이 아닐 거예요. 대학은 점점 힘들어지고 대학교수 생활이 좋은 시절은 끝나가고 있습니다. 제가 막차를 탄 셈인데, 아들은 그걸 느낌으로 알았던 거죠. 그래서 제가 중·고등학교에서 강의를 할 때 늘 말합니다.

"어머니 아버지는 무조건 '묻지 마 투자'만 하시면 됩니다. 자기 아이보다 키가 더 큰 부모님이 있으면 손들어보세요. (그럼 아무도 못 들어요.) 아이들에게 '얘, 너 그거 해서 밥이나 먹겠냐' 하시는 아버님, 솔직히 대학 다닐 때를 생각하고 말하신 거죠? 20년 전에 세상을 바라보던 눈으로 지금 아이와 이야기하고 계십니다. 키도 더 작으면서."

기성세대는 앞에 있는 키 큰 아이 너머로 다음 20년을 내다봐야 합니다. 그러면 40년을 내다봐야 하는데, 키 큰 아이 뒤에선 잘 볼 수가 없죠. 아이들은 20년만 내다보면 돼요. 아이들은 지금 그 20년 앞을 온몸으로 느끼고 있어요. 아이가 하고 싶은 것이 있다면 이유를 묻지 말고 무조건 도와주는 겁니다. 제가 보기엔 그게 답이에요. 사실, 제가 위험한 강의를 하고 있습니다. 그렇지만 저에게는 '아이들은 안다'라는 확실한 느낌이 있어요. 기성세대는 감지하지 못하는 신호를 아이들은 감지하고 있습니다. 밤늦게까지 게임을 하면서 세상이 어떻게 변하는지를 그 모니터 앞에서 이미 느끼며 살고 있어요.

● **안** 그럼 제 딸의 말이 맞나요? 매일 꾸준히 즐겁게 노래와 춤 연습을 하지만, 성적이 꽤 좋거든요. 노래와 춤보다 기존 방식으로 공부하는 것이…….

● **최** 그게 더 안전해보이죠?

● **안** 네.

● **최** 우리 생각에 그런 거예요.

● **안** 제가 2040년을 2000년대식 생각으로 그리고 있는 거군요.

● **최** 교육 변화가 사회 변화를 따라잡지 못하는 일이 지금 계속 벌어지고 있을 뿐입니다. 더 이상 유명한 대학을 나왔다고 해서 이득을 보는 상황은 이미 지났습니다.

● **안** 네. 100세 시대인 지금, 공부에는 때가 없지만 아이돌에는 때가 있다고 자각합니다.

마음이 가는 방향을 좇는다

● **안** 과거의 노력이 낱낱이 흩어지는 파편이 아니라, 어느 순간 알알이 꿰어지는 구슬이 되어, 새롭게 도약한 경험이 있으신가요? 그러니까 내 마음이 이끄는 데로 흘러가도 괜찮을까요?

최 남들이 보면, 특히 부모님이 보면, '재는 왜 맨날 저런 걸 하고 있나' 하는 그런 짓을 참 많이 하고 살았어요. 불안했죠. 가끔은 '저 공부를 해야 하는데, 내가 왜 이러고 있지?'라는 생각이 드니까요. 그런데 그런 딴짓이 제 삶에 도움을 주어 신기할 정도입니다.

제가 고등학교 2학년 때 비누 조각을 잘해서 미술 선생님에게 발탁된 적이 있습니다. 다들 대학 입시 준비를 하는데, 미술반에 들어가서 당당히 수업에 가지 않은 적도 있었죠. '다들 공부하는데 나는 여기서 조각한다!' 좋아서 어찌할 줄 모르겠더라고요. 그러던 어느 날, 미술 선생님이 우리 집에 가정방문을 오셨다가, 아버지 한마디에 뜻을 꺾으셔서 제가 지금 생물학자가 됐습니다. 아버지가 딱 한마디를 하셨어요. "거, 미술이 남자가 할 짓입니까?" 남자 선생님이셨습니다. 오경환 화백이신데, 당시에도 유명하셨고 나중에 한국예술종합학교 미술원장을 역임하셨을 정도로 대단한 분이세요. 그런 분이 아무 말도 못하고 발길을 돌리셨죠.

안 비누로 무얼 조각하셨는데요?

최 잠을 자려고 누웠는데 미술 숙제를 안 한 거예요. 벌떡 일어나서 빨랫비누를 찾아서 불상을 깎았습니다. 네 시간 동안 깎아서 숙제 검사를 받았어요. 각자 만든 비누 조각을 책상에 올려놓으면, 선생님이 쭉 다니시면서 점수를 매기셨습니다. 불상을 보시더니 들고 나오라고 하셨어요. 들고 나갔죠. 다들 볼 수 있도록 높이 들라고 하셨어요. 높이 들었죠. 그러자 선생님이 "내가 선생질하면서 오늘 처음으로 만점을 준다"라고 말씀하시는 겁니다. 방과 후에, 교무실로 오라고 하셔서 갔어요. 미술반으로 들어오라고 하시더군요. "저는 문예반도 하고 있고, 대학 입시 준비도 해야 하는데요"라고 말했더니, 선생님이 야비한 전략으로 제 말문을 막으셨습니다. "네가 깎은 게 아니구나!"

안 상대의 약점을 간파한 치명적 공격인데요.

최 미술반에 들어와서 증명해보라는 거죠. 오기가 발동해서 들어간 미술반인데, 행복했어요. 제가 하버드대학교에서 민벌레 연구로 박사 논문을 쓸 때, 열대 한복판인 파나마에서 민벌레를 관찰해야 했습니다. 몸통 길이가 2밀리미터밖에 안 되는 곤충인데 숲에 들어가 나무껍질을 뜯고 찾아야 했어요. 나무껍질을 뜯으면 민벌레는 재빨리 도망갔습니다. 도저히 그렇게 해서는 논문을 쓰지 못합니다. 민벌레를 채집해서 얕고 투명한 페트리디쉬petri dish(미생물 배양접시) 안에 넣어 기르면서 현미경으로 들여다봐야 했죠. 그때까지 민벌레를 기르는 데 성공한 사람이 없었어요. 어떻게 길러야 할까? 고민했습니다. 습도가 중요하니 뚜껑을 덮어야 하고, 관찰할 수 있으려면 투명해야 하는데, 문제는 플라스틱 재질인 용기 안에 물을 뿌리면 민벌레가 침몰해서 죽었어요. 여러 가지 방법을 고안하다가 플라스터plaster를 구해

패트리디쉬 안에 넣고 개서 굳혔습니다. 미술반 시절 석고 조각을 하던 기억을 되살려서…….

안 석고로 된 실험 용기를 만든 셈이네요.

최 네. 석고로 만들었으니, 물을 뿌리면 흡수가 되어서 바닥이 축축해지는 정도로 습기를 유지할 수 있죠. 문제는 민벌레의 서식 환경이었어요. 나무껍질 안에서 흙 부스러기나 나무 부스러기들을 밀고 걸어 다니니, 여러 갈래 길이 가늘게 나 있습니다. 그 길을 재현해야 했어요. 제가 현장에서 나무를 들여다보면서 조각했습니다. 실험실 사람들이 저녁때 밥을 먹고 모여 차를 한잔 마실 때, 저는 한쪽 구석에 앉아서 조각을 했어요. 그럼 미국 친구들이 제 옆으로 와서 자꾸 뭐 하느냐고 물었습니다. 민벌레 키우는 집을 만든다고 답했죠.

안 바닥만 석고로 만드신 거네요?

최 그렇죠. 위는 얇은 유리로 덮고요. 현미경으로 보면 민벌레들이 하는 행동을 다 볼 수 있도록요. 그 집을 만드는 데 성공한 덕에, 제가 아무도 들여다보지 못한 민벌레의 행동을 꽤 상세히 밝혔습니다. 제가 만일 고등학교 3학년 때 대학 입시에 도움도 안 되는 조각 공부를 하지 않았다면 상상할 수 없는 일이에요. 제 주변에 있는 동물 연구하는 사람들이 다들 저에게 뭐 하느냐고 물었을 정도로, 생태학을 공부하는 사람들의 생각 범주에서는 떠올릴 수 없는 발상을 한 거죠. 미국 친구들이 아직도 그 이야기를 자주 해요. "저놈은 미술을 했던 놈이라 그런 생각을 할 줄 안다"라고요.

안 제대로 시너지를 높인 융합이네요.

최 제가 《과학자의 서재》라는 책에서 '세상 경험 중에 쓸모없는 경험은 없다. 모든 경험은 언젠가는 쓸모가 생긴다'라는 이야기를 했는데요. 저는 딴짓을 많이 하면서 살았어요. 2021년 가을에서 겨울까지 몇 달 동안 미술 하는 사람들과 여러 전시를 함께했습니다. 2017년에 장욱진 화백 100주년 기념 전시에서 특강을 하며 '장욱진 화백은 생태 화가다'라는 정의를 내렸는데요. 주최하신 분들이 무척 좋아하셨습니다. 2021년 '생태 화가로서의 장욱진'을 조망하는 전시를 하겠다며 저를 기획자로 불러, 미술 기획자와 둘이 몇 달 동안 〈꽃이 웃고, 작작鵲鵲 새가 노래하고〉 전시를 준비했고요. 리움미술관에서 인간 존재에 대해 전시를 한다고 해서 거기에도 불려갔습니다. 또 국립현대미술관 서울관에서 2012년에 '카셀 도쿠멘타Kassel Documenta' 초대 작가였던 문경원·전준호 작가의 〈미지에서 온 소식, 자유의 마을〉 전시에 조언을 해달라고 해서 거기에도 불려갔습니다. 그리고 2022년 4월에 열리는 베니스 비엔날레에 기조 강연자로 초대받았습니다.

생물학자가 미술 하는 분들과 여기저기서 만나며 즐겁게 일하고 있죠. 제가 어떻게 그런 분들과 일할 수 있을까요?

저는 다른 나라에 가면 어떻게든 시간을 내서 미술관을 열심히 찾아다닙니다. 하버드대학교에서 공부할 때도 툭 하면 미술 강연회에 가서 앉아 있었고요. '내가 지금 뭐 하고 있나? 이런 강연 들을 때가 아닌데'라고 생각하면서도 '아메데오 모딜리아니Amedeo Modigliani의 작품 세계' 같은 강연을 들었습니다. 한번은 버클리대학교 교수님이 하버드대학교에 와서 미술사 강연을 하셨는데, 주변을 둘러보니 지인이 한 명도 없는 거예요. 다들 논문을 쓰는데 저는 한 줄도 못 쓰면서 여기 있구나 싶어 괴로웠죠. 그래도 또 갔어요. 평생 딴짓하며 살았습니다.

안 미술가나 과학자는 현재 인식의 꼭짓점을 끌고, 사고의 한계를 돌파하는 사람들이잖아요. 아이디어와 상상력을 자극받으실 수 있었으리라 봅니다.

최 그래서 저는 후회가 없어요.

안 과학과 예술은 세상이 변화하는 주요한 방향성을 짚어나가고자 하니까요.

최 그러다 보니 제가 우리 사회에 통섭이라는 단어를 화두로 던질 수 있었던 것 같아요. 물론 제 지도 교수님인 윌슨 교수님의 책 《Consilience》를 번역한 작업이지만 단순히 번역에서 끝내지 않고, 'consilience'라는 단어를 우리말로 '통섭'이라고 새로운 그릇에 담아서 내놓았기에, 미국에서는 큰 반향을 일으키지 못한 그 책이 우리 사회 여러 분야에 파장을 일으켰습니다.

저의 자부심 중의 하나는 제가 통섭을 이야기하기 시작한 이래, 우리 사회에서 '소통 없이 한 우물만 파라'라는 말이 거의 자취를 감췄다는 겁니다. 이제는 대다수가 주변인과 융합해야 한다고 느끼죠. 저의 딴짓이 지금의 저를 만들었습니다. 제가 생물학만 내내 공부했다면 저는 지극히 평범한 곤충학자, 어쩌면 신기한 작은 곤충을 연구하는 사람으로만 살아갔을지 모릅니다. 제가 오지랖이 넓게 많은 일을 할 수 있게 해준 공은, 아무리 생각해도 딴짓밖에 없어요.

안 생태사상가인 사티쉬 쿠마르Satish Kumar를 인터뷰할 때 큰 힘을 얻은 말이 있는데요. 제 말로 옮기면 이렇습니다. '특별한 사람만이 다재다능한 것이 아니라 인간의 특질은 다재다능함에 있다.' 그는 강조했어요. 우리는 모두 르네상스 인간이라고. 뭐든지 잘할 수 있으니 굳이 한 분야의 전문가가 되려 하기보다 정원사이자 미술가이자 생물 교사도 될 수 있다고. 그러니 스스로 한계를 짓지 말고 마음껏 하라고요. '아! 내가 하고 싶었던 것을 죽기 전에 다 해야겠구나!' 이런 용기가 생기더라고요.

최 네. 정말 중요한 지적입니다. 제가 생물학과 학부모님들 앞에서 강연하며 "내 아이가 어떤 가능성을 지니고 있는지 아시나요?"라고 물은 적이 있습니다. "자녀를 기필코 두 평짜리 약방에 가둬야겠습니까?"라고 덧붙였는데요. 한때 약대

열풍으로 전국의 생물학과들이 초토화됐습니다. 약학 대학을 6년제로 만들면서 생물학과를 약대로 가는 중간 단계로 진학할 수 있게 했어요. 학생들이 생물학과로 몰려왔다가 거의 약대로 빠졌습니다. 제가 그 현상을 꼬집으며 학부모들에게 했던 질문이었습니다. 그리고 지금은 '의사가 영원히 좋은 직업으로 남을 것이라고 생각하시느냐'라고 묻고 싶어요. 저는 의대에 떨어져서 이렇게 세계를 누비고 다니는데, 제 친구들은 은퇴했거나 손이 떨리느니 하며 뒷방 늙은이가 되었습니다. 안정된 직업을 가졌던 친구들은 지금 천장에 닿아서 한숨을 쉬고 있어요.

저는 아직 천장이 어딘지도 모릅니다. 지붕 없는 세계에서 살아요. 그래서 비는 많이 맞는데 아직 하늘이 얼마나 높은 줄 모릅니다. 제가 돌고래 연구를 시작할 때 앞으로 200년 정도 이 연구를 끌어갈 계획으로 설계했습니다. 앞으로 제가 또 어떤 일을 하고 싶을지 저도 모릅니다. 그러니 아이들의 내일도 우리의 내일도 무한히 열어둬야 해요. 마음 가는 대로 해도 됩니다.

스승은 제자의 발을 밟지 않는다

● 안 '삶이 우리가 하고 싶은 걸 하도록 과연 놔둘까?' 하는 생각

내가 박쥐를 연구하게 된 것도 순전히 우연한 일이었다.

나는 열대 정글에서 연구할 때

주로 바닥에 쓰러져 썩어가는 나무둥치를 뒤진다.

오랫동안 정글 바닥을 기다 보면 허리가 뻐근해지기 때문에

이따금씩 일어서서 하늘을 올려다봐야 하는데,

바로 그때 나무 이파리를 변형해 텐트를 만들고

그 아래에서 비를 피하는 과일박쥐를 발견했다.

어디로 튈지 모르는 건 탁구공이 아니라

과학자의 눈망울이다.

이 떠나지 않는데요. 돌이켜보았을 때, '하고 싶지 않았지만 그래도 열심히 하며 지나온 시간이 결국 나를 성장시켰구나' 하는 경험이 있으신지요? 생계를 위해 혹은 상황에 떠밀려, 자신의 계획을 유보한 채 기운 처져 있는 이들에게 들려줄 말씀이 있다면요.

최 저는 어느 위치까지 올라가겠다거나 어떤 목표를 이루겠다고 계획하며 살진 않았던 것 같아요. 사실 생물학도 제가 목표로 해서 시작한 게 아니라 떠밀려 넘어지며 하게 된 분야잖아요. 그저 펼쳐진 멍석 위에서 그나마 좋아하는 일을 찾아 열심히 하다 보니, 여기저기서 저를 불러줬어요. 솔직히 말하면 억울하기도 했습니다. 생물학계에서 최고로 꼽히는 미시건대학교 교수직을 내려놓고 서울대학교로 돌아왔는데 전국에서 학생들이 계속 찾아왔어요.

당시 국내에는 사회생물학을 가르치는 분이 거의 없었기 때문에, 이 분야 생물학 공부에 뜻을 품은 학생들이 모두 저에게 왔습니다. "침팬지를 연구하고 싶습니다" 하면 "나도 아직 아프리카에 가보지 못했는데……"라고 답하고, "돌고래 연구하고 싶습니다" 하면 "아직 해양학과도 배가 없어서……"라고 답했죠. 제 입에서 하지 못한다는 말만 계속 나왔습니다. 현실이 그랬어요.

우리나라에 와서 함께한 초기 제자들은 연구비가 없어서, 건물 옆에 있는 개미 굴을 같이 들여다보며 연구했습니다.

달리 방도가 없었으니까요. 어느 날, 골똘히 생각하다가 이렇게 해서는 우리나라에 사회생물학 혹은 동물행동학을 뿌리내릴 방법이 없다는 결론을 내렸습니다.

서울대학교 교수로 재직한 지 2년쯤 지났을 때 제 연구를 접기로 결심했어요. 제가 박사학위를 받은 민벌레 연구를 계속하려면 열대에 가야 합니다. 당시 한국과학재단에 말레이시아에 가서 연구하겠다는 제안서를 냈어요. 담당자분이 전화를 주셨습니다. 세금으로 외국에서 연구한다는 계획이 국민 정서에 맞지 않으니 수정해달라고요. 제가 한마디했죠. "지금 다국적 제약회사 머크Merck 그룹 같은 데는 어마어마한 돈을 투자해 항암제를 찾으려고 열대를 뒤지는데, 제가 재단 지원금 1,200만 원으로 열대에서 신약 원료라도 찾으면 어쩌려고 그러십니까."

안 미국 제약 회사들이 현지인에게 상금을 걸고 토종 씨앗을 긁어모을 때 아니었나요?

최 그럴 때죠. 그래도 연구 지원비는 국내에서 써야 한다고 하더군요. 그래야 비용 인정이 된다고요. 저 혼자라면 따로 연구비가 없어도 월급으로 연구할 수 있지만, 대학원생들을 이끌고 가서 연구할 순 없는 상황이었어요. 제가 박사 공부를 할 땐 혼자 힘으로 해내긴 했습니다. 서른 곳에 연구비를 신청해서 500달러, 1,000달러씩 모아 5,000달러를 만들었어요. 어쩌다 운 좋게 스미소니언재단Smithsonian

Institute에서 큰 액수의 장학금을 받아 몇 년 연구에 몰두할 수 있었지요. 하지만, 지도 교수님이 저를 이끌어주지는 않으셨습니다.

처음에 저는 미국식으로 했어요. 자기 연구는 자기가 하라고요. 그런데 우리나라는 사정이 달랐어요. 정말 다릅니다. 제 학생이 논문을 써 왔는데, 자기 이름 옆에 제 이름을 넣었더라고요. 제가 제 이름을 지웠습니다. "네 연구에 직접 공헌한 게 없는데, 내 이름을 넣는 것은 옳지 않다." 멋있어 보이려 했던 말이 아니에요. 그렇게 해왔기 때문입니다. 제 연구 논문들에도 지도 교수님 이름이 없습니다. 제가 한 연구니까요.

제가 가르치는 대학원생이 세 명밖에 없던 초기였어요. 세 명이 저를 찾아와서 "선생님 이름을 논문에 넣도록 해주십시오"라는 거예요. 학계에서 이러면 안 되는 걸로 나는 훈련받았다고 하니 이렇게 말하더군요. "교수님만이 연구비를 받을 수 있어서 그래요. 논문에 선생님 이름이 없으면 연구비를 받지 못합니다. 그래서 다른 연구실도 끝에 교수님 이름을 넣는 겁니다."

안 그래서 교수들이 연구 논문에 이름만 올려 연구 실적을 올린다는 비난을 받기도 하는군요.

최 그렇죠. 제가 논문을 150여 편 썼는데, 직접 주도한 건 몇 편뿐이에요. 미국에서 쓴 30여 편을 제외하고요. 우리나라에서 저는 연구자가 아니라 행정가가 되었습니다. 학생들이 연구할 수 있도록 뒷바라지하는 사람이죠. 교수 시절 초기에는 논문에 이름만 올리는 게 불편해서 자주 학생들과 필드에 나갔는데, 학생들이 어려워하더라고요. 여러 우여곡절 끝에 제가 결심했습니다. '내 연구를 접고 학생들의 연구를 뒷받침하자.'

안 속상하지 않으셨어요?

최 '학생들이 하는 연구에 나도 같이 참여하면서 논문을 쓰면 되겠구나'라고 생각했죠. 저는 제 연구를 하고 학생들은 자기들 연구 논문을 쓰도록 했는데, 우리나라 연구 상황이 구조적으로 학생들에게 불리하다는 걸 발견했습니다. 제 논문 목록은 제가 봐도 희한해요. 민물고기 몇 편, 귀뚜라미 몇 편, 거미 몇 편……. 해외 학회에 가면 하버드대학교와 미시건대학교 동료들이 저를 놀렸어요. 어느 날 저녁에 모여서 맥주 한잔을 하는데 친구가 묻더군요. "이번에 거미 논문을 발표하더라. 작년에는 조랑말 논문도 발표하더니, 대체 넌 뭐 하고 사는 거냐?" 미국 동료들은 제 사정을 이해할 수가 없었습니다.

안 동물의 왕국이 되셨어요.

최 동물원장이냐며 웃더군요. 서울대학교를 떠난 2000년대 초중반쯤, 제 연구실에서 연구하는 동물만 여덟 종류였어요. '아! 이게 뭐 하는 짓인가' 하는 생각도 들었습니다. 어쨌든 그렇게 살았습니다.

안 스승인 윌슨 교수님과 견주는 민벌레 연구의 대가가 되고자 하는 포부가 있으셨을 텐데요.

최 저도 포부를 가지고 학계에 뛰어들었는데, 연명하려고 이러나 싶었어요. 제가 해외 학회에 열심히 가는 편인데요. 어느 날, 학회에 갔더니 거피 연구를 오래 한 친구가 그해 유럽에서 가장 많이 인용된 논문 톱5에 들었다고 합니다.

안 손톱만 한 물고기죠.

최 네. 슬퍼지더라고요. 제 삶을 학생들에게 양보한 듯한 섭섭한 기분이 들었습니다.

안 남의 인생을 대신 살아준 것 같은 느낌이 있으셨겠어요.

최 그렇죠. 여기 이 책이 《동물행동학 백과사전Encyclopedia of Animal Behavior》 초판인데 2010년에 나왔습니다. 맨 위에 있는 두 분은 총괄 편집장이고, 이 아래 사진에 나와 있는 열다섯 분이 각 분야 책임 편집자들이에요. 보세요. 전부 백인이잖아요. 완벽하게 백인입니다. 저만 유색 인종이죠. 그때 제가 동물행동학에서 사회 행동 분야 책임 편집자였어요. 사회 행동은 매우 중요하고 상당히 비중 있는 연구 분야입니다. 총괄 편집장이 저에게 맡아달라고 하셨습니다.

안 사회 행동 분야라면 고등 동물을 연구하나요? 아니면 개미 같은 사회적 동물을 연구하나요?

최 개미부터 하이에나까지 모여 사는 동물 모두를 포괄하면서, 이 동물들은 왜 모여 사는가를 연구하는 분야예요. 매우 비중이 높은 분야이고 대단한 학자들이 포진해 있습니다. 그런데, 저에게 책임자 자리를 제안해서 흥분했죠. 이때는 왜 저를 골랐는지 이유를 잘 몰랐습니다. 세월이 흐른 후, 개정판을 내겠다고 연락이 오더라고요.

그동안의 연구들을 재정비해서 책을 만드는 작업이니 방대하잖아요. 소식이 한동안 없어요. 그러다 2016년에 개정판의 총괄 편집장을 맡아달라고 연락이 온 거예요. "말도 안 됩니다. 초판의 총괄 혹은 책임을 맡았던 열일곱 분 중 열여섯 분이 영어가 모국어인 사람들이고, 저만 영어를 배워서 한 사람입니다. 이 중에 누가 해도 저보단 잘할 겁니다"라고 정중하게 고사를 했어요. 그다음 메일에서 초판의 총괄 편집장이었던 마이클 브리드Michael Breed 교수님이 저를 지목했다고 밝혔습니다. 지난번에 작업을 해보고 제가 마음에 들었나 봅니다. 제가 성실하게 잘했나 보죠.

그래도 능력이 부족하다고 고사를 했어요. 그랬더니 출판사가 하루에도 이메일 두세 통을 보내왔어요. 한 달이 지난 뒤, 제가 수락했습니다. 곧장 저에게 개정판 출간 제안서를 쓰래요. 그래야 회사가 허락한대요. 그 작업도 안 하고 저에게 연락을 했다니, 기막혔죠.

안 기획을 해내시라는 거군요.

최 그렇죠. 심지어 기획안 중에 엘리베이터 스피치elevator

speech라는 게 있었어요. 전 처음 들어봤는데 엘리베이터 타고 올라가는 짧은 시간 안에 관심을 끌 수 있는 홍보 문구까지 만들라는 것이었습니다.

안 총괄 편집장이신데 그런 일까지 해야 하나요?

최 그래서 제가 말했어요. 그런 일들은 다 마치고 나서 나에게 제안해야 하는 거 아니냐고요. 그랬더니 원래 자기네는 그렇게 일을 안 한다고 합니다. 할 말이 없잖아요. 어떻게 하면 좋을지 생각하다가 브리드 교수님에게 이메일을 보냈어요. 당신도 이걸 했을 텐데, 옛날에 쓴 제안서를 공유해줄 수 없느냐고요. 답장이 뭐라고 왔는지 아세요? "나는 안 했는데……." 어떻게 안 했느냐고 물었더니, 원래 총괄 편집장이 저희 분야에서 매우 유명한 다른 분이었는데, 제안서 검토 과정 중에 돌아가셨답니다. 그분이 제안서를 다 쓰고 돌아가셔서 브리드 교수는 무임승차한 거예요.

저는 제가 다 썼습니다. 한 달 동안 매일 밤 고생해서 몇십 장 분량의 책자를 만든 셈이에요. 출판사에 제안서를 보냈더니, 제안서에 대한 리뷰를 기다린다는 이메일을 보내왔어요. 학계의 권위자 일곱 명에게 제가 쓴 제안서를 보냈다고 합니다. 첫째, 개정판을 만드는 것이 타당한가? 둘째, 총괄 편집장으로 이 사람이 타당한가? 두 가지를 물었다고 해요. 아닌 밤중에 벼락을 맞았습니다.

안 총괄 편집장이라는 자리가 권위를 인준받아야 할 만큼 권

한을 갖는가 봅니다.

최 그럼요. 우리 분야에 영원히 남을 작업에, 학계 전체에서 저를 총괄 편집장으로 추대한다는 개념이니까요. 그런데 저는 기분이 좋지 않았어요. '이제 망신을 당하는구나. 일은 내가 다 하고, 보나 마나 외국인이고 영어가 모국어가 아니라는 말이 나올 텐데……. 수모를 겪고 끝나겠구나'라는 생각이 들었죠.

안 테스트를 당한 거잖아요.

최 제가 테스트를 받겠다고 자원한 것도 아니고요. 한 달 반쯤 지나서 이메일이 왔습니다. 일곱 명이 쓴 리뷰 일곱 장을 첨부했더군요. 이름이 적혀 있지 않은 리뷰였는데, 세 명은 누군지 알겠어요. 저를 골리던 사람들이에요. "너는 동물원장이냐"라고 약을 올리던 사람들인데, 그들이 거의 비슷한 내용을 썼습니다. "백과사전이다. 만약 한 주제에 대해 편집한다면 이야기가 다른데, 백과사전이면 나는 우리 학계에서 최재천만큼 다양한 동물에 대해 깊이 있게 연구한 사람을 찾을 수 없다."

그들이 저를 진짜 골린 게 아니었더라고요. 맥주를 마시면서 '너는 위대하다'라고 말하는 건 우리 사이에 없던 일이니, "넌 또 그런 걸 하고 있냐"라고 말했던 거예요. 그때는 서글펐는데, 그게 강점이라고 평가하는 편지 일곱 장을 다 읽고 나자 눈물이 주르륵 흘렀습니다. '다 제자들 덕이다'

라는 자각의 눈물이었어요.

제가 이 분야에 뛰어들 때는 세계 최고의 생물학자가 되겠다고 한 건데, 외국에 있는 내 동료들에 비하면 나는 뭘 하는지도 모르겠고 이것저것 집적대고 있어 억울했습니다. 제자들을 소중하게 생각하니까 열심히 돌보고 뒷바라지했지만, 속으로는 공허감이 컸어요. '나는 학자로서는 실패했다.' 그렇게 생각하고 있었는데, 이런 평가가 나왔습니다.

그날 밤, 많이 울었어요. '내가 너무 옹졸했구나'라는 생각이 들었거든요. 제 제자들은 다 훌륭해요. 그런데도 제가 서울대학교에서 12년 있는 동안 직장을 얻은 제자가 한 명도 없었어요. 진짜 그때는 미국으로 다시 갈 생각을 신중하게 했습니다. 미국 커뮤니티 칼리지community college에서라도 가르칠까 생각했어요. 가르치는 것은 제법 하니까요.

제 논문의 주제가 중구난방이었으니까, 한 분야를 집중적으로 연구하는 미시건대학교 같은 데에 다시 갈 꿈을 꾸지 못했죠. 연구를 하겠다고 지원서를 들이밀기도 어려웠어요. 살고 싶은 도시를 정하고 그 도시에 있는 작은 칼리지에 강사 자리 몇 군데를 알아보고 있었습니다.

안 위축된 상황이었나 봐요.

최 제자들이 직장을 구하지 못하니, 정말 힘들었어요. 어느 날, 한 제자가 지방 국립대학교 교수 채용 면접을 봤다가 떨어진 뒤 술에 취해 제 방에 들어왔어요. "교수님, 고맙습니다"

라고 인사를 하더군요. 그러고는 진짜 하고 싶은 이야기를 쏟아냈습니다. 교수로 임명된 사람의 지도 교수는 1주일 전에 그 동네에 가서 매일 저녁 그 대학교수들과 술을 마셨다는 거예요. 할 말이 없었죠.

안 정치를 하셔야 했군요.

최 "내 탓이다. 그동안 네가 나를 봐왔지만, 나는 그런 걸 할 줄 모르는 사람 아니냐. 그래도 진심으로 사과한다." 그런 대화가 오가야 하니, 제가 의기소침할 수밖에요. 그러면서도 늘 국내 학회에 가면 성에 차지 않았습니다. 다른 학교 학생들이 연구 내용에 대한 포스터를 붙여놓은 걸 보면 실망스러웠어요. '조사했습니다. 조사했더니 이런 게 나오네요.' 대개 이런 흐름입니다. 자연과학 연구는 무조건 비교해야 합니다. 대조군이 있고 실험군이 있고요. 실험군에 뭔가 조건을 바꿔줬을 때 상대적으로 유의미하게 차이가 나는 것을 밝히고, 어떤 요인이 작용했는지를 설명해야 해요.
그런데 포스터 대다수에 적힌 내용은 이러했습니다. '나가서 새를 관찰했습니다. 새들이 이러이러한 행동을 보였습니다. 그래서 새들은 이런 경향이 있는 것 같습니다.' 제가 그 자리에서 지적했습니다. '이건 자연과학이 아니다. 이렇게 하면 안 된다'라고요. 저는 제 학생들에게 아주 철저하게 '연구란 어떠해야 한다는 것'을 가르쳤어요. 해마다 생태 행동 분야에선 제 연구실이 가장 많은 포스터를 붙입니다. 볼 줄 아는 사람들이 와서 보면, 제 연구실에서 붙인 포스터의 수준이 다르다는 걸 다 알아요.

제가 이화여자대학교로 옮기고 2년이 되지 않아, 제가 가르친 제자들이 모두 채용됐어요. 대학교수로 여기저기 불려 갔습니다. 그때 '실력으로 붙으면 내 제자를 당할 사람이 없다'라는 자부심이 생겼어요. 해외 유명 저널에 다들 논문을 실었습니다. 하지만 저는 공허했어요. '자식은 잘 키웠는데 나는 가진 게 없구나.' 미국, 영국의 교수들은 확고한 자기 연구를 하다 보니, 학생이 연구 성과를 낸 다음 다른 연구실로 떠나도 자기 연구가 남아요. 제가 제 연구를 접고 제자 연구를 같이하기를 결정하고 가장 후회하는 부분입니다.

앞서 이야기한 술 취한 제자는 바퀴벌레를 연구하다가, 그걸로 박사학위를 받고 강원대학교 교수가 됐어요. 제가 '바퀴벌레 연구, 강원대학교로 가져갈 수 없다'라고 말할 수는 없죠. 자연스레 그 친구가 그걸 들고 갔습니다.

안 선생님 연구 주제와 동일한 민벌레라면, 제자가 자기 연구로 가지고 가도, 큰 틀에서 선생님 연구로도 남길 수 있다는 거죠?

최 그렇죠. 학생들과 연구를 같이하다 보니, 그 친구가 연구를 마치고 자리를 잡으면 연구 자체를 가지고 갑니다.

안 선생님은 했었다는 기록만 남네요.

최 계속 비어나가는 거죠. 그 공허감이 이루 말할 수 없이 크더라고요. 이화여자대학교로 오면서 길게 하는 연구를 두 개 기어코 잡아냈어요. 그 연구는 연구자가 들어왔다가 나가도 유지할 수 있도록요.

안 학생은 과정의 성과를 가져가는 건가요? 일종의 분양이네요.

최 그렇죠. 까치 연구, 긴팔원숭이 연구, 돌고래 연구, 이 세 개가 길게 가는 연구입니다. 까치 연구는 서울대학교 교수 시절에 시작한 거라서, 제가 서울대학교를 떠날 때 제 후임으로 온 교수한테 맡겼어요. 제가 이화여자대학교로 와서 그 연구를 하기가 너무 힘들었고, 그 후임 교수의 아내가 저의 제자이자 까치 연구 1호 박사였기 때문에 그 두 부부에게 맡겼습니다. 긴팔원숭이 연구와 돌고래 연구는 이화여자대학교에 와서 시작해서 아직도 제가 연구하고 있습니다.

안 그날 눈물의 결과는 뭐였나요?

최 제자가 교수를 만든다는 깨우침이었습니다.

안 저는 말씀을 들으며 이런 생각이 들었어요. 그 순간은 당장 할 일에 끌려간다는 느낌이 들더라도, 마음을 다해서 몰두했을 때 그 어떤 것도 허투루 날아가는 경험이란 없다.

최 저는 뭔가를 길게 기획해서 이루겠다는 마음을 먹고 치밀하게 하나씩 쌓으며 살아오지 못했다고 말했죠? 그때그때 최선을 다하는 방법이 뭘까를 고민하며 살았는데, 운이 좋게 여기까지 왔다고요. 제 것만 챙기려고 했다면 연구실 이름을 '개미생태연구소'라고 지었겠지요. 개미 연구를 하고 싶은 연구자만 들어오게 했을 거예요. 그게 제 지도 교수님의 스타일이에요. 개미는 워낙 종이 다양한데요. 제자들이 교수님 연구실로 들어가서 서로 다른 종을 연구하고 그걸 가지고 갑니다. 하지만 개미 연구 전체는 윌슨 교수님이 가지고 계시죠.

제자를 아무리 많이 키우고, 제자가 아무리 뛰어나도, 스승을 능가하는 제자가 나오지 못합니다. 저는 그렇게 완전히 종속되는 방식을 옳다고 생각하지 않습니다. 이렇게 생각한 결정적 계기가 있습니다.

제 지도 교수님이 윌슨 교수님 말고 횔도블러 교수님도 계시지요. 그분의 제자 중에 굉장히 똑똑하고 좋은 연구를 한 친구가 있어요. 저보다 2년 먼저 박사를 했고, 미국에서 내로라하는 대학에서 모두 교수 채용 면접 인터뷰를 하러 오라는 요청을 받았는데, 아무 곳에서도 자리를 못 잡았습니다. 2년 늦게 박사를 시작한 제가 2년 만에 미시건대학교 교수가 됐을 때, 그 친구는 교수를 하겠다는 뜻을 접고 하버드대학교 로스쿨로 갔어요. 지금은 샌프란시스코에서 변호사로 일합니다. 모든 면에서 저보다 탁월해요. 그 친구가 왜 안 됐을까요?

제 논문들에는 지도 교수님인 횔도블러나 윌슨이란 이름이 들어간 적이 없어요. 그런데 그 친구의 논문들에는 지도 교수님 이름이 끊임없이 들어갔어요. 특히 그 친구가 연구한 내용과 관련된 주제 전반에 대해 리뷰하는 책을 출간할 때, 그 책의 편집자가 휠도블러 교수님에게 한 챕터를 써달라고 요청한 적이 있습니다.

저는 휠도블러 교수님이 쓰시지 말았어야 했다고 생각합니다. 한 챕터를 쓰더라도 제 친구 노먼 칼린Norman Carlin과 같이 썼어야 했다고요. 그런데 휠도블러 교수님이 그 챕터를 혼자 쓰신 거예요. 그 친구가 보스턴대학교에서 교수 채용을 위한 강의를 한다고 해서 응원차 갔는데요. 보스턴대학교 교수님이 칼린을 "그 유명한 논문, 휠도블러&칼린 논문의 칼린입니다"라고 소개하는 거예요. 사실은 칼린&휠도블러의 논문이에요.

사람들은 제 지도 교수님이 하시는 연구를 칼린이 도왔다고 생각합니다. 그 결정적 리뷰 책의 한 챕터를 휠도블러 교수님이 쓰신 바람에, 그 분야 연구 전반의 생각은 오로지 휠도블러의 것이고, 칼린은 그의 제자로 궂은일을 하여 박사학위를 받았다는 선입견을 만들었어요. 결국, 아무 데서도 인정받지 못하고 학교를 떠났습니다. 저는 그 사건을 뼈저리게 기억합니다. 지도 교수로서 하지 말아야 하는 일이 있다는 걸 깨달아 일찌감치 마음먹었습니다. '제자의 발을 밟지 말자!'

안 모든 교수님에게 전하고 싶습니다.

최 다윈의 책을 다윈 포럼에서 십몇 년 동안 번역했어요. 제가 다윈 포럼의 대표였는데, 너무 진전이 더뎌서 대표 역자를 정하자고 제안했습니다. 서울대학교 장대익 교수가 대표 역자를 맡았습니다. 저를 포함해서 다 같이 원서를 읽고 공을 들였죠. 드디어 《종의 기원》 출간이 임박했을 때였어요. 출판사에서 역자는 장대익, 최재천으로 가겠다고 했습니다. 제가 절대로 안 된다고 했어요. "장대익, 최재천으로 출간하면 안 됩니다. 그러면 최재천이 한 게 됩니다. 장대익은 죽습니다."

안 출판사는 유명한 사람을 앞세워 더 많은 독자를 만나고 싶어 하죠.

최 저를 역자로 넣으면 절대로 안 된다고 말했어요. 그래서 '장대익 옮김' '다윈 포럼 기획' '최재천 감수'로 절충했습니다. 그리고 한 출판사에서 번역서를 낼 때 실수했다가 저와 다투기도 했습니다. 제자와 제가 둘이 번역을 했는데, 제 이름을 먼저 넣어 책을 펴냈어요. 그렇게 하면 안 된다고 했는데도 실수가 나왔죠. 결국, 책을 다시 찍었습니다. 조금이라도 더 힘을 가진 쪽이 조심해야 해요.

안 '선생님이란 어떻게 행동해야 할까'를 생각해보게 됩니다.

최 제자가 클 수 있도록 하는 행동이 선생의 큰 덕목이라고 생각합니다. 식물은 씨앗을 자기 그늘에 뿌리지 않습니다. 가능한 한 멀리 내치죠. 그래야 씨앗도 뿌리를 내리고 서로가 잘 자랄 수 있어요. 제가 서울대학교 동물학과에 다닐 때 하두봉 교수님이 생리학을 가르치셨습니다. 그 수업을 우리가 서울대학교 최고의 명강의라고 꼽았어요. 교수님이 강의를 화려하게 하시는 분은 아닌데, 들어보면 내용 정리를 정말 잘해주셨습니다. 저희가 매우 존경했어요.

바로 그 하두봉 교수님이 퇴임하실 때 하신 퇴임사가 기막힙니다. 교수님의 제자 중에 앨라배마대학교에서 박사학위를 받고, 하버드대학교에서 박사 후 과정을 밟은 뒤, 서울대학교 교수가 된 분이 있습니다. 그분이 연구를 많이 하셨어요. 논문을 내면서 하두봉 교수님 이름을 몇 차례 넣었습니다. 그중 한 논문이 〈네이처Nature〉에 실렸어요.

하두봉 교수님이 퇴임사에서 이런 말씀을 하셨어요. "내가 백 번을 새로 태어나도 내 주제에 어떻게 〈네이처〉에 논문을 싣겠습니까! 제자 덕에 〈네이처〉에 이름이 실려본 사람입니다." 퇴임하는 노 교수가 당신 제자에게 그렇게 이야기를 하시는데, 진짜 가슴이 먹먹해지더라고요. 그때 또 한 번 다짐했죠. '나도 제자의 공을 꼭 기억하리라. 제자의 앞날을 가로막는 일은 절대로 하지 않으리라.' 늘 조심하고 삽니다.

안 감동이에요. 피차 다 갑을 관계의 세계에서 사니, 모두가 주의해야 할 부분이라고 생각합니다. 저도 새기겠습니다.

온몸으로 뇌를 깨운다

● **안** 뇌 과학자 마이클 가자니가Michael Gazzaniga는 "우리 인간은 분산지능으로 이뤄졌기에 마음은 뇌만의 작용이 아니라 온몸의 작용이다"라고 했습니다. 공부 역시 두뇌로만 하는 것이 아닐 텐데요. 어제는 심층생태학Deep Ecology 책을 읽다가 '면역계가 최고의 두뇌'라는 언급을 만났습니다. 코로나19 시절이라 그 말이 확 다가왔는데요. 예전에 신문 기사로 봤던 〈네이처〉에 실린 '식물에도 마음이 있다'라는 주제로 쓴 논문도 떠올랐습니다. '면역계가 최고의 두뇌라면 식물의 마음 작용에서도 큰 역할을 하겠구나' 싶어 새삼 살아있는 생물들의 마음이란 참으로 포괄적 작용이라는 점을 다시금 느꼈습니다.

● **최** 지금은 마음이 장내 미생물과 연결되어 있다고 강조하죠. 윌슨 교수님도 직접 쓰신 책 《젊은 과학도들에게 보내는 편지》에서 다시 태어나시면 미생물 생태학자가 되고 싶다고 이야기하셨어요. 미래의 과학은 미생물 생태라는 겁니다. 저도 몇 년 전부터 장내 미생물 연구가 뇌 과학 연구를 통합할 것이라는 예언 아닌 예언을 하고 있는데요. 실제로 제 주변에 있는 학생들 가운데 일부가 장내 미생물 연구에 뛰어들고 있습니다. 과연 이 연구의 끝이 어딘지 지금은 알 수 없어요.

처음에 우리는 장내 미생물이 소화만 돕는 줄 알았어요. 그런데 장내 미생물이 면역 작용의 웬만한 일을 담당한다는 사실이 밝혀지고 있습니다. 뇌 작용에 깊이 관여한다는 증거들도 계속 나오고 있어요.

우리는 흔히 감정을 말할 때 가슴을 부여잡으며 표현하지만, 실제로 감정은 심장에서 일어나지 않고 머리에서 일어납니다. '아! 나는 사랑에 빠졌나 봐' 하는 마음을 표현하는 손동작도 달라져야죠.

안 열정적으로 머리를 부여잡아야겠어요. 손가락 하트도 없어지겠는데요.

최 장내 미생물 연구가 충분히 발전하면, 우리 뇌에서 벌어지는 많은 일이 밝혀질 거예요. 마음과 관련된 일들이 장내 미생물들의 작용과 연관되어 있다는 사실도 드러날 겁니다. 그러면 "나 사랑하나 봐"라면서 배를 움켜잡아야 하나요? 하하.

안 공부를 잘하려면 두뇌 개발을 하는 게 아니라, 잘 먹어야겠어요.

최 장내 미생물에게 좋은 걸 먹어야겠죠. 심지어는 제가 〈똥약Poop Pill〉이라는 제목으로 쓴 칼럼에 이런 내용을 썼습니다. "장내 미생물을 연구하는 학자들은 조만간 '똥약'을 개발해 시판할 작정이다. 그렇다고 정말 잘 먹어도 살이 찌지 않는 사람 똥을 그대로 캡슐에 넣어 판다는 말은 아니다.

그런 사람 똥에서 미생물을 걸러내 정제로 만든 것을 복용하게 될 것이다. 그렇게 되면 나 같은 사람 똥이 비싸게 팔릴 것이다." 그야말로 물만 먹어도 살찐다고 말하는 사람들은, 장내 미생물에 문제가 있다고 할 수 있죠.

안 생태사상가인 반다나 시바 선생님은 양자물리학 박사이자 전 세계 유기농 운동의 대모인데요. "지금 과학자들은 마음이 장에 있다고 말한다"라고 하셨어요. 그 말씀을 듣자마자 제가 "그래서 결론은 또 유기농인 거예요?"라고 물으니, "모든 생명이 연결되어 있으니 온 우주가 곧 나의 마음이 되지 않겠느냐"며 웃지도 않고 말씀을 이어가셨어요.

최 아하, 그렇군요.

안 개체의 존재 방식 자체가 온 생태와 연결되어 있음인 거죠.

최 과학자들은 장내 미생물에게 좋은 것이 무엇인가를 찾아야 한다는 목적이 있는데요. 장내 미생물들이 바로 나의 동반자들이기 때문이에요. 내 몸과 내 정신을 함께 운영하는 동반자이니, 그 동반자가 잘되어야 내가 잘 될 수 있죠.

안 동반자가 누군지 정확히 모르는 상황에서는 '온 지구를 가꿔야 하지 않을까' 하는 생각이 퍼뜩 드네요. 그러면서 선생님이 우리나라 교육이 가장 갖춰야 할 과제로 생태 교육을 강조하신 이유가 다시 생각납니다.

최 우리 인간과 상호 영향을 주고받는 생태에 대해서는 무엇이 되었건 차근차근 알아가야죠. 이제 더는 미룰 수 없는 지구적 상황이기도 하고요.

● **안** 이번 질문은 조금 지엽적인데요. '인간의 마음 작용이 온몸으로 이루어진다'라고 했을 때, 공부도 온몸으로 하는 것일 텐데요. 그럼 공부를 잘하기 위해서 이 몸을 어떻게 해야 할까요? 발도르프학교 학생들은 등교하자마자 운동장을 걷거나 천천히 뛰는데요. 대근육을 움직여 뇌를 활성화하면 학습에 도움이 된다고 말합니다. 의학계의 연구 결과도 학부모 대상 소식지에 소개했는데요. 어떻게 생각하세요?

● **최** 네. 저도 전적으로 동의합니다. 이론적으로는요. '공부를 시작하기 전 운동을 하자'라고 말할 자신감은 없습니다. 제가 운동을 무척 좋아했어요. 중·고등학교 내내 운동장에서 살았습니다. 농구를 잘하는 학교에 다녀서 매일 농구를 했죠.

일요일마다 부모님에게 학교에 공부하러 간다고 말하곤, 도서관에 가방을 두고 운동장에서 뛰어다녔어요. 그러다가 선생님이 밖에 나오셔서 도서관 문을 닫는다고 소리소리 지르시면, 하는 수 없이 도서관에서 가방을 꺼내왔습니다. 어떤 날은 도서관 문 앞에 놓인 가방을 들고 집에 갔고요. 그러니까 공부한 게 아니라 온종일 뛰어논 거죠. 그렇게 한참 뛰고 나면 졸리잖아요.

운동과 공부를 균형 있게 하기란 너무 힘듭니다. 이런 이야기가 나오면 저는 늘 웃어요. '두뇌 작용을 적절하게 도와줄 수 있는 육체 운동을 어느 수준까지 해야 하는가'라는 지점에서요. '그 수준을 아이들이 맞출 수 있을까'를 생각하면 더 의심스러운 눈초리가 되죠. 만일 제가 초등학교 4학년이고 아침 운동을 한 시간쯤 한다면, 저는 온종일 꾸벅꾸벅 졸 거예요. 한 시간 동안 기를 쓰고 뛰었을 테니까요.

대학생들이라면 양상이 달라집니다. 지금 그 또래의 전형적 생활 방식은 현명하지 못해요. 열심히 공부하는 학생은 책상에 앉아 꼼짝하지 않고, 조금 움직이는 학생은 PC방에 가서 게임을 하기도 합니다. '어떻게 하면 대학생들이 적절한 운동을 할 수 있을까'를 골똘히 생각해봤습니다.

그래서 움직여야만 강의를 들으러 갈 수 있는 교정을 만들어보기로 했어요. '강의실을 따로따로 떼어놓고, 이쪽 강의실에서 저쪽 강의실까지 이동하려면 한참을 걸어가게 만들면 어떨까?' '이동하는 중간에 뭔가를 하다가 갈 수 있게 통로 겸 광장이 되는, 1층이 뻥 뚫린 아름다운 공간을 만들면 어떨까?'라는 생각을 했지요. 이화여자대학교 학생들은 정해진 수업 시간을 지나 3분을 더 이야기하면 교수를 미워합니다.

안 다음 수업 때문인가요?

최 다음 수업까지 이동하는 데 시간이 촉박하다는 거예요. 언덕이 많으니 학생들은 헉헉대며 뛰어가죠. 딱 몇 마디만 더 해도 강의실을 나가거든요. 그럴 땐 참 민망합니다. 그래서 제가 학교에 제안했습니다. 수업을 연달아 듣지 못하게끔 학교 규정을 만들자고요. 1교시를 들었으면 3교시를 들을 수밖에 없게끔 하자고요. 공강이 생기면 뭔가를 하겠죠. 친구들과 모여 앉아 이야기할지도 모릅니다.

제가 새로 취임하신 총장님에게 '시간표를 한 번 만들어 봤습니다' 하면서 새 시간표를 제안했습니다. 현재는 많은 강의가 75분 동안 진행되니까, 오전 8시에 시작하면 1교시가 오전 9시 15분에 끝납니다. 2교시는 오전 9시 반에서 오전 10시 45분에 끝나고요. 3교시는 오전 11시에 시작해서 오후 12시 15분에 끝납니다. 4교시는 오후 12시 반에 시작하고요. 3, 4교시에 수업이 있으면 학생들이 점심을 제대로 못 먹어요. 저는 거의 매 학기 3, 4교시가 잡혀 점심을 거를 때가 많아요.

오전 9시에 수업을 시작하고, 오전에 두 교시만 넣고, 그다음 두 시간은 점심시간. 무조건 수업 없는 것으로 하자고 제안했어요. 그러면 아무리 머리를 굴려도, 학교에 와서 오전 혹은 오후 수업만 듣기가 힘들 거예요. 그렇게 되면 오전 오후에 수업을 받고 학교에서 두 시간을 허송세월해야 하잖아요. 그럴 때, '점심이 있는 삶'을 만들어보는 겁니다. 점심시간을 두 시간으로 정하면, 교수와 학생들이 같이 잔

디밭에 모여 앉을 수 있겠죠. 교수들끼리 모이거나 학생들끼리 활동을 하는 풍경도 볼 수 있을 겁니다. 통로 겸 광장이 되는 건물을 중앙에 놓으면, 그곳이 바로 아테네 도시국가의 아크로폴리스처럼 되는 거고요. 브라운 백 런치 미팅처럼 자유로운 학문의 장이나 댄스 배틀이 일어나는 현장이 될 수 있어요. 다만, 강의실이 부족한 문제가 있습니다. 제가 교무처와 이야기를 해봤습니다. 지금은 단과 대학별로 운영하기에 교실이 부족하대요. 그걸 학교 전체로 풀면 할 수 있다고 합니다. 그래서 제안했어요. '점심이 있는 삶', 어때요?

안 괜찮은 제안인데요.

최 몸도 자연스레 많이 움직이게 될 겁니다. 대학생뿐 아니라 우리나라 모든 학생이 몸을 쓰도록 하려면, 몸을 움직이는 생활이 가능하도록 만들어야 합니다. 세상에서 가장 살기 좋은 도시로 비엔나를 손꼽습니다. 건축가 승효상 선생님의 판단은 차가 없기 때문이래요.

비엔나에서 가장 미운 사람에게 주는 가장 지독한 저주의 선물은 차라고 합니다. 차를 사 주면 미치고 환장한다고요. 그 차를 관리할 수가 없거든요. 주차할 공간도 없고, 차를 가지고 나가면 돈을 너무 많이 써야 하고요. 비엔나는 차가 없는 사람들에게 편한 도시죠. 모든 사람이 걸어 다니다 보니 살기 좋은 도시가 됐다고 합니다.

제가 승효상 선생님에게 '서울역에서 광화문까지 차 없는 길을 만들면 어떨지'를 물었습니다. 단 한마디를 하셨습니다. "해봅시다." 그렇게 저희 두 사람이 의기투합해서 세상에 대고 외쳤어요. 결국 반쪽짜리로 진행되고 있는데, 그나마 그것도 괜찮은 것 같아요. 서울역에서 광화문까지 차가 없는, 넓은 도로를 사람들이 걸어 다닌다고 한번 상상해보세요.

안 차 소리가 들리지 않는 도로를 걸으며 움직인다면, 도시를 메우는 마음들이 조금은 고요해질 것 같습니다. 일단 걸으면 사색이 깃들잖아요. 그런 면에서 공부에 초점을 맞춰 이야기를 해보면요. 대근육을 움직이는 걷는 활동이 뇌를 활성화하니까 공부에 도움이 될 것 같은데요.

최 육체가 뇌 활동을 돕는다는 건 이미 뇌 과학에서 명확하게 드러난 사실입니다. 이를 논리적으로 반박할 이유는 전혀 없어요. 분명히 공부에 도움이 되죠. 그 활동을 자연스레 일으킬 수 있는 시스템으로 만들어가자는 것이 저의 제안입니다.

안 제가 주입식으로 접근한 것 같습니다. 아이들을 움직이게 해서 학습 효과를 높이겠다는 마음이 앞서, 그 움직임을 교육 과정 속에 넣는 방식으로 사고했나 봐요. 환경을 시험과목으로 만들자는 접근과 같았습니다.

최 움직임이 생활의 일부가 되도록 모색해야죠. 공부하는 줄 모르게 배우는 겁니다. 저는 십몇 년째 집에서 학교까지 걸어 다니며 하루를 시작하는데요. 저에겐 딱 알맞은 정도의 운동이에요. 매일 아침 걷기는 온몸을 깨워요. 당연히 두뇌도 활성화되고요.

5부

공부의 변화

섞이면 건강하고 새로워진다

지금 주류를 보고 있으면 얼마 후에

주류에서 밀려날 것을 보는 것이고,

자꾸 비주류를 뒤지다 보면

거기서 주류로 진입하는 경향을 찾아낼 수 있습니다.

21세기 미래 지식 지도

안 요즘 사람들의 문해력이 약해졌다고 합니다. 문단이 길면 읽기 싫어 하고, 한 번에 긴 문단을 읽어 내려가기 버거워 한다고요. 공부 효과는 이해력 향상에서 나오는데, 공부량이 늘어난 시절에 반어적 결과 같습니다.

최 그렇지 않아도 어제 지하철을 타고 가다가 신문 기자와 전화 인터뷰를 했어요. 김영사에서 펴낸 문고판에 대해 기사를 쓴다며, 다섯 권이 나왔는데 그중에서 제 책이 제일 잘 팔리는 이유를 찾고 있다고 합니다. 제가 어릴 적엔 문고판 시대였어요.

안 저희 집에도 삼성당과 을유문화사에서 나온 문고판 전집이 있었어요. 손바닥만 한 책이 책장에 빼곡히 꽂혀 있었습니다.

최 맞아요. 그렇게 넘쳐나다가 어느 순간 없어졌죠. 제가 출판사 분들을 만날 때마다 문고판 부활을 이야기한 지 10년이 됐어요. 젊은 세대에게 잘 맞는 형태라고 생각합니다. 이번에 문고판 책을 쓰면서 제 글쓰기가 약간 달라지는 걸 느꼈습니다. 그전 같으면 소주제 하나를 정해놓고 설득하려고 이리 갔다 저리 갔다 긴 호흡으로 썼을 텐데, 문고판 책을 쓰기로 마음먹으면서 짧은 호흡에 맞추려고 신경 쓴다는 것을 느꼈습니다. 저희 생명다양성재단 직원들도 문고판 세대가 아닌데도 저에게 계속 충고를 했어요. "평소 쓰시는 대로 쓰시면 안 되고요, 중학교 3학년 학생들이 읽는다고 생각하며 쓰셔야 해요."

안 눈높이를 맞추려고 해서 글쓰기도 달라진 건가요?

최 되도록 단도직입적으로 할 말만 딱딱! 해야겠다 싶었죠. 젊은 친구들과 대화하고 싶은 마음으로 쓴 책이니까 말이 많으면 외면당할 거라 여겼습니다. 제가 〈조선일보〉에 거의 13년 동안 칼럼을 썼습니다. 지난 13년 동안 〈조선일보〉가 서체를 몇 번 바꿨습니다. 그때마다 글자가 커졌어요. 원고 매수는 줄어들었죠. 지금은 1,000자가 안 됩니다. 휴대전화로 읽기 딱 좋은 길이예요. 한 면에 거의 다 들어옵니다.

어릴 적, 우리 집엔 책이 한 권도 없었어요. 직업 군인인 아버지가 저녁마다 결재 서류를 안고 오셨습니다. 워낙 꼼꼼하셔서 그걸 밤새 검토하려고 하신 거죠. 그때는 하루 종일 놀아도 왜 그렇게 시간이 안 가는지, 놀아도 놀아도 해가 지지 않아서 빈둥거렸는데요. 어느 날, 마루에 책이 있더라고요. 학원사에서 나온《대백과사전》이었어요. 아버지가 결재에 들어가는 내용을 찾아보려고 가지고 오셨다가 놓고 가신 것 같아요. 심심해서 펼쳤는데 재미있었습니다. 보통은 백과사전을 처음부터 끝까지 읽진 않잖아요. 원하는 부분만 찾아보죠. 저도 시간 날 때마다 이곳저곳 읽었습니다. 제가 최근까지 쓴 칼럼이 백과사전 한 아이템 정도의 길이예요. 팩트도 넣고 재밋거리도 넣으려고 애썼습니다. 독자들이 제 칼럼을 백과사전 속 아이템 하나를 읽는 기분으로 읽으면 좋겠다 싶어서요. 젊은 친구들이 제 글을 제법 퍼나르는데, 처음에는 '내가 그들의 마음을 읽는구나'라고 생각할 뻔했어요. 가만히 보니 길지 않기 때문이라는 생각을 요즘 많이 합니다.

안 '요즘 젊은이들의 문해력이 떨어졌어'라고 이야기하는 대다수는 기성세대인데요. 과거의 눈으로 내린 평가라고 봅니다. 요즘은 정보의 파편을 모아서 하나의 상으로 완성할 수 있는데, 예전에는 책처럼 잘 짜인 완성본을 읽어야 제대로 봤다고 여겼잖아요. 선생님 말씀을 듣고 떠오른 생각인데요. 젊은 세대의 접근이 백과사전식이라고 했을 때, 정보를 조각조각 취합하는 중간중간에 생각을 여는 스파크가 튀면서, 자기 생각을 형성하는 데 도움을 주겠다 싶어요.

최 네. 정확한 파악이네요. 동의해요. 문화인류학자 김정운 선생님은 "모든 게 편집이다"라고 말합니다. 상당히 의미 있는 말이에요. 지금 인터넷을 뒤지는 젊은 세대는 스스로 편집합니다. 기성세대는 명저 한 권을 붙들고 흡수했죠. '이 대가가 이렇게 이야기하시는구나'라면서 쭉 읽고, '다 이해했어' 하며 책을 덮었습니다. 이해했다는 건 그분의 말씀을 받아들였다는 거죠. 젊은 세대는 스스로 여러 정보를 검색해 나름대로 취사선택하고, '뭐 이래? 말도 안 되는 소리 아니야?'라고 판단도 하면서 그 화면은 닫고 다음 걸 읽죠. 자기가 편집을 합니다. 저는 그 방식이 결코 나쁘지 않다고 생각해요.

안 보통 지식이나 논리를 이야기할 때, 논리를 담당하는 전두엽과 전전두엽을 써서 사고하는 거라고 강조하는데, 그 자체가 마음 작용에서 감성이나 감각의 중요성을 가볍게 여기는 건 아닐까요?

최 감성이나 감각이 자연스레 논리적 사고에 영향을 미칠 순 있죠. 그런데 너무 지나치게 감성적으로 대하면 편파적 편집을 할 수밖에 없습니다. 인터넷 세대가 가진 위험으로 지적받는 부분이 바로 그것이고요. 마음이 맞는 사람만 페이스북 친구로 삼고, 마음이 맞는 사람이 보내준 글만 읽고, 정치성향에 맞는 신문만 읽고, 한쪽으로 쏠려서 정보를 접한다는 이야기를 많이 하잖아요. 그런데 기성세대는 안 그랬을까요? 지금이 옛날보다 더 편향적일까요? 인터넷 알고리즘이 편향성을 부추기긴 하지만, 저는 솔직히 잘 모르겠어요. 왜

냐면 젊은 세대는 엄청나게 많은 정보를 제공받습니다. 그중에서 자기 취향에 맞는 것만 취한다고 그러는데, 자기 걸 찾으려면 뒤져야 해요. 뒤지다 보면 아주 세심하게 읽지 않아도 조금씩은 맛보게 되죠. 그래야 '뭐, 이런 꼰대 같은 소리를 해'라고 하면서 버릴 수 있어요. 그 자체가 샘플링이고 상황을 파악하는 과정입니다. 기성세대는 당시에 그런 파악을 잘했을까요? 오히려 기성세대는 어느 대가의 말씀을 그냥 들었어요. 누가 말씀하셨다고 하면 정설로 인정했습니다.

안 그때는 훈화라는 개념이 있었잖아요.

최 맞아요. 지금은 오히려 다양한 정보와 내용이 훨씬 많습니다. 저는 가끔 이런 이메일을 받아요. "얼마 전에 감동적인 글을 읽었습니다. 다 읽고 나서야 선생님의 글이란 걸 알았습니다." 저에게 일종의 사랑 고백을 하는 젊은 친구들이 있습니다. 젊은 친구들이 처음부터 편파적으로 '저쪽 건 전혀 안 볼 거야'라고 작심하는 건 아니라는 거죠. 이것저것 뒤지면서 나름대로 거르는 과정에서 전체를 파악합니다. 기성세대보다 더 넓게 접근하는 것 같습니다.

안 그런 면에서 보면 기성세대가 빅데이터를 과도하게 우려한다는 생각도 듭니다. 빅데이터는 현 사회의 권력 구조를 반영할 수밖에 없기에 사회의 편견이 담겼다고 말합니다. 편견이 과도하게 빅데이터로 대표성을 갖지 않도록 장치를 만들어야 한다고 지적하는데요. 개입도 필요하겠지만, 수

용자가 정보를 거르는 과정에서 정보의 편향을 인지하다 보면 어느 순간 빅데이터 자체가 좀 달라질 수도 있겠다는 생각이 드네요. 너무 희망적인가요?

최 아니요. 그럴 수 있어요. 지금 빅데이터를 활용하면서 미래를 예측하는 학자들의 이야기를 들어보면, 그분들은 〈네이처〉나 〈사이언스〉에 실린 논문은 거의 안 읽는다고 해요. 거기엔 몇 년 전부터 주류가 된 결정판들이 등장하기에, 그 위주로 읽다 보면 빅데이터를 분석할 의미가 없는 분석을 하게 된다고요. 그냥 주류만 계속 보는 거라고요.

오히려 그들은 빅데이터 분석을 하면서 판도를 대략 읽고, 변방에 있는 비주류를 찾아서 읽어본다고 합니다. 그중에 어느 것은 몇 년이 지나 주류가 된다는 거죠. 지금 주류를 보고 있으면 얼마 후에 주류에서 밀려날 것을 보는 것이고, 자꾸 비주류를 뒤지다 보면 거기서 주류로 진입하는 경향을 찾아낼 수 있습니다. 저는 학생들에게 논문을 꼭 유명한 저널에 내려고 애쓰지 말라고 말합니다. 그냥 내면 다 찾아본다고 조언해요. 빅데이터가 없으면 우리는 무조건 최고의 저널만 읽었을 거예요.

안 선택권, 편집권이 다 저널 쪽에 있죠. 기존의 권력과 권위가 작동하고요.

최 지금은 변방과 중앙이 없습니다. 제가 지방에서 국립생태원장을 했을 때예요. 옛날 같으면 조중동 같은 중앙지에 기사가 실리기 전에는 지역의 의견이 무시됐습니다. 지금은 지방지에 기사가 실리면 바로 포털사이트에 올라가고, 다음 날 국회에서 두들겨 맞아요. 지금은 중앙지 기사든 지방지 기사든 같이 뜨죠. 보좌관들이 보고 국회의원이 나서서 "국립생태원이 요즘 문제가 많은가 봐요." 이렇게 됩니다. 그러면 중앙지에서 집중 취재를 합니다.

안 2014년에 사회학자 지그문트 바우만Zygmunt Bauman 선생님이 저에게 이런 말씀을 하셨어요. "18세기 유럽의 지식인들이 알고 있는 지식의 총량은 요즘 〈뉴욕타임스The New York Times〉 주말판보다 적다"라고요. 물론 〈뉴욕타임스〉 주말판은 꽤 두껍습니다.

최 저는 강의에서 더 극적으로 이야기합니다. "우리와 거의 99퍼센트의 유전자를 공유하는 침팬지 전체가 가진 지식과 인간이 가진 지식을 비교조차 할 수 없는 것과 같다"라고요. 흔히 "왜 지금은 폴리매스Polymath, 다방면에 능통한 사람으로 불리는 레오나르도 다빈치Leonardo da Vinci나 정약용 선생님 같은 분들이 안 나올까?"를 질문하는데요. 그런 분들이 활약하던 16, 18세기에는 지식의 총량 자체가 대단히 크지 않아서 한 사람이 상당히 여러 분야를 건드릴 수 있었습니다. 지금은 불가능하죠.

안 침팬지의 지능이 5세 아이에 못 미치나요?

최 개체 대 개체로 비교하지는 않았지만, 종 대 종으로 비교하면 어느덧 우리 인간은 지식의 총량에서 지구에 있는 어떤 종과 감히 비교조차 불가한 존재가 되었습니다. 그런데 이 상황이 그리 오래된 일이 아니에요. 우리도 예전에는 수렵 채집해서 살고, 생존 방식도 구전을 통해 익혔습니다. 지식을 글로 남겨 후손에게 전한 지 오래되지 않았어요. 바로 공부와 관련이 있습니다. 저는 이런 표현을 종종 씁니다. '인간은 출발선을 들고 다니는 동물이다.' 물론, 다른 동물들도 학습을 합니다. 불과 30~40년 전에는 이 사실을 생물학자들 중에 누구도 학회에서 이야기하지 않았어요. 까닥하면 돌 맞으니까요.

안 왜 그럴까요? 감히 인간도 동물이라고 해서 그런가요?

최 그렇죠. 그때는 아주 두려운 일이었죠. 제 지도 교수님인 횔도블러 교수님의 스승이 마틴 린다우어Martin Lindauer 교수님인데요. 그분의 스승이 바로 꿀벌의 춤 언어를 밝혀서 노벨생리의학상을 받으신 카를 폰 프리슈Karl Von Frisch 선생님입니다. 이분들이 동물행동학의 중심 계보라 할 수 있습니다. 폰 프리슈 선생님이 돌아가실 때 횔도블러 교수님은 하버드대학교에서 출발해서 비행기를 타고 가고 있고, 린다우어 교수님이 임종하셨어요. 린다우어 교수님이 물으셨대요. "스승님, 동물도 생각할 수 있다고 믿으십니까?" 돌아가시는 스승님에게 뭐 그런 걸 물으셨을까 싶은데, 물으셨다니까 우리 후학들은 믿는 거죠. 그때가 1982년입니다. 그때

학계에서는 그런 이야기를 함부로 할 수 없었습니다. 대가가 돌아가실 때라도 여쭤야 했던 절박함이 있는 시대였죠. 폰 프리슈 선생님이 숨을 거두면서 이렇게 말씀하셨다고 합니다. "동물도 생각할 줄 안다는 건 자네도 알고 나도 알지 않는가? 우리 과학자의 임무는 일반인도 이를 알 수 있게 객관적 방법론을 찾는 것일세."

안 마지막 미션을 주신 건가요? 가서 법을 전하라. 정말 멋있게 마치시는 순간입니다.

최 아마 돌아가시기 1주일 전에 한 말씀이겠죠.

안 극적 구성이네요.

최 네. 돌아가시면서 그러셨다고 대가의 손주뻘이 되는 제자인 횔도블러 교수님이 이야기해주셨고, 우리는 또 그 말씀을 구전으로 전하고 있어요. 그 정도로 옛날에는 동물이 생각한다는 사실을 학계가 받아들이지 않았다는 거죠.

안 서구적 사고에서 나온 건가요? 예를 들면, 불교에서는 개에게도 불성이 있다, 이렇게 접근하잖아요. 마음을 사고와 감각 모두를 포함한 작용으로 보면서, 식물 또한 인간과는 다른 방식의 마음 작용을 한다고 바라보고요.

최 서구 과학이 가진 굴레라고 할까요? 입증할 수 없는 건 과학이 아니라고 여기니까 그들도 생각한다는 것을 입증해야 하죠. 그러나 개, 고양이를 기르는 사람은 다 압니다.

안 '말도 알아듣는다' 하고 '때론 말도 한다'라고 주장하고요.

최 "난 확신해. 개가 나한테 그런 이야기를 했어." 그렇게 말해봤자 그건 과학이 아니었잖아요. 폰 프리슈 선생님의 유언이 갖는 극적 구성이 멋있는 점은, 그 후로 관련된 연구들이 쏟아져나오기 시작했다는 겁니다. 대가가 돌아가시면서 학문의 길을 열어준 것입니다. 이미 염두에 두던 부분을 마음껏 연구하고 발표할 수 있는 기회를 갖게 된 겁니다.

다른 동물들도 학습합니다. 하다못해 편형동물로 불리는 지렁이처럼 생긴 플라나리아도 훈련시키면 따라와요. T자로 만든 길에서 플라나리아가 막다른 곳에 다다르면 한쪽에서 전기 자극을 살짝 줘요. 그럼 다른 쪽으로 갑니다. 이를 여러 번 반복하면, 다음 번엔 전기 자극을 안 줘도 그쯤 와서 방향을 틉니다.

안 학습이 됐군요.

최 머릿속에 있는 어떤 기억을 끄집어내서 자기 행동에 반영하는 자료로 쓴 거죠. 단순한 차원이지만 그게 생각이지요. 이젠 그런 하등동물도 생각한다는 사실을 우리는 압니다. 그러나 플라나리아가 번식해서 새끼를 낳으면 새끼가 그만큼 오다가, '어우, 우리 엄마는 늘 여기서 왼쪽으로 가셨어' 하고 엄마의 행동 결정을 물려받는 건 아닙니다. 새끼는 따로 훈련받아야 하죠. 그런데 인간만은 유일하게 자기가 직접 해보지 않은 일을 글과 말을 통해 배워서 하잖아요.

우리는 매 세대가 원점으로 돌아가 똑같은 데서 출발하지 않고 앞선 세대가 멈춘 곳까지 출발선을 들고 가서 거기서부터 나아갑니다. 지구에 있는 어떤 생물도 인간의 경쟁 상대가 될 수 없어요. 그들의 뇌가 어느 정도 형성됐다 해도 지식을 축적할 수 있는 체제가 없으니까요. 학자들은 가끔 외계 생물에 대해 논쟁하는데요. 그들에게 지식을 축적할 능력이 없다면 구태여 고민할 이유가 없다고 저는 말해요. 그들이 우리를 침공하는 건 불가능하다고요.

동물스러운 교육을 하자

안 무수한 동물에게 교육을 하고 학습을 시키는 게 가능하지만, 우리 인간의 교육 조건은 컴퓨터화하면서 더욱 비약적으로 발전했는데요. 이제 관건은 '어떤 가치로 어떻게 할 것인가'라고 생각합니다.

최 엄마 침팬지는 새끼 침팬지를 가르치지 않아요. 가르침은 없습니다. 배움만 있어요. 새끼 침팬지는 옆에서 그냥 보고 배워요.

안 흉내 내기를 하나요?

최 그렇죠. 아프리카 서부 지역 가나와 코트디부아르에 사는 침팬지들은 견과류를 깨 먹는 데 돌도구를 이용합니다. 돌 하나를 밑에 받치고 열매를 올린 뒤 다른 돌로 내리칩니다.

이 활동을 새끼들이 옆에서 배우는데요. 처음에는 잘하지 못합니다. 엄마 침팬지가 받침돌을 바닥에 까는 걸 보고 가져오긴 하는데, 뚱뚱한 돌을 가져옵니다. 열매를 올려놓으면 계속 굴러떨어지죠. 새끼들이 하아- 이러면서 별거 다 해요. 시간이 한참 흐른 다음에서야 원리를 터득합니다. 아마 그날 운이 좋게 평평한 돌을 찾았겠죠. 다음부터는 그 기억을 연관해 평평한 돌을 가져다놓습니다.

인간 부모 같으면 어떻게 했겠어요? 잔소리부터 했을 겁니다. "애, 넌 머리를 왜 모시고만 다니니, 그러면 굴러떨어지지. 평평한 돌을 가져와." 우리는 그래서 배우는 속도가 빨라졌어요. 그런데, 꼭 그렇게 배우는 게 최고일까요? 침팬지들은 일단 한 번 배우면 정말 잘해요. 몸에 완전히 익힙니다. 반면 우리는 학교라는 공간을 만들고 아이들을 데리고 와 일방적으로 가르칩니다. 그중에 잘하는 아이도 있고, 잘 못하는 아이도 생기는데, 못하는 아이는 왜 평평한 돌을 가져와야 하는지 이해하지 못한 채 다음 단계로 갑니다. 계속 못할 수밖에 없어요.

동물 세계에는 선생님이 없는 것 같아요. 선생님이 있어도 적극적으로 가르치지 않습니다. 선생님은 그냥 거기 있고 아이들이 보고 배웁니다. 저는 우리가 약간 동물스러운 교육을 하면 좋겠어요. 선생님은 먼저 가르치려고 덤벼들지 말고, 아이들이 스스로 배울 수 있도록 일종의 촉진자facilitator가 되어 분위기를 만들어주면 어떨까 싶습니다. 엄마 침팬지가 새끼가 실패하는 것을 모르지 않아요. 관찰해보면 계속된 실패를 보는 엄마 침팬지의 표정이 착잡합니다. 마치 '붙들고 가르쳐봐?' 이런 고뇌를 하는 듯해요. 사실은 아니겠죠. 관찰하는 저의 감정이 이입됐을 텐데요. 엄마 침팬지는 실패하는 새끼 옆에서 자기 열매만 계속 깨 먹고 있습니다. 가끔은 새끼가 엄마 침팬지 걸 뺏어 먹어요. 뺏기면 할 수 없지만 '배고프지? 엄마가 까줄게' 그러지는 않습니다. 새끼는 배고프니까 어떻게든 기술을 익혀서 먹으려고 엄마 침팬지를 더 세심하게 관찰하겠죠. 마침내 자기가 혼자서 탁! 깨 먹는 순간이 오는 거예요.

우리는 아이를 너무 가르치려고 덤벼드는 것 아닐까? 침팬지가 배우듯이 몸으로 익히면 긴 인생에 훨씬 더 강력한 학습이 될 텐데, 급하게 욱여넣으려고 애쓰는 게 아닐까? 그런 생각을 요즘 자주 합니다. 벤저민 프랭클린Benjamin Franklin이 "나에게 말로 하면 잊을 것이고, 가르쳐주면 기억할 것이며, 참여하게 하면 배울 것이다"라고 말했다지요.

안 저는 발도르프 교육의 장점이 느끼고 상상하며 몸으로 배우는 방식이라고 봅니다. 초등학교 2학년생들이 구구단을 익히는 수업이 인상적이었는데요. 반 아이들이 둥그렇게 서서 선생님과 오자미를 주고받으며 놀이하듯 배웠어요. 원 가운데에 있는 선생님이 '3×1은?'라고 물으며 오자미를 던지면, 받은 아이는 '3'이라고 답을 하며 선생님에게 도로 던지고, 선생님은 '3×2는?' 하고 물으면서 옆에 있는 아이에게 오자미를 던집니다. 저 같으면 제 차례가 올 순서를 헤아리며 머릿속으로 '3×7은 21'을 되뇌고 있을 텐데, 아이들은 평온했습니다. 그 이유를 몇 차례 오자미 순번이 지나가면서 알게 됐어요. 아이들은 그냥 옆에 있는 아이가 말하는 답을 듣고 '3'을 더해 답을 하는 것이었습니다. 저는 그제야 '아! 곱셈의 기본은 더하기구나!' 깜짝 놀랐습니다. 서른일곱 살에야 구구단은 바로 전 수에 같은 수를 더한 것이라는 걸 알게 된 거죠. 그때까지 아무 의문 없이 무조건 외우는 것이라고 생각했거든요. 아이들은 놀이 속에서 12, 13단도 쉽게 익혀나갔습니다.

최 국가교육위원회가 만들어지고 있는데요. 저는 거기서 여러 전문가가 모여 정말 아주 기본적으로 배워야 할 게 무엇인지를 다시 한번 집중적으로 논의하길 바랍니다. '최소기본교육소위원회' 같은 걸 만들어서 말이죠. 지금은 우리가 아이들에게 너무 많은 걸 가르친다고 생각해요. 모든 아이가 미적분을 할 이유는 없다고 봅니다. 물론 다들 미적분을 잘하면 좋겠죠. 그렇지만 적분을 몰라도 잘 사시잖아요.

안 배웠지만 모르죠.

최 우리가 교육하는 이유가 뭘까요? 사회에 진입하는 사람들이 이 정도는 최소한 알아야 원만히 함께 살 수 있다는 것을 가르치는 거라면, 과연 우리가 아는 걸 모두 가르쳐야 할까요? 특히 우리나라 시험 출제자들은 어떻게든 점수 차이를 내려고 얄궂은 문제를 내죠. 그런 일이 자꾸 일어나게 놔두지 말고, 사회 구성원이면 꼭 갖춰야 할 아주 기본적인 배움이 뭘까를 합의해내는 논의가 필요하다고 봅니다.

안 뭘까요? 요새는 손을 씻는 것, 타인을 위해 마스크를 쓰는 것까진 확실히 배운 거 같아요.

최 요샛말로 '뭣이 중헌디'예요. 늘 국영수만 중요할 수는 없습니다. 지금은 자연과의 관계 속에서 어떻게 살아남을까를 고민해야 합니다. 학교에서 이 내용을 가르치지 않고 언제까지 버틸 수 있을까요? 코로나19 같은 대재앙이 일어나지 않게끔 기본적 훈련을 교육이 담당하지 않으면, 우리는 끊임없이 이런 재앙을 겪을 거예요. 국영수만 잘해서 잘 살다가 와장창 무너졌다가, 또 국영수를 하고 좀 잘 살다가 와장창 무너지는, 이런 방식으로 살아야 할까요? 우리가 정말 원하는 삶은 늘 평탄하게 즐겁게 사는 것 아닌가요.

안 존중받으며 인간답게 사는 거죠.

최 그럼 자연에 대한 것도 가르쳐야죠. 사회 초년병이 꼭 갖춰야 할 지식이 무엇이고, 학교에서 어떻게 가르칠 것인가를 논의해볼 때입니다.

안 선생님의 답은 뭐예요? 뭘 가르쳐야 할까요?

최 저에게도 확실한 답은 아직 없습니다. 여럿이 모여서 한번 열심히 모색해보자. 그래서 어느 정도 합의를 보고 방향을 잡자는 정도입니다. 물론 읽을 줄 알아야 하고, 최소한의 셈은 할 줄 알아야 하죠. 역사도 알아야 하고요. 단, 지금처럼 변별력을 주려고 시험 문제에 얄궂은 묘수를 부려 아이들을 고생시키는 교육은 바뀌어야 한다고 봅니다.

안 '학교에서 행복 수업을 하면 어떨까?'라고 생각해본 적이 있습니다. 그러니까 스스로 행복해지는 방법을 익히면 좋겠다는 생각을 했어요. 그리고 '말하기나 발표, 큰 질문에 관한 생각을 펼치는 것으로 점수를 매겼으면 제 학력고사 점수가 훨씬 좋지 않았을까'라고 생각했는데요. 제가 중학교 때 경험한 도덕 수업이 매우 전위적이었습니다. 선생님이 '사회란 무엇인가'라는 질문으로 한 달 동안 수업을 했어요. 교실은 조용했죠. 그래도 선생님은 계속 변주해서 같은 내용을 질문하셨습니다.

교실 안에 감도는 침묵은 생각하게 만들고, 아무것이라도 답하게 했습니다. 제가 거의 8할의 답을 했던 것 같아요. 아이들은 한 시간 동안 고문받았다는 말도 했는데, 저는 재미있었어요. 그러다가 제가 "사회는 계약 관계입니다"라고 답을 했는데요. "선생님이 우리를 가르치시는 이유는 우리가 수업료를 냈기 때문이고, 선생님에게 가르칠 의무가 주어졌기 때문입니다"라고 설명했습니다. 시장 중심의 사고를 했던 거죠. 철학적 질문을 하는, 전위적 선생님의 얼굴이 빨개지면서, "그럼, 내가 돈 때문에 너희를 가르친다고 생각하느냐"라고 하시더라고요. 저는 움찔했지만 "계약이 맺어진 거잖아요"라고 말했는데…….

● **최** 긴장감이 흘렀겠습니다.

● **안** 기분 나빠 하시더라고요. 수업 방식에 학생들의 반발이 커지자, 선생님이 "여기서 단 한 명이라도, 이 방식을 찬성하면 계속하겠다"라고 말씀하시며, 눈 감고 손들라고 했습니다. 저 혼자 손들었어요. 그리고 다음 달 수업은 '인간이란 무엇인가'라는 질문으로 넘어갔습니다. 중학교 1학년, 봄이었는데요. 두 번째 달 수업을 절반도 못 하고, 선생님이 유학을 떠나셨습니다. '사회는 두 사람 이상이 관계를 맺고 사는 삶'이라는 결론만 내리고 질문 수업은 막을 내린 거죠.

● **최** 그런 큰 질문을 아이비리그에서 해요. 그러고 보니 제 영어 선생님은 '새를 어떻게 잡을까'라는 주제로 한 달을 수업하신 기억이 나네요.

● **안** 영어로요?

● **최** 아니요. 아이들이 자꾸 조니까 "선생님이 새 잡는 이야기해 줄게"라고 말씀하시며 수업을 시작했어요. 그러면 졸던 아이들의 눈이 말똥말똥해졌어요. 하루에 조금씩, 한 달을 했습니다. 결과가 어떻게 됐는지 아세요? "꼭 잡는다." 이게 결론이었어요. 한 달 동안 나무에 기어 올라갔고, 1주일 동

안 새 둥지에 접근했어요. 마지막 시간에 "꼭 잡으면 돼요" 라고 말하니까, 아이들 모두 "에이" 하고 김새는 소리를 냈습니다. 그러나 우리는 한 달 동안 졸지 않았어요. 아, 그 선생님이 영어로 수업했어야 했는데……. 그걸 안 하셨네요.

자연을 가까이하면 최소한 똑똑해진다

안 선생님, 자연과 가까워지면 행복할까요? 선생님이 자연과의 관계를 배워야 하지 않느냐고 하셨을 때 든 생각이에요.

최 우리는 잘 모르기 때문에 미워하고, 잘 모르기 때문에 질투하고, 잘 모르기 때문에 따돌리지요. 충분히 아는 사이에선 대개 그런 짓을 못 하잖아요.

안 알아가면서 오해가 풀리는 경험을 다들 하죠.

최 그렇죠. 자연에 대해서도 알아가려고 노력하다 보면, 어느 순간에 자연을 도저히 해칠 수 없는 사람이 됩니다. 제가 예전에 "그분은 모르시니까 포클레인을 끌고 강바닥을 긁겠다고 하시는데, 저는 강에 사는 피라미나 줄납자루 같은 아이들을 많이 알아서 그들을 해치는 일을 절대 못 합니다" 라는 말을 했어요. 그 자리에 그분은 없었지만, 그분 주변에 있는 사람들이 한 단어만 옮겨서 미움을 받았습니다. 저는 기억이 안 나는데요. 제가 '그분이 무식하셔서'라는 표현을 썼대요. 제가 "설령 4대강 사업으로 우리나라 국민소득이 미국을 능가해도, 저는 안 하겠습니다. 물속에 있는 그 아이들을 알기 때문에 저는 절대로 하지 않습니다"라는 말은 분명히 했어요. 제 의견을 지지하는 분들이 환호하니, 그 일을 추진하는 사람들은 기분이 나빴겠죠. 그분이 "최 교수 싫다"라고 하셨대요. 그때부터 세무 조사를 받았습니다. 굉장히 고생했습니다.

안 그때 고언해주셔서 감사합니다.

최 연구비 지원도 취소되는 고난의 시간이 한참 이어졌죠. 우리 아이들이 아무리 작은 자연이라도 자주 접하는 기회를 만들어주자는 겁니다. 우리나라 학교는 구조가 너무 천편일률이에요. 건물이 들어앉고 그 앞에 큰 운동장 하나가 덩그러니 있습니다. 유현준 교수님은 그 모양이 교도소 건물과 똑같다고 말씀하셨습니다.

안 어릴 적, 저는 서울에서 자랐지만, 초등학교에 공작도 있고 오골계도 있고 토끼도 있었어요.

최 지금의 학교는 아파트단지 가운데 있고, 운동장이 있고, 건물이 있고, 이게 끝이에요.

안 도시 계획 속에서 탄생해서 그렇군요.

최 유현준 교수님은 학교 운동장을 축구를 좋아하는 몇몇 아이들에게 점령당한 공간으로 표현하더라고요. 요즘 저도 몇 학교가 같이 쓰는 운동장 하나를 만들고, 각 학교 운동장은 숲으로 바꾸자고 제안합니다. 지금도 여러 학교에서 크고 작게 생태 숲 만들기 운동을 하고 있어요.

안 숲세권에 있는 학교가 명문이 된다면 교육이 바뀔 것 같습니다.

최 《미국과학한림원 회보PNAS》에 실린 논문인데요. 학교 운동장이 교육에 미치는 영향에 대해 스페인 학자들이 썼습니다. 과학이니까 실험군이 있고 대조군이 있어야 하죠. 대조군 학교들은 원래대로 두고, 실험군 학교들의 운동장은 전부 숲으로 바꾼 다음 비교했습니다. 결과는 '아이들을 숲에 풀어놨더니 인성이 좋아지더라. 지적 능력도 향상되더라'였어요. 우리나라 언론이 크게 보도했습니다. 보도한 이유는 우리 학부모들이 지적 능력 향상에 환호하기 때문입니다. 지적 능력 부분은 약간 허술해보였는데요. IQ 테스트를 해서 통계적으로 아슬아슬하게 유의미한 비교가 나왔더군요. 그럼에도 저는 '당연하지!'라고 단언했습니다.

지금 우리는 직선과 점으로 연결된 공간 속에서 아이들을 기르잖아요. 구조적으로 지극히 단순한 공간에 온종일 아이들을 넣어놓고 학습시키는 거죠. 거기서 '창의성을 기른다' '다양성을 기른다'라고 하지만, 숲에는 어두운 공간도 있고, 여기저기 굴도 있습니다. '저 안에는 누가 살까?' '손을 집어넣어도 되나?' 단순한 벽면만 보는 아이와 구조적으로 다양한 공간을 접하는 아이를 비교한다면 분명 지적 능력에 차이가 있을 거예요.

'우리는 왜 너무 당연한 이치를 한 번도 이야기하지 않았을까'라는 생각이 들어, 제 연구실에 있는 학생들과 토론 몇 차례를 했어요. 구조적 다양성이 굉장히 차이가 나는 공간에서 자란 쥐 혹은 어떤 동물의 학습 능력과 문제 풀이 능력이 얼마나 다른지 비교하는 실험을 해보기로 했죠. 아직은 시작을 못 했어요. 만약 두뇌 작용이 달라진 결과가 나오면, 우리나라 학부모들은 당장 학교로 달려가서 '운동장이 왜 필요합니까?'라고 물으시겠죠.

● 안 13년 전에 제가 발도르프 교육을 소개하고 싶었습니다. 발도르프학교는 '세상에 놀지 못할 날씨란 없다' '옷만 제대로 갖춰 입으면 된다'라고 가르쳐요. 비가 내려도 어린아이들이 장화를 신고 삽을 들고 땅을 파며, 그 안에 들어가서 놀고 숲 속을 뛰어다닙니다. 이렇게 아이들 마음을 열어주는 '자연과 함께하는 환경'이 발도르프학교의 제1조건이에요. 미국에 사커 맘soccer mom이 등장한 배경 중 하나가, 아이들을 축구장에 풀어놓으면 무얼 하는지 한눈에 들어오니까 부모에게 안도감을 주기 때문이라고 합니다.

제 아이들이 다녔던 발도르프유치원 선생님이 한 말씀이 있어요. 예전에는 아이들끼리 어울려 들판을 거닐고 개울가에 가고 동네를 돌아다녀서, 아이들이 어디에 있는지 엄마가 정확히 알 수 없었다고요. 영어로 '로밍roaming'할 수 있는 자유가 있었다며, 우리 아이들에게 그런 환경을 제공해주자고 했습니다. 오래전, TV 광고에서 김혜자 선생님이 "영수야, 밥 먹어라!" 외친 장면이 화제였죠. '아이씨, 오늘도 또 된장국이야.' 이렇게 영수의 마음을 묘사하는 우스개도 유행했었는데요. 그때는 엄마들이 소리를 지를 수밖에 없는 놀이 환경이 보장되었던 거죠.

제가 이 말을 한국 학부모들에게 하며 창의력을 기르고 싶으면 아이들에게 탐험할 기회를 줘야 한다고 말했는데, 반응이 심드렁했습니다. 곧이어 발도르프학교 아이들이 미국 내 과학경시대회를 휩쓸고, 아이비리그에서 '발도르프학교 아이들은 기존 틀에서 벗어나 있다'라며 환영한다고 말하니, 학부모들의 눈이 반짝반짝 빛났습니다.

최 그러면 완전히 판도가 달라지죠.

안 독일에서 나온 연구였는데요. 유치원의 콘크리트 마당을 거두고 흙을 드러내어 아이들이 흙장난을 치게 하고, 또 텃밭을 만들어 놓으니 장내 미생물 구성이 달라졌다고 합니다. 아이들의 면역력이 몇 배 강해졌다는 연구 발표예요.

최 그럴듯한 논문이네요. 지금 우리나라 부모도 생태적 환경을 조성하는 것을 굉장히 좋아해요. 그런데 아이가 초등학교 5학년이 되면 더 이상 그 길로 가길 두려워합니다.

안 국영수의 세계로 가야 해서요?

최 그렇죠. 입시의 길로 들어서는 시간이 오죠.

안 인생 행복에 관한 모든 질문, 그 답이 국영수로 흐르는 세상이 한 세대는 더 계속되겠습니다.

거름이 되고 꽃이 되고

최 제 연구실을 제집처럼 드나드는 초·중·고등학교 학생들이 있어요. 서울대학교 교수 시절부터 어린아이들이 찾아와서 터 잡고 드나들었습니다. 딱정벌레를 잡아서 들고 오는 아이도 있었고요. 전국을 다니며 개미를 뒤지던 아이도 있었어요. 수업을 마치고 연구실에 오면 아이들이 뭔가를 하고 있었습니다. 제 입에서 몇 차례 이런 소리가 나오더라고요. "근데 너희들 공부는 잘하냐?" 그중 한 학생은 고려대학교 생명과학부에 들어가 석사까지 마쳤습니다. 김대중 정부 때 반짝하고 특기자 전형이라는 제대로 된 제도가 있었는데 그 전형에 지원해 대학에 들어갔어요. 한동안 있던 제도예요.

개미만 파고들던 아이는 지금도 개미로 무슨 사업을 하는데, 저는 자꾸 박사를 하면 안 되느냐고 요청합니다. "박사요? 그런데요, 선생님, 지난주에 순천에서 잡은 개미가요." 말을 자꾸 돌려요. 고등학교 때부터 그랬어요. "너 시험은 잘 보냐?" "시험이요? 그런데요, 선생님, 어제 제가 잡은 개미가요." 그런 애한테 시험 잘 보느냐는 질문을 할 수밖에 없는 제가 너무 한심한 거예요.

우리 사회 구조에서는 진학을 해야 하잖아요. 그 아이가 제 방에 드나들던 아이들 가운데 소위 말하는 가장 좋은 대학에 갔어요. 다른 아이들은 대학수학능력시험 준비가 잘 안 되니까 좋아하는 공부를 찾아서 지방에 있는 대학으로 가든지, 결국은 포기하고 현실에 맞춰 과를 찾아갔고요. 그런 모습을 볼 때마다 이럴 순 없다는 생각이 듭니다.

모든 아이를 대학수학능력시험에서 풀어준다면 국가가 혼란스러울 수 있다는 건, 저도 인정하겠습니다. 하지만 일부 색다른 짓을 하는 아이들까지도 대학에 들어갈 수 있는 시스템이 있다면 얼마나 좋을까요. 그게 제가 가장 바라는 점이에요. 시스템을 다양화해서 일부는 그냥 좀 괴짜로 클 수 있게 해주면 참 좋겠습니다. 제가 오랫동안 하버드대학교 면접관 한국 총책이었는데…….

안 지원자들이 선생님에게 추천서를 받았던 거네요?

최 그렇죠. 제가 한국 면접관 대여섯 명과 함께 일했어요. 하버드대학교에서 지원자 명단을 주면 배분해줬고, 저도 한두 명을 면접했고요. 그 일을 20여 년 동안 했습니다. 하버드대학교 입학사정위원회 사정관들을 만난 자리에서 제가 폭탄 발언을 했어요. 그들이 기분 나빠 하더라고요. "하버드대학교는 '다양성'이라고 표현하며 다른 배경을 가진 아이들을 뽑는데, 솔직하게 이야기하자. 거름이 될 잡초를 뽑는 거 아니냐." 그러면서 미국 부통령을 지낸 앨 고어Al Gore를 예로 들었습니다.

앨 고어의 룸메이트는 영화배우가 된 토미 리 존스Tommy Lee Jones였습니다. 앨 고어를 뽑고 그를 훌륭하게 만들려고, 거름으로 토미를 뽑은 겁니다. 토미는 앨 고어와 기숙사 방을 3년 동안 같이 쓴 절친입니다. 제가 하버드대학교 기숙사 사감을 할 때에도 공부는 뒷전이고 매일 파티를 열던 학생들이 있었어요. 기숙사 문 밑을 방화 기능이 되도록 철로 감싸놓았는데요. 저 같은 사감이 새벽 1시에 야구 배트를 들고 올라가 그 철판을 꽝꽝 쳐야 했어요. 안에는 음악이 시끄러우니까 노크해봐야 들리지 않습니다.

알루미늄 배트가 찌그러질 때까지 치면 거기 기대서 술 마시던 아이가 문을 빼꼼히 열고 "누구세요?"라고 물어요. "내가 여기 튜터tutor인데, 토미 나오라고 해." 그러면 "야! 토미, 여기 네 튜터 와 있다!" 그 아이가 외치고 토미가 어슬렁어슬렁 나옵니다. 사감이 말하죠. "10분 안에 파티를 멈추고 너는 내 방으로 내려와." 방에 가 있으면 아이들이 우르르 복도에서 내려가는 소리가 들려요. 고어는 유명 정치인 집안에서 자라 대통령이 돼야 한다는 중압감을 안고 하버드대학교를 다닌 학생이었고요. 그 둘이 같은 방을 썼습니다. 저는 그래서 고어가 그만큼이나마 훌륭해졌다고 생각해요.

제가 상상해보는 시나리오는 이겁니다. 고어가 대통령 선거에서 떨어졌고 어느 날, 토미에게 전화를 걸었을 거예요. "나 지금 《불편한 진실》이라고 기후변화에 대한 책을 쓰고 있어." 토미가 그랬겠죠. "요즘 세상에 누가 책을 읽냐? 영화로 만들어. 내가 도와줄게." 그 내용을 다큐멘터리 영화로 만들지 않았으면 고어는 결코 노벨평화상을 받을 수 없었을 겁니다. 그의 책을 누가 읽겠어요.

앨 고어는 상원의원 시절에 《위기의 지구》라는 책을 낸 적이 있는데, 정말 잘 썼어요. 하지만 그는 대중적 작가가 아닙니다. 순전히 제 상상이지만 토미 같은 친구가 없었으면, 고어는 책을 계속 쓰고 소통은 못하는 결과를 냈을 거예요. 고어는 정치인 치고 소통을 참 못합니다. 북한에 억류된 사람들이 무사히 미국으로 돌아오는 장면이 CNN에 중계됐었는데요. 다른 정치인들은 감성적으로 이야기하는데, 그 혼자만 차렷 자세로 민방위 훈련에서 하듯이 이렇게 말했습니다. "국민 여러분, 지금……." 노벨평화상은 기막힌 대중 소통의 결과로 받은 건데, 어떻게 가능했을까요? 수백 신scene을 찍어서 다듬은 다큐멘터리 영화니까 가능했죠.

결론을 말하면, 고어가 고어와 비슷한 룸메이트와 살았으면 지금의 고어가 되지 못했을 거라는 겁니다. 고어가 토미 리 존스랑 룸메이트를 하도록 연결하는 것이 하버드대학교가 열심히 추구해온 다양성입니다.

안 묘목이 강하게 살아남도록 자극하는 잡초인가요?

최 제가 '잡초' '거름'이라고 표현을 했더니 매우 기분 나빠 했는데요. 좋은 의미로 한 이야기라고 했어요. 우리나라 교육은 목적이 있든 없든 다양성 자체를 고려조차 하지 않습니다. 제가 서울대학교 교수 시절에 대학발전위원회에서 그런 제안을 한 번 해서 분위기만 싸늘하게 만들었습니다. 쓸데없는 이야기를 한다는 눈총을 받았죠.

그 당시 비 보이B-boy가 등장해서 큰 주목을 받던 시절이었어요. 서울대학교에서도 정원의 10퍼센트만 떼어 비 보이도 뽑고, 여러 다양한 분야의 재능 있는 학생도 뽑고, 여하튼 사회에서 독특한 역할을 할 학생을 뽑자고 했습니다. 90퍼센트나 절반을 그렇게 뽑자는 것이 아니라 10퍼센트만이라도 뽑아서, 모범생들에게 자극을 주고 학교를 떠들썩한 곳으로 만들어보자고요. 하버드대학교는 그런 아이들을 조직적으로 20퍼센트 정도 뽑는다고 말했습니다. 제가 하버드대학교의 입학사정관들과 이야기해보니 명시해놓은 건 아닌데, 암묵적으로 쿼터가 있는 것처럼 보였습니다.

처음 하버드대학교에서 입학사정관이 되어달라는 연락이 왔을 때, "지난 10여 년 동안 한국에서 단 한 명도 하버드대학교를 가지 못했다는데, 아무도 못 갈 거면 왜 내가 이 일을 해야 하냐"라고 물었더니, 입학사정위원회 책임자가 그해부터 적어도 한 명은 반드시 뽑아주겠다고 하더군요.

그때부터 우리나라에서 하버드대학교 입학생이 나왔습니다. 그게 쿼터죠. 입학사정관들이 다양성을 조절할 능력이 있다는 겁니다.

안 요즘 '공정'이란 단어가 아주 민감하게 작동됩니다. '성적과 활동으로 공정하게 판단하겠다는 기준이 과연 공정한가'라는 문제 제기도 있습니다. 엘리트 부모 아래에서 엘리트 자녀가 나오는 시절이 됐기 때문입니다. 부모의 경제적 자원뿐 아니라 문화적 자원이 없다면, 두루 섭렵하며 성과를 내기 어려우니까요. 대학수학능력시험 성적으로 뽑는 우리의 정시 입학 제도 역시 경제 불평등이 심한 구조 속에서 가정형편이 상당히 영향을 미친다는 지적을 받습니다. 특히나 미국의 입학사정관 제도는 대놓고 부자 부모의 힘이 쓰여지는 통로라는 비판을 받고 있어요.

최 처음 미국에서 입학사정관 제도를 만든 의도는 나빴어요. 아이비리그에서 학생을 성적으로 뽑았더니 그동안 배제된 유대인이 많이 들어왔고, 늘 우대받은 백인 명문가 자제들, 그러니까 졸업생 자제들이 들어오지 못해서 인성과 교내외 활동뿐 아니라 여러 가지를 평가하겠다며 만든 제도입니다. 슬금슬금 기부금을 많이 낸 학생을 우대했고요. 이런 부분을 지적받으면서 다듬어왔습니다. 세월이 한참 흐르고 나니 긍정적 면이 생긴 겁니다.

제가 하버드대학교에서 기숙사 사감을 할 때, 공부를 봐준

학생이 있었습니다. 사감이 그런 일까지는 하지 않는데, 그 학생이 하도 못 따라가서 제가 가르쳤어요. '너 어떻게 들어왔느냐'란 말이 턱밑까지 올라왔지만 참고 도와줬죠. 그 학생은 자기소개서에 하버드대학교에 오고 싶어서 서부 끝 태평양 연안 도시, 샌프란시스코에 있는 자기 집에서부터 동부 끝 대서양 연안에 있는 하버드대학교를 향해 걸었다고 썼습니다. 중간 지점인 캔자스시티에서 응급실로 실려 간 사연을 적었어요. 입학사정관들이 인상적으로 읽곤, 이런 학생 한 명 정도 넣어보자고 합의했습니다. 라크로스lacrosse를 제법 잘하니까, 그걸 특기 삼아 입학시켜줬습니다.

워낙 매력이 넘치는 학생이라 또래 사이에서도 인기가 많았는데, 공부는 그리 잘하지 못했어요. 그래서 제가 주말마다 가르쳤어요. 졸업할 즈음 의대를 가겠다고 말하더군요. 성적이 안 되는데 갈 수 있나요? 하여간 제가 다섯 장짜리 추천서를 열심히 써줬고, 그 학생은 별의별 활동을 넣어서 원서를 썼습니다. 의대에 갔어요. 도대체 어떻게 들어갔는지 몰라요. 하버드대학교에 들어온 것처럼 매력이 넘치니 호감을 샀겠죠.

십몇 년 전, 제가 미국에 가서 그 친구가 초청해준 하키 경기를 봤어요. 알고 보니, 하키팀 주치의가 되었더라고요. 그 친구는 지금 너무 신나게 잘 살고 있습니다. 어떻게 보면 하버드대학교는 거름을 뿜는데, 그 거름이 또 꽃을 피워요. 저는 이렇게 생각해요. 서울대학교에서 댄서 한 명을 뽑으면, 그 친구가 다른 아이들에게 새로운 자극을 줄 뿐 아니라 그 자신도 뭐가 될 거라고요. 우리나라 교육에 숨구멍을 틔워야 합니다.

안 '메기 효과'라는 말이 있습니다. 북유럽 해역에서 많이 잡히는 생선이 청어인데, 바다에서 잡은 청어는 항구에 도착하는 동안 대다수 죽는다고 합니다. 그런데 우연히 따라 들어온 메기가 있던 수족관의 경우 꽤 많은 청어가 항구까지 살아 있었다고 해요. '한 조직에 생동감을 불어넣는 효과'로 '메기 효과'라는 말을 씁니다. 누군가 선생님 말씀을 언뜻 들으면, '공부 잘하는 아이를 위해 공부 못하는 아이가 희생해야 하는가? 성적은 낮지만, 창의력이 뛰어나거나 특기가 있는 아이들이 또 희생해야 하는가?'라고 말할 수 있겠는데요. 성적 중심으로 뽑는 대학 입시가 바뀔 가능성이 없는 지금, 하고 싶은 일에 몰두할 수 있도록 숨통을 여는 작업은 양쪽 모두에게 의미가 있지 않을까 싶습니다. 경쟁에 매몰된 교육 문화를 흔들 단초가 될 것 같습니다.

최 하버드대학교는 대놓고 리더를 기르는 대학교라고 자랑하는데 엘리트를 위해 뽑은 거름도 자기 분야에서 제가끔 리더가 될 수 있습니다. 토미 리 존스나 맷 데이먼Matt Damon, 내털리 포트먼Natalie Portman 등이 할리우드의 리더가 되었듯이 말이죠.

우리는 왜 서로에게 배타적일까

안 요즘 엘리트주의의 문제에 대해 말을 많이 합니다. 서열 중심이 만든 사회적 갈등이 점점 더 부각되고 있는데요. 더욱 세세히 갈라지는 이런 배타성이 왜 생겼을까요?

최 동물은 배타적이잖아요. 우리는 배타적일 수밖에 없어요. 그럼에도 우리는 최고의 지성을 가진 인간이기에 동물적 본능 수준을 뛰어넘어야 하죠. 나부터 살고 내 가족만 우선하는 동물적 본능이 앞선 조직은 외부에서 들어오는 영향을 막으려고만 합니다. 그러나 다양성을 이루며 학문적 성과와 사회적 공익을 쌓는 조직은, 이성적 사고로 제도를 정비해나갑니다.

제가 하버드대학교에 들어갈 때 열네 명이 함께했는데, 하버드대학교를 나온 동기는 단 두 명이었어요. 전부 다른 대학 출신이었고요. 어떤 친구는 미네소타에 있는 한 번도 들어보지 못한 작은 단과대학을 나왔습니다. 하버드대학교가 다양성을 키우려고 노력한 거죠. 그들은 교수를 뽑을 때도 같은 방식으로 이성적 노력을 합니다.

서울대학교를 험담해서 죄송한데요. 제가 서울대학교 생명과학부 교수를 그만둘 무렵부터 학과가 팽창하기 시작했어요. 몇 년 뒤, 신임 교수들이 여럿 들어갔는데요. 그분들의 면면을 보니 그분들의 지도 교수님들이 다 과에 있더라고요. 자기 제자를 한 명씩 뽑은 겁니다. 대학에서 이를 묵인한 것 같아요.

물론 서울대학교 출신이 가장 많이 유학을 가는 경향 때문에 그럴 수 있다 해도, 눈에 보이게 제 식구 챙기기를 한 모양새였습니다. 제가 가까운 사람들에게 간곡하게 당부했습니다. "이렇게 하면 점점 학과가 망합니다. 교수 채용은 이 성적으로 해야 합니다. 외국의 좋은 대학들이 왜 성공했겠어요. 팔이 안으로 굽는 걸 과감히 참아냈기 때문에 다른 피를 수혈해서 좋은 성과를 이룬 겁니다."

안 하버드대학교의 경우 대학원에 타교 출신 동기가 더 많았다고 하셨는데요. 서울대학교의 교수 채용과 신입생 선발은 다른 문제 아닌가요? 입학은 선발 기준에서 점수가 높으면 뽑는 사람들이 어쩔 수 없잖아요.

최 《인간은 왜 늙는가》라는 책을 번역한 적이 있는데요. 그 책의 저자 스티븐 어스태드Steven Austad는 제가 하버드대학교에서 공부하던 시절에 퍼듀대학교에서 박사를 하고 하버드대학교 교수가 된 분이에요. 쑥덕쑥덕 말이 많았어요. 어떻게 퍼듀대학교 박사가 하버드대학교 교수가 될 수 있느냐고요. 그때 제가 임용위원회 의장인 교수님의 조교를 했는데 점심을 같이 먹다가 "하버드대학교는 왜 우리 대학원생들의 목소리를 반영할 생각을 하지 않느냐"라고 물었어요. 교수님이 제 말을 듣더니, "새 교수가 오면 너희가 영향을 가장 많이 받을 테니, 네가 대학원생들 모아서 후보들을 평가해주면 참고하겠다"라고 하셨습니다.

우리가 1등으로 뽑은 퍼듀대학교 출신 어스태드를 프린스턴대학교와 UCLA 출신 둘을 제치고 뽑으셨어요. 그 어스태드 교수님이 지금 노화 연구에 있어 거의 세계 최고 석학입니다. 학부는 UCLA에서 영문학을 전공하셨고, 할리우드에 가서 동물 조련사로 일하신 분입니다. 영화 〈6백만 달러의 사나이〉 같은 작품에 동물과 싸우는 장면이 나오죠? 그런 동물을 돌본 거죠. 그 일을 하다가, 동물에 대해 알고 싶어서 동네에 있는 커뮤니티 칼리지에 가서 생물학을 공부한 뒤 퍼듀대학교에 입학했어요. 미국은 커뮤니티 칼리지를 졸업해서 퍼듀대학교를 거쳐서 하버드대학교 교수까지 하는 게 가능합니다.

그분을 떠올릴 때마다, 우리나라에도 그분이 했던 과정처럼 '공부하고 싶은 사람이 마음껏 나아갈 수 있는 길이 있으면 얼마나 좋을까' 하고 바라죠. 편견 없이 성장을 인정해주는 분위기 속에서 누구나 반열에 오를 수 있는 바른 시스템이 절실합니다.

● 안 그렇게 배움의 꽃을 피울 수 있는 길이 잡혀야 하는데요. 국적은 바꿔도 학적은 못 바꾼다는 말이 공공연히 떠돕니다. 지방 사립대학교를 나오고 하버드대학교를 나왔을 때 '학력 세탁을 했다'라는 말을 듣기도 하고요. 일본을 대

표하는 작가이자 저널리스트인 다치바나 다카시Tachibana Takashi와 논객인 사토 마사루Sato Masaru, 두 분이 대담한 책 《知의 정원》에서 본 구절이 떠오릅니다.

"요즘은 학력 세탁들을 많이 하고 옵니다"라고 사토 마사루가 말했습니다. 도쿄대학교를 나오지 않았지만 대학원을 도쿄대학교로 가는 경우를 일컬었습니다. 또 조한혜정 선생님의 책 《선망국의 시간》을 보면 요즘 우리 청년들의 강박을 느낄 수 있는데요. 공무원 시험을 통해 학력 세탁을 하는 걸 막아야 한다는 스카이SKY 대학 출신의 주장입니다. 대학교 상위 순서로 공무원 시험을 볼 자격 쿼터를 줘야 한다는 요구를 합니다.

최 저는 학력 세탁을 한 사람입니다. 큰 덩치로 보면 서울대학교를 나왔고 하버드대학교까지 갔지만, 사실은 서울대학교라고 해서 다 같은 서울대학교로 인정해주지 않는다는 말입니다. 제가 다닌 동물학과는 그 당시 거의 최하위였어요. 제가 서울대학교에 들어갔을 때, 한동안 계열별로 대학 신입생을 뽑은 적이 있었습니다. 자연계열로 뽑아 2학년인가 3학년 때 전공을 찾아가게끔 했는데, 동물학과가 자연대에서 완벽하게 꼴찌를 했어요. '누가 동물학과를 가느냐'라는 이런 인식이 있었죠.

동물학과는 정원이 열다섯 명이었는데, 한 명, 두 명이 비실비실 사라졌어요. 제가 졸업할 때 아홉 명이 살아남았습니다. 학교에 안 와요. 저는 진짜 철저하게 학력 세탁을 한 사람이에요. 이 나라에서 그냥 살았으면 동물학과의 굴레를 벗어나기 힘들었을 겁니다. 처음에 펜실베이니아주립대학교에서 장학금도 못 받고, '붙여만 주십시오'라는 심정으로 들어갔어요. 갑자기 공부를 열심히 하고 하버드대학교 박사학위를 받으니까, 학력 세탁이 깨끗하게 된 거죠.

얼마나 잘됐냐 하면, 서울대학교 교수로 부임한 첫해에 자연대 학장님이 자연과학을 알려야 한다고 대학홍보위원회라는 걸 만들었어요. 저도 회의를 하러 회의실 문을 열고 들어갔습니다. 두 분이 앉아 계시더라고요. 한 분은 임지순 교수님, 또 한 분은 오세정 교수님. 두 분 다 물리학과 교수님이시고, 제가 고등학생이었을 때 두 분을 모르면 간첩이었어요. 예비고사 전국 수석, 경기고등학교 수석 졸업, 서울대학교 전체 수석, 물리학과 수석, 모든 신문 1면에 두 분의 기사가 실렸습니다.

제가 장난기가 발동해서 말했죠. "우리 셋이 위원회예요? 아이고, 저 가겠습니다. 수석 두 분하고 앉아 있으려니 주눅이 들어서 위원회고 뭐고 못 하겠어요." 오세정 교수님이 뭐라고 하셨냐면요. "에이, 지금은 최 교수가 더 잘 나가잖아." 제가 수석 두 분하고 마주 앉을 수 있다? 우리나라에서 계속 공부했으면 꿈꾸지 못할 일이에요. 미국에 가서 학력 세탁을 하고 돌아왔으니까, 그분들이랑 앉을 수 있는 사람이 된 거죠.

● **안** 고등학교 시절의 점수를 왜 그렇게 중요하게 하나의 신분처럼 대우할까요? 대학교 잠바가 마치 계급을 상징하는 갑옷처럼 됐습니다. 이 현상에 대해서 어떻게 생각하세요?

● **최** 가장 심한 데가 법조계잖아요. 고시 점수와 사법연수원 성적이 평생 따라다닌대요. 우리나라 법조계에 문제가 많을 수밖에 없다는 생각이 듭니다. 그 점수가 왜 따라다녀야 할까요? 제가 학력 세탁을 고백하는 김에 하나 더 할게요. 제 분야에서는 미시건대학교가 최고였어요. 윌리엄 해밀턴 교수님이 계셨고, 저는 그분의 제자가 되고 싶었습니다. 예비로 코넬대학교, 예일대학교, 하버드대학교에 지원했지만, 하버드대학교에 합격하는 건 힘들게 느껴졌죠. 명색이 하버드대학교니까요.

하버드대학교와 미시건대학교에서 합격증을 받았습니다. 우선 미시건대학교에 갔더니 해밀턴 교수님이 영국으로 가신다는 거예요. 그 바람에 제가 하버드대학교에 진학했습니다. 미시건대학교에서 펜실베이니아주립대학교로 돌아오는 열 시간 동안 제가 말을 안 했어요. 걱정이 많았어요. '그래, 하버드대학교에 다시 가보자!'라고 결심했고, 존경하는 윌슨 교수님을 만났고, 교수님이 장학금을 최고 수준으로 주신다기에 마음을 굳혔습니다.

그날 윌슨 교수님이 저를 데리고 과 사무실에 가셨는데, 사나는 '함께'라는 표현에 주목한다.
흔히 이런 상태를 공존共存이라고 묘사하지만,
나는 지금 우리 사회는 공존에는 한참 못 미치는
혼존 상태라고 진단한다.
'혼존混存'은 '함께' 있지만 '제가끔' 존재하는 상태를
일컫기 위해 내가 새로 만든 단어다.
혼존을 넘어 공존의 시대를 열려면
떠밀려 섞이는 게 아니라 제대로 섞어야 한다.

무원이 마침 잘 왔다며 서울대학교 성적표가 안 왔다는 거예요. 저는 분명히 서울대학교 학적과에 요청했고, 다른 대학교에는 도착했는데, 하버드대학교에만 도착하지 않았어요. 다시 보내달라고 하라고 해서, 제가 그러겠다고 답했습니다. 하지만 안 했죠.

만약 제 서울대학교 성적표가 갔으면 합격이 안 됐을지 모릅니다. 성적이 엉망이었거든요. 미국 유학을 떠나려 할 때도 입학하려면 학점 총점이 적어도 3.0을 넘어야 합니다. 저는 D, F학점이 수두룩했습니다. 4학년 초에 공부하겠다고 마음먹고 보니까 큰일이 난 거예요. 이 성적으로는 유학의 유 자도 꺼낼 수가 없어 두 학기 동안 들을 수 있는 최대한으로 들었어요.

다른 졸업반 학생들은 한두 과목을 듣는데, 저는 최대한도의 수업을 듣고 전부 A학점을 받아서 불도저식으로 메웠습니다. 3.04학점이 됐어요. 그런데 서울대학교는 4.3학점이 만점이에요. 미국은 4.0학점 만점이고. 정당하게 하려면 환산해야 하죠. 그러면 3.0이 안 돼요. 환산을 안 했어요. 4.0학점 만점에 그냥 3.04학점로 적어서 보냈습니다. 제가 무려 스물여덟 대학에 원서를 내서, 딱 세 군데에서 입학 허가를 받아 미국으로 갔습니다.

승자독식 경쟁에서 공생으로

안 학력 구조로 서열 사회가 되고 엘리트 사회가 되면, 열심히 한 만큼 인정받고 노력의 결과를 존중해주니까 괜찮다 싶기도 한데요. 문제는 승자독식 구조더라고요. 피자가 있으면 최고 승자가 거의 반을 가져가고, 나머지 반을 차상위 승자가 뭉텅 차지하니, 그 아래는 부스러기를 놓고 경쟁합니다. 그럴 때 '원래 자연은 최고 서열인 알파 중심 구조다. 원숭이들은 우두머리 알파가 다 차지한다'라는 말들을 합니다. 사회적 동물들은 서열 사회를 이룬다고 우리를 물들이는 사고가 있어요.

최 서열 사회이기는 한데요. 인간을 뺀 영장류 세계의 알파는 우리의 알파와는 달라요. 프란스 드 발Frans de Waal이 쓴《침팬지 폴리틱스》라는 책에 따르면, 수컷이 지배하는 사회에서 우두머리 수컷은 절대로 전부를 거머쥐지 않습니다. 나눕니다. 침팬지 사회를 예로 들면, 동맹을 맺은 여러 수컷이 기존의 알파 자리에 있는 수컷을 두들겨 패 무너뜨리고, 바로 그 동맹관계에 있는 수컷 중에서 하나가 새로운 우두머리를 차지합니다. 우두머리 침팬지가 협력한 동료 침팬지에게 권력을 나눠주지 않으면, 동료 침팬지들이 다시 다른 침팬지들이랑 동맹을 맺고 호시탐탐 노리다가 우두머리 침팬지를 몰락시킵니다. 어제의 동료가 오늘의 적이 되는 거죠. 연구해보면 확연히 알 수 있는 그들의 권력 구조이기 때문에, 생물학자들이 그 내용을 이론으로 체계화했어요. 짝짓기의 경우를 보면요. 암컷이 스무 마리쯤 있다면, 우두머리 수컷이 상당수를 거느리고, 두 번째 서열의 수컷이 몇 마리, 그다음 서열의 수컷이 몇 마리를 차지합니다. 그렇게 하지 않으면 시스템이 유지가 안 되는 걸, 동물들은 잘 알아요. 우리 인간이 오히려 너무 지나치게 승자독식하죠. 혼자 다 가지잖아요.

안 1 대 99라는 소득과 자산 분배 프레임이 10년 넘게 대립 구조로 존재하는 이유죠.

최 네. 지금은 퇴임한 서울대학교 사회학과 이만갑 교수님이 늘 하셨던 말씀이 "2인자에 집중하자"입니다. 우리 고대 역사를 보면 2인자가 1인자를 꺾는 역사였다고 짚으셨습니다. 1인자가 2인자를 품지 않고 항상 독식하니까, 최측근인 2인자가 반란을 일으켜 1인자를 제거하고 올라서는 역사를 반복했어요. 그래서 최측근에게 배반당하는 사건이 우리 역사에 많습니다. 매우 동물적 방식이에요. 우두머리가 분배를 제대로 하지 않아서 2인자가 3인자, 4인자와 손잡고 1인자를 거꾸러뜨리는 방식이죠. 그분이 연구한 결과를 보면 다른 나라보다 유독 우리 역사에 그런 사건이 많습니다.

안 1인자의 독식을 막는 식으로 유인원 사회가 발전된 것은, 전체에 유리하기 때문인가요?

최 그런 논리는 좀 위험해요. 전체에게 유리하다는 것을 생각하는 인지 능력이 침팬지에게 있다고 보기 힘듭니다. 침팬지는 그렇게 생각하지 못합니다. 다만 자기 이득을 위해서 최선을 다하는데, 결과적으로 모두 거머쥔 침팬지들은 몰락하고, 적절히 나눈 침팬지들은 성공하니 그 방식으로 진화된 거죠.

안 특히 요새 엘리트 세습이 문제시되는 이유는 경제적 자산과 문화적 자산이 교육을 통해 자식에게 전해져서 전체 사회 이동성이 막혀가기 때문인데요. 제가 우리 집안을 50년 정도의 시간으로 돌아보면서 우리 사회의 사회 이동성이 막혀가는 방식을 여실히 느꼈습니다. '개인이 스스로 열심히 살았다고 주장하는 점을 부인할 수는 없지만, 과연 모든 것이 개인이 노력한 결과일까?' 하는 의문을 갖게 돼요. 그 노력이 출발선을 점점 자기 자식에게 유리하도록 최선을 다하는 방식으로 집중했고, 다음 세대로 갈수록 조금씩 더 부모 덕이 영향을 끼치도록 출발선 위치를 바꿔놨거든요. 대졸자 비율이 높아진 것과 비례한다고도 할 수 있겠고, 국가 경제 규모가 커진 만큼 소득 증가분 대부분이 자녀 교육으로 집중됐다고도 할 수 있겠는데요.

상류층이 하던 교육 방식이 중상층뿐 아니라 중간 계층인 중산층 전체로 퍼져 교육에 모든 투자를 하고 있습니다. 배경은 불안해서죠. 대학에 가는 것만으로는 안정적 지위를 보장받기 어려우니 알려진 대학을 가야 먹고 살 수 있을 것 같아서인데요. '노동 환경, 사회 구조를 먼저 바꿔야 한다' '교육을 우선 손봐야 한다'라는 논의가 '닭이 먼저냐 달걀이 먼저냐' 하는 논의 같습니다. 이 구조를 벗어날 해법이 있을까요?

최 저는 해법이 지금 저절로 만들어지고 있다고 생각해요. 아이들 숫자가 줄어들면서 대학들이 을의 위치에 섰습니다. 지극히 생태학적으로 바뀔 수밖에 없는 상황으로 돌아섰어요. 지방 대학 곳곳에서 입학 정원을 채우지 못하고 있습니다. 수도권에서 먼 지방 대학들은 학생을 유치하기 위해서 모든 시도를 하고 있어요. 인구학을 연구하는 서울대학교 조영태 교수님이 두 딸에게 말하셨대요. "너희는 공부를 열심히 안 해도 앞으로 이만큼은 살 수 있다. 세상이 바뀌고 있다."

안 딸들이 이제 막 두세 살인가요?

최 중·고등학생이에요. 큰딸은 "그래도 난 열심히 할래. 스카이 가는 건 다를 거야." 이러면서 공부한답니다. 그런데 작은딸은 "그래서 아빠가 원하는 게 뭐야?"라고 묻더랍니다. "고등학교 졸업하고 3년만 놀다 대학 가자. 3년 후면 대학이 학생을 모셔가기 위해서 경쟁을 할 테니까, 너는 쉽게 대학에 가서 좋고 아빠는 돈 안 내서 좋고." "놀다 가라고? 콜!" 그러고 둘째는 논답니다. 여행도 다니고 세상 경험도 하고 재미있는 것도 배우고요.

조영태 교수님은 통계를 다루는 분입니다. 숫자를 통해서 명확하게 미래를 보시죠. 그분이 지금 베트남 정부의 인구 총국 인구 정책 고문인데, 베트남 정부가 그분의 이론에 맞춰서 경제와 사회를 설계하고 있답니다. 숫자는 예측력이 굉장히 높거든요. 일단 숫자가 바뀌면 세상이 변할 수밖에 없습니다. 저는 곧 조영태 교수님이 예측하는 일이 벌어지리라 확신합니다. 세상이 지금 뒤집어지고 있어요. 대학을 구태여 갈 필요가 없어지는 세상, 대학을 간다 해도 골라서 가는 세상이 드디어 열리고 있습니다.

안 그렇다고 해도 스카이를 골라갈 수는 없잖아요.

최 물론 그런데요. 스카이가 언제까지 스카이로 버틸 수 있을까요? 이제 이 질문을 할 때가 왔어요. 다수가 어디로 가느냐에 따라서 스카이는 고립될 가능성이 있죠. 여태껏 스카이 출신들이 세상을 쥐고 재생산을 해왔지만, 지금은 스카이 근처에도 안 가고 2~3년 동안 유튜브를 보며 혼자 코딩하다가 구글에 취직하는 일이 벌어지고 있습니다. 대학을 안 가고 혼자 배워 스타트업을 하는 친구들도 있고요. 그 인구가 점점 많아지면 주도권이 바뀔 가능성이 크지요. 이미 그런 일이 세계 곳곳에서 벌어지고 있습니다.

4차 산업혁명 시대에 산업 자체가 바뀌기 시작했고, 제 아들도 그 길로 들어섰습니다. 제 생각 같으면, 녀석이 말도 잘하고 글도 잘 쓰니 대학교수를 하면 잘하겠다 싶었어요.

명절 때 저희 아버지가 제 아들에게 "이다음에 너는 무슨 교수를 할 거냐?"라고 물었어요. 엄마도 대학교수, 아빠도 대학교수 그리고 유명한 대학에 다니고 있으니까 하신 질문이겠죠. "할아버지, 저는 교수 안 할 거예요. 어유, 그걸 뭐하러 해요." 할아버지, 할머니가 한 3분 동안 말씀을 못 하시더라고요.

안 이제 게임의 룰 자체가 바뀌었다는 거죠? 산업구조가 기존의 출세 방식뿐 아니라 출세의 의미까지 바꿀 만큼 달라졌다는 판단이신가요?

최 네. 기성세대가 살던 세상의 시스템은 아이들이 사는 세상의 기준이 아닙니다. 저는 기존 구조가 오래가지 못할 거라 예상합니다. 굉장한 변화들이 여기저기서 일어날 거예요. 그래도 제 아들에게 대학에서 계속 공부해볼 의향이 없느냐고 물어봤어요. 엄마 아빠 보고 있으면 답답하다고 해요. 쉴 줄도 모른다고요. 온종일 밖에서 일하고 집에 와서 저녁에 또 컴퓨터 앞에 앉아서 일한다고요. 요즘엔 제가 골려 먹죠. "야, 너도 밤낮으로 일만 하면서, 뭐가 그리 잘났냐." 아들이 말해요. "아빠, 그러지 마. 나 잘하면 마흔 살 이전에 은퇴할 수 있을 거야. 떼돈 벌어서 남태평양에 가서 놀 거야." 그런데, 그런 아이들 중에 진짜 성공해서 꿈을 이루는 아이들이 많아졌습니다. 여기저기서 툭툭 튀어나오기 시작하면 세상이 바뀔 수밖에 없겠죠? 빌 게이츠Bill Gates와 마크 저

커버그Mark Zuckerberg가 나오고 나서 하버드대학교 학생들의 목표가 중퇴가 됐습니다.

안 중퇴해야 성공한다고 하는군요.

최 탄탄한 미래를 보장하는 아성이라고 불리던 하버드대학교도 흔들리면 이제 다른 대학도 흔들릴 수밖에 없어요. 미네르바 스쿨이 뜨는 걸 보면 알 수 있습니다. 애리조나주립대학교도 지금 그 변화의 중심에 서 있어요.

안 미네르바 스쿨Minerva School이 리버럴 아트 컬리지Liberal Art College죠? 인문학이나 순수 과학 분야의 학부 과정을 중점적으로 다루는 대학이요.

최 네. 특히 미네르바 스쿨은 정해진 캠퍼스에서 배우지 않고 세상을 돌아다니면서 배웁니다. 교육학자들 말로는 요즘엔 학생들이 아이비리그에 가고 싶어 하지 않는다고 하더라고요. 미네르바 스쿨에 들어가기가 더 힘들 정도로 아이들이 그곳에 들어가기를 원한다고 합니다. 교과 내용이 정해져 있지 않고, 교수나 학생이 관심 있는 주제와 내용으로 프로젝트를 만들고, 프로젝트를 하면서 관련 내용을 배우고 토론하고, 세계를 다니면서 사람들을 만나는 새로운 개념의 대학이에요.

제도권에서 미네르바 스쿨과 같은 혁신을 시도하는 종합대학이 애리조나주립대학교입니다. 총장님이 나서서 일을 벌이세요. 보통은 교수들이나 연구원들이 새로운 연구 과제를 제시하거나 학과를 만들려면, 우선 총장님을 설득해야 하고 교육부 허가를 받아야 하는데요. 애리조나주립대학교는 총장님이 나서서 새 프로젝트를 만들도록 독려하십니다. 생명과 관련한 주제를 몇몇이 모여 뚝딱거리고 만들어 올리면 대학에서 지원합니다. 대학은 완전히 자연 선택 과정을 보장해요. 프로젝트가 잘 진행되면 장기 프로젝트로 선정하여 지원하고, 실패하면 없애고, 또다시 시도하도록 독려하고요.

지난 10여 년 동안 미국의 많은 대학이 예상했어요. 애리조나주립대학교는 저러다가 망할 거라고. 하지만 지금 매우 잘나가고 있습니다. 저는 이런 모습들을 관찰해오면서 백주 대낮에 학생들 앞에서 이렇게까지 말합니다. "요즘 세상에 뭐하러 대학 오냐!" 제가 몸담은 대학의 총장님이 들으면 기절초풍할 이야기죠. 저는 이제 구태여 대학에 갈 필요가 없다고 이야기하고 싶습니다.

안 혹시 예술이나 코딩을 하려는 아이들에게 할 수 있는 말이 아닐까요?

최 누구에게나 해당합니다. 하지만 어떤 의미에서는 대학을 무지무지 여러 번 가야 할 겁니다. 수명이 엄청나게 길어졌잖아요. 95세나 되어서 죽을 텐데, 60세에 은퇴하고 35년을 아무것도 하지 않고 버틸 수는 없죠. 얼마 전 조영태 교수님을 만날 일이 있어, 제가 2005년에 낸 책《당신의 인생을 이

모작하라》를 건네줬어요. 그날 저녁에 전화가 왔습니다. "교수님, 뭐 하시는 분이세요? 생물학자 맞아요?" 생물학자가 어떻게 15여 년 전에 이런 생각을 했느냐면서 제 예견이 꽤 많은 부분에서 맞아떨어지고 있다고 하셨습니다.

그중 하나가 바로 '인생 이모작'이라는 개념이에요. 자식을 키워서 떠나보낸 뒤, 제 삶이 하루아침에 달라지더라고요. 자식을 위해서 살았던 게 분명했습니다. 옛날 어른들 같으면 그러다가 몇 년 후에 돌아가셨지만, 우리는 자식이 떠난 시기부터 살아온 만큼 더 살아야 하죠. '이건 잉여 인생이 아니다. 이를 위해서 또 준비해야 한다.'

저는 대학을 일곱 번, 여덟 번 다녀야 한다고 주장합니다. 피터 드러커Peter Drucker 선생님이 배워서 써먹고, 또 배워서 써먹는 시대가 온다고 하신 말과 맞물립니다. 지식의 유효 기간이 짧아지고 있어요. 20대 초에 배운 알량한 전공 지식으로 95세까지 우려먹는 것이 기본적으로 불가능해졌습니다.

대학은 어떤 개혁을 준비해야 하는가

안 더 이상 대학수학능력시험 점수로 수십 년 으스댈 수 있는 세상은 사라졌다고 보시는 거죠?

최 말이 안 되죠. 새로 배울 수밖에 없습니다. 그렇다고 회사에 다니면서 학원에 가서 이것저것 배우는 건 비효율적입니다. 지금 교육부가 지방에서부터 벚꽃 피는 순서대로 대학 문을 닫게 하는데, 저는 오히려 대학을 많이 만들어야 한다고 생각해요. 한 사람마다 대학을 일곱 번 가야 하면, 그 수요에 맞게 대학이 어마어마하게 많아져야겠죠. 40대를 위한 대학, 60대를 위한 대학, 전 세대를 위한 대학, 별의별 대학 만들기가 답이라고 생각합니다. 그러면 고등학교를 졸업한 뒤 곧장 대학에 갈 이유가 없죠.

안 인생 전반에 걸친 교육 과정을 사교육이 아니라 공교육 속에서 제공하자는 거군요.

최 그렇게 한다고 해서 사교육이 없어질까요? 우리 정부는 마치 코로나19 퇴치나 해충 박멸을 하듯 사교육과 전쟁을 선포하는데, 한반도에서 사교육을 없애려고 애써도 없앨 수가 없어요. 사교육은 석기시대 때도 있었습니다.

안 어떻게요?

최 네안데르탈인이 활을 잘 쏘지 못하면 어떻게 했을까요? 토끼 한 마리를 들고 활을 잘 쏘는 친구에게 이렇게 말했겠죠. "야, 우리 아들에게 활 잘 쏘는 기술 좀 가르쳐줘. 이 토끼 줄게." 사교육이 어떻게 없어지겠어요. 다만, 사교육이 교육 전체를 좌지우지하지 않게 만들면 되죠. 공교육이 패권을 잡고 사교육은 그 틈새에서 살아 있게 하면 됩니다.

안 불과 20여 년 전만 해도 수업료를 내지 못한 학생을 퇴학시키던 고등학교가 이제 무상교육이 되었듯이, 독일의 공립대학이 무상교육이고, 프랑스의 국립대학이 사실상 무상교육이듯이, 일단 교육은 국가가 보장한다는 개념이 안착하면, 평생 부담 없는 비용으로 시대에 맞게 배워나갈 수 있겠네요.

최 그렇죠. 어차피 우리나라 국민은 교육에 사활을 걸어요. 전 국민이 시험을 끔찍하게 여기지만 새로운 시험이 생기면 학원이 생기고 줄을 서서 그 시험을 봅니다. 전 세계에서 수학 책이 잘 팔리는 나라로 우리나라가 손꼽힙니다.

안 사단법인에서 주관하는 시험들이 무척 많더라고요.

최 네. 특별한 혜택을 얻는 것이 없어도 사람들이 시험을 봅니다. 이런 우리나라에는 교육에 종사하는 사람이 많으면 많을수록 좋을 것 같습니다. 우리는 교육으로 성공한 나라잖아요. 선조에게 물려받은 것도 없고, 땅을 파면 석유가 나오는 것도 아니고, 세계사에서 가장 참혹한 전쟁을 겪었지만 전 세계 10위권 경제 대국이 됐어요.

답이 뭘까요? 그냥 공부해서 이렇게 된 거예요. 머리에 투자해서 여기까지 왔습니다. 그런데 갑자기 우리가 다른 전략을 쓴다? 그건 바보 같은 경영이라고 봅니다. 경영학에서 잘된 걸 바꾸는 건 바보짓이라고 해요.

잘된 과거에 집착해서 시대 변화를 읽지 못하면 회사가 망하지만, 잘되고 있는 것을 집어던지면서까지 다른 걸 하라는 말은 아니죠. 경영학자들은 이를 잘못 이해하는 사람들이 많다고 합니다. 잘된 걸 계속하면서 시대 흐름을 읽어내고 다음 행보를 준비하라는 의미죠. 시대가 아무리 바뀌어도 대한민국이 살아남을 길은 교육밖에 없다고 생각합니다.

안 지금 미국이나 영국 쪽 경제학자들은 도시와 지방 간 격차를 불러일으키는 가장 큰 요인으로 교육을 꼽습니다. 질 좋은 직장이 대도시에 모여 있고, 학력이 높을수록 연봉이 높고, 그에 따라 도시에 교육이 집중되어 있습니다. 인종별 격차보다 학력으로 인한 격차 때문에 경제 불평등이 심해지는 문제가 있는데요. 이럴 때 우리는 공교육 시스템에 더 집중하자는 의미인가요?

최 다른 나라들과 비교해도 우리는 배우는 데 있어 탁월합니다. 또 공부는 엉덩이로 하는 게임이라는 말처럼 뚝심 있게 앉아서 밀어붙여야 하는데, 우리 국민이 그런 자질을 잘 갖추었어요. 그러니 우리가 잘하는 공부로 승부를 봐야죠.

안 그런데 부잣집 자녀들이 공부를 잘한다는 통계가 오늘날 교육 문제에 있어 또 하나의 핵심입니다. 어떻게 해야 할까요?

최 제가 이화여자대학교 교수 초기 시절, 학생들과 심하게 부딪힌 적이 있습니다. 등록금 투쟁하는 상황이었어요. 학생들과 토론하면서 말했죠. "등록금을 깎아달라는 요구는 식비를 깎아달라는 것과 같다. 고급 레스토랑에서 음식을 먹으려면 그에 상응하는 비용을 지불해야 한다. 주머니 사정이 나쁘면 라면 가게를 가는 거다. 대한민국의 대학들은 구조적으로 웬만한 살림을 등록금으로 해야 하는데, 여러분이 이렇게 투쟁하면 대학은 악순환으로 빠져들 수밖에 없다. 좋은 교수를 뽑지 못하고 교육 환경이 점점 나빠지니, 여러분에게 도움이 되지 않는다."

안 라면 가게는 사설 학원을 말하는 건가요? 대학 서열을 강조하는 말씀은 아니실 텐데요. 그럼에도 라면 가게에서 대화는 이미 끝난 거 같습니다.

최 핵심은 뒤에 할 이야기에 있었어요. "나는 여러분이 등록금을 안 내면 좋겠다. 등록금을 나라가 내고 기업이 내고 독지가篤志家가 내면 된다. 학생은 돈을 안 내고 대학에 다녀야 한다. 그러나 대학 등록금이 지금보다 더 비싸지기를, 나는 원한다. 왜냐면 대한민국의 대학은 구조상 등록금으로 많은 걸 해결하기 때문에, 여러분이 등록금을 깎는 것이 아니라 대학에 들어오는 돈을 늘리는 구조를 만들어야 한다." 저는 우리 경제가 그 정도 할 수 있는 여건이 조성되어 간다고 생각합니다. "국가가 돈을 내주고, 기업이 돈을 내주고, 소수는 기부금을 내고 들어올 수 있도록 대학 문을 열어주자. 100명이 들어오는데 그중 두 명이 기부금으로 들어온다면 용인해주자. 그 덕에 등록금을 내지 못하는 열 명이 들어올 수 있으면 괜찮지 않은가." 이 이야기를 하려고 했는데, 라면 가게를 거론했다가 그만 들썩였어요. 어떤 학생은 자리에서 일어나 "학교가 저런 분을 석좌교수로 모셔

왔다는 데에 자괴감이 든다"라고 말하곤 밖으로 나갔습니다. 파장이 커졌죠.

안 학생이 등록금을 내지 않는다는 방안에 적극 동의합니다. 어차피 현재의 고등 교육이 존재하는 이유가 2차, 3차 산업 인력 공급에 주력하고자, 태생적으로 2차 산업의 노동력을 공급하기 위해 현대의 학교 시스템이 설립되었습니다. 지금은 대학도 시장이 필요한 지식을 가르치는 데로 집중되어가고 있는데, '굳이 학생이 돈까지 내면서 대학을 다녀야 할까?' 늘 의문이 있었어요. 이윤 대부분을 수령하는 기업이 어느 정도 등록금을 부담하도록 요구할 수 있다고 생각합니다.

최 우리나라 대기업들이 한때 공개적으로 불평한 적이 있었어요. 대학 교육이 엉망이라서 기업들이 신입사원들을 재교육시켜야 한다고요. 제가 신문에 이런 요지의 칼럼을 썼어요. '내가 알기로 외국의 유수한 기업들은 신입사원을 뽑아서 재교육을 시킨다. 당신들은 왜 국가의 세금으로 당신들 회사를 위한 교육까지 시켜달라고 하느냐. 그럴 거면 모든 대학생이 등록금 없이 다니도록 대학에 돈을 내라. 당신들이 다시 교육시키는 게 맞다. 세금은 내 돈이다. 왜 내 돈을 가지고 당신들 회사에서 일할 사람을 교육시켜 달라고 떼를 쓰느냐.'

안 일단 대학에 들어오면 학비가 필요한 모든 학생이 지원을 받는 제도는 좋습니다. 그런데, 학업 성적이 좋을 확률이 집안이 좋을 확률과 연동된다는 연구 결과들이 있습니다. 통계적으로 보면요. 대학을 들어오지 못한, 그 허들을 못 넘은 아이들은 경제적으로 힘든 상황에 더 많이 처해 있을 수 있는데요. 어떤 기회를 줘야 할까요?

최 저는 두 단계로 생각하고 있는데요. 대학이 학비가 필요한 학생에게 지원하는 시스템으로 갔으면 좋겠고요. 그런데 말씀하신 것처럼 거기에 못 들어가는 아이들은 어떻게 해야 하나……. 저는 이제 판도가 변하기 시작했기 때문에, 그 부분은 나름대로 길을 찾아갈 거라고 생각해요.

안 굳이 대학이 상수常數가 아닌 세상이기 때문에 그런가요?

최 그렇죠. 다른 기준이 서서히 잡히는 모습이 보이기 때문에, '유명 대학 졸업자 = 인생 최고 성공자'의 공식이 성립하는 시대는 아니잖아요. 소위 좋은 대학을 나와 대기업에 들어가서 안정되게 출발할 수도 있지만, 오히려 그렇지 못한 학생들 중에 새로운 길을 찾아서 더 잘 되는 아이들이 지금 보입니다. 제 생각에는 기준 자체가 흔들리기 때문에, 그 부분은 또 다른 이슈일 것 같다는 생각이 듭니다.

안 다만, 모두 인간답게 살 수 있는 복지를 제공해주면, 자기 재미는 자기가 찾아가도록 하는 건가요?

최 그럼요. 그리고 실제로 많은 장학재단에서 장학금 제도를 없애기 시작했어요. 한국장학재단을 비롯해 온갖 장학재단들이 돈을 풀어서, 장학금을 받는 아이가 중산층까지 확대 됐습니다. 그래서 장학재단들이 대학생들에게 지급하던 기금을 요즘 다른 곳으로 돌리는 논의를 매우 활발하게 하고 있어요.

안 다른 곳이 어떤 곳이죠?

최 새로운 무언가를 개발하려는 사람들을 도와주는 논의를 한다든가, 심층적 연구를 하는 박사 과정 연구에 지원한다든가, 대학 테두리 밖으로 지원하는 새로운 방식들을 모색합니다. 게다가 대학 입학생이 워낙 줄고 있어요. 각 대학은 전액 장학금을 주고라도 학생을 확보해야 교육부에서 지원을 받는 상황에 다다랐습니다. 실제로 일부 지방 대학들은 장학금뿐 아니라 생활비까지 주고 있습니다. 그런 시대이니까 기업들은 약간만 노력해도 큰 생색을 낼 기회를 얻은 거예요.

안 기업은 사회 공헌도를 홍보하면서 우수 인력을 선점할 수 있겠네요.

최 그렇게 되고, 대한민국에서 대학 공부까지 하길 원한다면, 누구나 자기 돈을 내지 않고 마음껏 공부할 수 있다는 인식이 잡히겠죠.

안 네. 그런 문화가 되길 희망합니다.

6부

공부의 활력

손잡아야 살아남는다

침팬지는 맹수에게 다친 친구를 보살펴주고,
어른 코끼리는 어린 코끼리가 안심하도록
그르렁 소리를 들려줍니다.

밥심은 우울의 처방전

● 안 요즘 청년들은 대학에 진학하고 나서 뒤늦은 사춘기를 겪는다고 합니다. 소위 명문대라는 곳에서 우울이 심해진다고 하는데요. 제가 아는 한 의대 교수님은 연구실에서 캠퍼스를 내려다보면 '폭탄들이 걸어가는구나'라는 생각이 들 정도로 걱정스럽다고 말씀하셨어요. 스스로를 해치고 남도 해칠 수 있는 상태로 내몰리고 있어서요.

● 최 예전에 제가 카이스트 총장님에게 뵙고 싶다고 연락한 적이 있습니다. 카이스트 학생들이 자살하는 사건이 일어난 직후였어요. 카이스트는 모든 학생이 장학금을 받으며 들어왔는데 당시에 경쟁 체제를 도입했습니다. 학점이 일정 기준에 미치지 못할 경우에 학비 일부를 내도록 하면서 그 과정에서 두 명이 목숨을 끊었죠.

하버드대학교에서 기숙사 사감을 맡으며 경험한 제도를 말하고 싶었어요. 하버드대학교의 경우, 1학년생은 하버드 야드Harvard Yard에 있는 1학년 기숙사에서 지내고, 2학년부터 하우스House라고 부르는 고학년 기숙사에서 생활하는데요. 기숙사마다 마스터라고 불리는 책임자가 있어요. 마스터는 덕망 있는 교수님이 맡고, 부교수 정도 되는 사람이 시니어 튜터를 맡아요. 그리고 저와 같은 조교들이 튜터를 맡습니다. 분야별로 열 명 남짓 있어요.

제가 7년 동안 튜터를 맡았는데요. 튜터가 하는 일은 학생들과 함께 밥 먹는 일입니다. 제가 맡은 아이가 열네 명 정도인데, 수시로 같이 밥을 먹으면서 그 아이의 상황을 살폈어요.

안 온몸으로 아이의 일상을 느끼신 거군요.

최 별말이 아니라도 이런저런 이야기를 하다 보면 느낌이 오죠. '이 아이가 요즘 상당히 시달리고 있구나' '성적이 잘 안 나오나 보다.' 튜터 회의에서 "제 학생 한 명이 힘들어하는 것 같습니다"라고 말하면, 시니어 튜터가 그 학생에게 면담을 요청해요. 시니어 튜터는 저보다는 단도직입적으로 물어보죠. 학생들은 '실연당했다' '성적이 떨어졌다' '가족 문제가 있다' 등의 고민을 풀어놓습니다. 그러면 모두가 그 아이를 도와줍니다.

코넬대학교는 목숨을 끊는 학생들이 매우 많습니다. 학교 안에 자살하는 장소가 있을 정도예요. 계곡에 있는 구름다리에서 그렇게들 뛰어내립니다. 아이비리그의 자살률이 상당히 높아요. 하버드대학교는 자살률이 비교적 낮습니다. 물론 심한 스트레스를 받는 학생도 있지만요. 저는 그 튜터 제도 덕분이라고 생각합니다. 튜터가 부모처럼 열몇 명 학생들을 계속 살피고, 필요한 것이 있으면 학교에서 대신 돌봐주니까요.

카이스트는 전국에서 학생들을 뽑아 대전에 묶어 두고 있잖아요. 튜터 시스템을 도입하시라고 권하고 싶었습니다. 학교 옆에 부지를 확보하여 서울에서 오가는 교수들이 머물 게스트 하우스를 짓고, 학생들과 어울리게 하면 서로 좋겠다고 생각했습니다. 그런데 아쉽게도 만남을 잡기 전에 총장님이 사임하셔서 제 의견을 전하지는 못했어요. 이제라도 여러 학교에서 튜터 제도를 도입하면 좋겠습니다.

아이들과 소통하는 법

안 정작 문제는 마주하기까지인데요. 코로나19 시기에 비대면 수업을 1년 넘게 하면서 저희 아이들도 스트레스를 많이 받았어요. 짜증과 불안으로 치달리는 모습이 보였습니다. '등교하며 친구들과 짧게라도 주고받던 감정 교류가 정말 중요했구나'를 느꼈습니다.

미국의 정신과 진료는 심리상담사를 먼저 만나고, 약물이 필요할 경우에 정신건강의학과 의사를 만납니다. 당시 비대면 진료였고, 심리상담사가 수십 명 있는 종합병원인데도 한 달을 대기해야 할 정도로 신청자가 많았습니다. 그즈음 자살하는 아이들에 관한 뉴스가 연이어 미국 TV에 나오기 시작했고요. 다행히 심리상담 일정이 빨리 잡힌 데다가 아이가 대화에 잘 응해서, 두 번 상담하고 끝났습니다. 그렇지만 저와 속을 터놓고 대화하기까지 한 달이 걸렸어요.

최 대개는 이야기하면서 많이 풀려요. 저는 기숙사 튜터를 하면서 들어주기가 상당히 중요하다는 점을 배웠습니다. 7년 동안 학생들을 보살폈다기보다는 제가 상대의 이야기에 귀 기울이는 훈련을 받았죠. 나중에 교수가 되어 큰 도움이 됐어요. 밥을 먹으면서 다짜고짜 '너 그러면 안 돼. 인생 그렇게 사는 거 아니야'라고 했을 리는 없잖아요. 지금 뭘 하고 있는지를 캐내려면 말을 잘 걸어야 하죠. 내가 말을 많이 해봐야 알 수 있는 게 아니니까요. 자연스럽게 듣는 훈련을 받았습니다. 저는 지금도 학생들과 만나면 제가 먼저 이야기를 꺼내거나 제안하지 않습니다.

안 가만히 있으면 상대가 술술 말하나요?

최 이야기를 하게끔 하는 재주가 저에게 약간 있습니다. 조직을 경영하는 데도 무척 도움이 되더라고요. 제가 국립생태원장으로 일할 때 가장 명심했던 경영 십계명 중 하나가

'이를 악물고 듣는다'였어요. 조직의 리더가 되면 말이 많아집니다.

● **안** 다들 잘 들으니까요.

● **최** 그런데, 리더가 입을 열면 아무도 입을 열지 않아요. 집단지성을 이루고 창의성을 끌어내려면, 리더는 어금니가 아프도록 입을 다물어야 합니다. 제가 국립생태원을 연구 중심의 센터로 만들겠다는 포부로 초대원장을 맡았는데요. 서천에 내려가보니 지역 경제에 보탬이 되어야 한다는 요구가 있어 전시를 열어야 했습니다. 전시 개막일이 3주도 채 남지 않았는데, 직원들이 준비해놓은 짜임새가 아쉬웠어요. 할 수 없이 한마디를 했습니다. 시간이 촉박하지만 이런 것도 생각해보면 어떠냐고 넌지시 건넸죠.

그랬더니 며칠 후에 기획회의를 하는데, 그동안 논의했던 내용을 다 버리고 제가 말한 내용으로 정리해서 가져왔더라고요. "아니, 그동안 논의하셨던 내용은 다 어디 갔어요?"라고 물었더니, "원장님 말씀이 가장 좋아 보여서 그 방향으로 잡았습니다"라고 했습니다. 그러니까 조직의 장이 말하면 모든 게 무너져요.

제가 국립생태원 경영자로서 약간의 성공을 거뒀는데, 그 성공의 가장 큰 동력이 바로 제가 입을 다물고 있었다는 점입니다. 튜터를 하면서 몸에 밴 태도예요. 누군가 저에게 이야기보따리를 풀어달라고 제안하면 말을 하지만, 그렇지 않으면 다른 분들이 이야기를 꺼내도록 듣기만 합니다. 아이들의 마음을 읽을 수 있던 방법이기도 하고요.

안 상대를 편하게 해주고자 생뚱맞더라도 날씨가 좋다는 둥 옷이 멋지다는 둥 간단한 질문을 하면서 첫 운을 떼는데요. 끝까지 참고 있어야 하나요?

최 저도 그런 타입이에요. 여럿이 모여 있는데 아무도 이야기를 안 하면 너무 불편하잖아요. 그래서 나라도 분위기를 풀어가야 할 것 같아 말도 안 되는 말을 하기도 합니다. 또 상당히 많은 사람이 실제로 '침묵의 불편함'을 견디지 못해요. 학생과 마주 앉아서 스파게티를 먹잖아요. 조금만 참으면 아이가 말을 합니다. 너무 불편하니까요. "오늘 왜 부르셨어요" "맛있어요. 저도 이거 좋아해요." 슬금슬금 먼저 말을 건네요. 약간 무심한 듯 기다리는 것도 한 방법입니다.

안 일단 뭐라도, 한마디만 나오면 많이 해결된 거죠?

최 네. 제 머릿속에 있는 빅데이터를 보면, 대부분 첫 마디를 튼 사람이 계속 이야기를 이끌어갑니다. 제가 이야기를 이끌기 시작하면 점심시간이 끝날 때까지 제가 계속 물어봐야 하죠. 그런데 아이가 먼저 말을 시작하면 그 아이가 계속 이야기를 이끌다가, "선생님, 저 지금 가야 해요"라고 말하고 일어나는 경우가 참 많았습니다.

먼저 말을 시작하게 주도권을 주는 것이 가장 중요해요. 제가 주도권을 가지면 아이는 묻는 질문에 답만 하지만, 아이가 주도권을 가지면 대화를 이끌어야 한다고 생각해서인지 예상치 못한 이야기를 술술술 붑니다. '아! 요 녀석이 요즘 이것 때문에 그렇구나.' 감이 오죠. 하지만 참는 게 참 힘들어요.

안 저도 제 아이와 이야기할 때, 1초만 더 참았으면 되는 건데 그랬나 봐요.

최 1초는 부족합니다. 1분은 참아야죠. 침묵을 내가 깨지 않도록 이 악물고 참아야 해요.

자존감을 높이는 기술

안 '자존감 상승의 열쇠'는 '내가 좋아하는 것을 찾는 것이겠다'라는 생각이 듭니다. 자존감 높이는 비법을 알려주세요.

최 요즘 청년에게 제가 가장 많이 하는 말이 '악착같이 찾아봐라'라는 것입니다. 한 번 사는 인생을 왜 남이 좋아하는 것을 하고 삽니까? 우리는 눈만 뜨면 가장 하고 싶어 하는 일이 뭔지를 찾아야 합니다. 쭈그리고 앉아 있지 말고, 나가서 뒤져보고 찔러보고 열어보고, 강의도 들어보고, 책도 읽어보면서 찾아야 합니다. 무언가 관심이 가는 일이 보이면 그 일을 하는 사람도 찾아가 보는 거예요. 어릴 적부터 저는 찾아가는 걸 잘했어요. 아나운서를 해볼까 해서 대학생

때 봉두완 아나운서를 찾아갔습니다.

안 대학생이 당대 최고의 앵커를 찾아간 거면 꽤 진지한 결정인데요.

최 동물학과에 들어가서 미래가 보이지 않으니까 공부는 안 하고 매일 음악다방에서 도대체 어떻게 살아가야 하는가를 생각하다가, 어느 분이 아나운서를 하면 좋겠다고 하셔서 찾아갔죠. 봉두완 아나운서가 점심을 사주셨어요. 또, 집에서 외교관을 하면 좋겠다고 하기에 대사관에도 찾아갔습니다. 외교관은 무엇을 하며 사는지 제 눈으로 보고 싶어서요. 한 대사관에서 말이 안 통해 터덜터덜 돌아 내려오는데, 옆에 스페인 대사관이 있더라고요. 거기 창구에서 영어로 이야기하는데, 어떤 아저씨가 옆에 서서 왜 그게 궁금하냐고 물으셨어요. 짧은 영어로 말했죠. "집에서 날 보고 외교관을 하라 하는데, 어떤 일인지 알아야 하든지 말든지 결정할 수 있을 것 같아서 직접 보고 싶다"라고 했습니다. 내일 와보라고 하셨어요. 다음 날 오전 9시에 갔는데 그분이 대사더라고요. 그날 온종일 수행 비서를 했습니다. 1973년도, 대학교 1학년 때였습니다.

안 왜 안 하셨어요?

최 재미있어 보였는데 외무고시를 봐야 하고, 외교학과로 편입해야 해서 포기했습니다. 그러다 대학교 3학년 때 펜실베이니아주립대학교에서 교환교수로 오신 김계중 교수님이 영어로 곤충학 강의를 개설하셨어요. 영어를 좋아했던 만큼 그 수업에 열심히 참여했습니다. 그런 저를 좋게 보셔서 미국으로 돌아가실 때 저에게 유학을 권유하셨어요. '여기서도 공부를 안 하는데 굳이 미국까지 가서 공부를 해야 할까?' 저는 좀 시큰둥했습니다.

얼마 후에 하루살이 연구의 대가인 조지 에드먼즈George Edmunds 교수님이 한국에 오셨어요. 김계중 교수님이 저를 그분의 조교로 추천하셨던 거예요. 그렇게 1주일 동안 에드먼즈 교수님을 따라다녔죠. 이분은 매일 차를 타고 가다가도 냇가에 첨벙첨벙 들어가셨고 풀숲에 들어갔다 나오셨습니다. 60대 노 교수님 바짓단이 마를 날이 없었어요. 이분이 제가 어릴 적 고향에서 하던 놀이를 직업으로 하시는 겁니다. 에드먼즈 교수님에게 "어떻게 하면 교수님처럼 살 수 있어요?"라고 물었어요. 상세히 알려주셨습니다. 어느 대학에서 어떤 교수에게 생물학을 배우면 좋은지 목록까지 정리해주셨죠. 저는 교수님이 알려주신 대로 전력을 다했습니다. 그리고 펜실베이니아주립대학교에서 합격증을 받았습니다.

우리는 무엇을 하고 싶은지 악착같이 찾아야 합니다. 그러다 보면 대부분은 내 길이 아니라는 것을 알게 돼요. 내 길이 아니라는 걸 발견하는 것도 큰 도움이 되죠. 그러다 어느 날, 갑자기 고속도로 같은 길이 눈앞에 보입니다. '이거다!' 싶으면 그때 전력으로 내달리면 됩니다. 제가 정확하게 그렇게 했어요. 한 10년쯤 달리다 보니 처음에는 친구들보다 훨씬 늦었는데, 10년 정도 지나면서 남들보다 조금씩 앞서가고 있더라고요. 저는 똥물학과 학생으로 우울한 대학 생활을 했지만, 적어도 내가 좋아하는 것이 무엇인지 알기 위해 열심히 찾아다녔습니다. 진짜 하고 싶은 일이 뭘까? 뭘 하면 좋을까? 계속 스스로에게 물었죠.

왕성한 활동의 비결

안 선생님을 뵈면서 '나이가 들어도 계속 뭔가를 해낼 수 있겠구나' 하는 희망을 가져봅니다. 물론 선생님의 경지가 되지 않으면 불가능하겠지만요. 활력의 비결이 뭘까요?

최 제 아내가 저에게 돈 이야기를 한 번도 한 적이 없어요. 둘 다 지겹도록 늦은 나이까지 공부를 했습니다. 아내는 음악학을 공부했는데요. 하버드대학교에서는 제2외국어로 독일어·프랑스어·이탈리아어를 해야만 박사학위 자격시험을 통과할 수 있었어요. 저는 박사학위를 받기까지 11년이 걸렸고, 아내는 아기를 낳고 학업을 중단했다가 재개해서 16년이 걸렸습니다.

안 보통은 미국 대학에서 늦어도 5년 안에 박사학위를 받던데요. 대단한 논문을 발표하시느라 그러셨나요?

최 아니에요. 둘 다 세속적 일에 감이 없어요. 공부가 좋아서 공부만 하고 살았습니다. 아내가 아기를 낳고 학교를 그만뒀을 때, 제가 다시 학교로 돌아가도록 끈질기게 설득했습니다. "당신도 나도 박사학위를 취득하러 왔는데, 당신만 아이를 키우겠다고 포기하면 평생 후회할 거다. 이제 내가 아이를 볼 테니까 학교로 가라." 제가 준비한 원서에 사인만 하라고 내밀었어요. 제가 미시건대학교 교수로 부임하면서 그 사람도 미시건대학교에서 박사학위를 마쳤습니다. 제가 마음이 매우 약한 사람이에요. 만약 아내가 '애도 태어났는데 돈이 없어 어떡하느냐'라고 한두 마디만 했어도 공부를 그만두고 돈 버는 일을 찾았을 겁니다.

안 그럼 미국 청과업계의 거부가 되셨을 수도 있었겠어요.

최 그럴 수도 있었죠. 제가 미국 쇼핑몰에서 푸드 코트 체인점을 하려고 아이디어까지 냈던 사람입니다. 제 아내가 돈 잘 버는 일을 하라고 하지 않았기 때문에 돈이 되지 않는 생물학을 공부할 수 있었어요. 그 덕에 우리나라에 돌아와서도 많은 기회를 얻을 수 있었습니다. 제가 돈 되는 공부를 했으면 수많은 사람 중에 한 명이었겠죠. 그렇지 않아서 희소가치가 있었습니다.

안 단순히 희소성은 아니죠. 사실관계는 정정하고 가겠습니다. 선생님이 왕성한 활동을 하는 바탕은 서로 마음을 다해서 하고 싶은 공부에 몰두할 수 있도록 협력한 부부 관계 덕분인가요? 공부가 활력을 주고, 두 분의 협력이 그 활력을 유지하도록 했다고요.

최 제 아들이 주례 없는 결혼식을 했어요. 양가 아버지가 한마디씩 하는 순서가 있었답니다. 그때 제가 칼릴 지브란Kahlil Gibran의 시 〈함께 있되 거리를 두라〉를 언급하며 부부로서 서로에게 공간을 내어주며 살라고 말했습니다.

안 관계에 있어서의 공간이겠죠?

최 맞습니다. 솔직히 제 아내가 그런 공간을 존중해주는 건지는 잘 모르겠어요.

안 선생님, 말씀을 잘하셔야 하는 순간 같습니다.

최 조심스레 하겠습니다. 장인어른이 이화여자대학교 생물학과 교수이셨는데, 별명이 '영국 신사'였어요. 자녀를 민주적으로 키우셨습니다. 딸 셋에 아들 둘인데, 아들이라고 발언권을 더 주는 법이 없으셨다고 합니다. 신혼 때 서로 굉장히 힘들었어요. 저는 유독 가부장적 집안에서 컸을 뿐 아니라 어머니가 우리 집에서 유일한 여성이어서 여성에 대한 환상이 있었거든요. '어떻게 하면 여성에게 잘해줄까' 하는 마음이 가득했지만 실제로는 아무것도 할 줄 몰랐죠. 보고 자란 게 없으니까 현실과 상상이 너무 동떨어졌어요.

안 어떤 점이 어긋났나요?

최 제가 무턱대고 자원을 막 했죠. 결혼 전부터 설거지는 제가

코로나19 사태를 겪으며 세계 여러 나라에서
가장 중요한 키워드로 떠오른 것은
바로 연대solidarity였다.
인간은 연대하는 동물이다.
하지만 꼭 몸으로 뭉쳐야 하는 것은 아니다.
얼마든지 마음으로 뭉칠 수 있다.
이 이상 분열하면 안 된다.
"뭉치면 살고 흩어지면 죽는다."

다 한다고 선언했습니다. 설거지를 하고 있는데, '내가 이렇게 설거지를 해주는데도, 아내는 왜 내게 고분고분하지 않지?'라는 생각이 머릿속에 가득 차오르는 거예요. 그릇을 참 많이 깼어요. 왜냐면 설거지는 제 일이 아니라고 생각했으니까요. 어떻게든 빨리 끝내고 컴퓨터 앞에 앉아서 제 일을 하려고 서둘렀습니다. 미시건대학교 교수로 부임한 첫 해였어요.

대학원생인 아내 덕분에 대학원생들에게 제공되는 타운하우스에서 살 수 있었습니다. 대로에서 꺾어 들어오면 둥그렇게 집들이 자리한 골목인데, 동네 사람들이 골목 안으로 들어오자마자 우리 집을 바라보며 걷게 됩니다. 그럼, 싱크대 앞에서 설거지를 하는 저를 볼 수 있었죠. 그 타운에는 한국에서 유학 온 대학원생 가족도 꽤 있었습니다. 제가 매일 설거지를 하니 동네 한국 여성들이 남편들에게 핀잔을 줬대요. "교수님도 하는데 당신은 뭐야?" 저는 그런가 보다 했어요.

그런데 어느 볕이 따스한 토요일 오후였습니다. 특별한 계기가 있었던 건 아닌데, 느닷없이 이런 생각이 들었어요. '나는 왜 10년 넘도록 설거지를 아내의 일이라고 생각했을까.' 그날따라 이상한 자성이 일어난 거죠. '저 사람도 나도 미국으로 공부하러 왔다가 둘이 만나 결혼했는데, 나는 왜 설거지를 아내 일이라고 생각하고, 내가 해주는 거라고 생각했을까.' 말이 안 되더라고요. 그다음 날부터 제가 설거지의 달인이 되어갔습니다. 제 일이니까요. 일단 저는 제 일이 되면 무지하게 열심히 합니다.

안 싱크대 앞이 선생님의 왕국이 되었네요.

최 그렇죠. 1년에 몇 차례 아내가 설거지를 했습니다. 그러면 제 잔소리가 시작돼요. "하아- 접시를 말이야. 각도를 맞춰서 놓아야지. 이렇게 두면 얼룩이 져서 안 돼." 그러면서 제가 다시 했어요. 어느 날, 제가 설거지를 다시 하다가 잔소리하려고 뒤로 돌았는데요. 아내가 빙그레 웃으며 저를 보고 서 있더라고요. 저와 눈이 마주쳤어요. "그런 병은 앓아도 돼. 계속 앓아." 하고 가더라고요. 그동안 제가 참 많이 달라졌나 봅니다. 결혼하고 몇 년 동안 둘이 무척 싸웠어요. 우리나라에서 살았으면 양가 부모님들이 나타나고 형제가 등판하면서 이혼했을지도 모릅니다. 미국에서 의지할 사람이 둘밖에 없으니 싸워도 할 수 없이 화해하며 맞춰갔죠.

안 '여성과 공부'에 관한 질문을 하려고 했는데요. 선생님 말씀을 들으면서 '생활 속에서 그 둘이 하나로 얽힐 수밖에 없다'라고 느낍니다. 누구나 하고 싶은 것을 하며 행복하게 살도록 보장해주는 길이 필요하고, 그 길 안에서 공간을 내어주는 방법을 찾아야겠어요. '공부를 왜 할까?' 스스로에게 묻고 묻다 보면 결국 삶을 잘 살려고 하는 건데요. 공부를 제대로 한다면, 공부할수록 사는 품이 넓어질 것 같습니다.

삶으로서의 배움

안 선생님이 말씀하신 '서로에게 공간을 내어주며 살자'라는 말은 모든 관계 맺기에 있어 황금률 같습니다.

최 어찌 보면 저는 집 안에서 제 공간이 거의 없는 느낌으로 사는 것 같아요. 저는 공부도 하고 장도 보고 설거지도 하죠. 아들이 학교에 다닐 때는 학부모 회의에 아내 대신 제가 많이 참석했습니다. 아들은 밤중에 필요한 게 생기면 엄마가 아니라 저를 깨웠어요. 엄마는 늘 공부해야 하고 피곤해서 자야 한다고 생각한 것 같아요. 하지만 삶 전체를 보면 저는 끊임없이 하고 싶은 일을 할 수 있는 공간을 누려왔습니다. 오히려 제 아내가 자기 공간을 빼앗겼죠. 저 때문에 뜻을 꺾고 미국에서 우리나라로 돌아와 새로 시작해야 했으니까요. 제 아내는 우리나라에서 수차례 어려움을 겪었습니다. 여성, 학력, 서열의 편견에서 번번이 고통받아야 했어요. 저는 일이 잘 풀렸고요. 남자였고 편견에 맞는 이런저런 조건을 갖췄기 때문입니다. 저는 아내가 고생한 상황을 잘 아는 동료로서, 미국에서도 우리나라에서도 함께 부당함에 맞섰는데요. 서로 각자 가고자 하는 길로 나아갈 수 있도록 협력해야 한다고 생각했습니다.

그리고, 공부의 길은 누구에게나 열려 있어야 합니다. 진입장벽 자체가 허물어져야 해요. 제 연구실에는 다양한 배경을 가진 제자들이 많아요. 분자생물학을 공부하고 싶다면 찾아갈 교수가 많지만, 제가 연구하는 분야의 교수는 많지 않습니다. 그래서 전국에서 몰려옵니다. 어느 해에는 80명이나 찾아왔어요. 그중에서 두세 명을 뽑아야 하니 경쟁률이 만만치 않았죠. 가끔 저에게 원색적으로 문제를 제기하는 제자들이 있습니다. 왜 어중이떠중이 다 받아들이냐고요.

한 번은 이유를 물었어요. 기본을 갖추지 못한 신입생이 있다고 하더군요. 지방 대학을 졸업한 학생이 박사 과정 신입생으로 들어왔을 때입니다. "길고 짧은 건 대봐야 할 것 같은데……. 재는 시골에서 산을 타고 구르며 자란 아이라서, 어느 정도만 갖추면 굉장히 잘할 거야." 그렇게 말하고 돌려보냈어요. 얼마 지난 뒤 또 저를 찾아와서 불평했습니다. "재는 논문도 제대로 못 읽어요." 그때는 이렇게 말하며 돌려보냈어요. "기초 영어가 부족해서 그렇지. 조금 더 오래 공부하면 되는데 뭘 그러느냐." 제 연구실에서 자주 있는 일입니다.

안 그 학생들은 선생님 안목대로 성장했나요?

최 다 잘했습니다. 오래 걸렸지만 자기 분야를 찾았어요. 그 분야에서 성과를 만들며 우리나라 생물학계를 폭넓게 만들고 있습니다. 그러니 무작정 대학수학능력시험 점수로, 학연이나 성별로 자격을 만들어주는 건 옳지 않다고 봅니다. 제 경험으로 확인했습니다. 진정으로 공부한다면, 그런 선입견으로 상대를 바라볼 수 없어요.

지금 우리 사회에서 교육은 사회적 지위와 맞물려 있습니다. 교육이 편견의 담을 더 높이 쌓는 역할을 해서는 안 되죠. 우리 부부가 왜 서로에게 활력이 될까를 생각해보면요. 서로의 뜻을 존중하며 살고자 하는, 삶이 지닌 본연의 가치를 배움 속에서 다져왔기 때문일 겁니다. 서로에게 공간을 내어주는 데는 바로 그 존중이 바탕으로 자리 잡혀야 합니다. 그 자리에서 상대를 바라보면 각자가 뿜어내는 가치가 보입니다. 현대 사회가 추구해야 하는 다양성의 가치도, 바로 그곳에서 시작됩니다. 네, 저마다의 삶 속에 저마다의 공부가 있습니다.

안 선생님과 공부에 대한 대화를 하면서 공부, 교육, 학습, 배움, 가르침 등 여러 단어를 썼습니다. 그러면서 스며들듯 제 안에서 일어난 생각이 있는데요. 이 단어들을 세상 속에서 구체적으로 만들어가는 주체는 바로 나 자신이라는 진한 자각입니다. 공부란 한 사람을 성숙시키는 길이자, 서로 영향을 주고받는 개체들이 모여 사는 이 세상을 사려 깊게 만드는 도구 같아요. 공부가 익을수록 우리는 관계를 보살피는 방향으로 나아가겠죠. '삶으로서의 공부'로 다가옵니다. 그리고, 선생님의 태도를 가까이에서 보며 공부가 축적되면 어떤 형태로 드러나는지를 감지해볼 수 있었습니다. 선생님의 상냥함과 겸손함, 강직함에 감동했습니다. 많이 배웠습니다.

나의 공부 그리고 모두의 삶

우리는 매 순간 선택을 하게 됩니다. 다행히, 알면 바른 선택에 가까워질 수 있습니다. 나를 알면 나의 욕망이 보이고 고통이 어디서 오는지 선명해지고 그 고리를 조금이라도 끊는 선택을 할 수 있습니다. 목소리가 잠기는 이유가 위산 역류 때문이라는 것을 아는 순간 두근거리던 겁부터 잦아들 듯이요.

우리는 관계 속에서 삽니다. 내 마음이 곧 내가 사는 세상이죠. 관계의 망이 얽힌 지점들을 좇다 보면 내 삶의 주된 영역이 어디까지인지를 볼 수 있어요. 내가 힘써 미칠 수 있는 영역이 보인다면 바른 선택에 다가갈 기회를 좀 더 갖지 않을까요? 내 세상의 안녕을 도모할 가능성도 커질 터입니다. 이때 우리의 앎은 세상을 파악하는 데

도움을 줍니다. 뉴스 속 일들이 입사 시험 과목인 일반 상식이 아니라 내가 사는 세상으로 밀려드는 힘임을 인식하게 되고, 우리는 나의 삶을 위한 제방을 쌓을 수 있으니까요.

그리고 앎의 시간이 이어지면, 우리는 '나'로 존재하는 영역이 세상 모든 생명의 본능과 의지에 얽혀 있는 현실을 마주하게 됩니다. 홀로 떨어진 '나'로 존재할 수 없음을 봅니다. 먹고 마시고 입고 치료하는 데 필요한 모든 협력 관계뿐 아니라 사회·정치적 작용까지 볼 수밖에 없습니다. 공부가 이끌어주는 길은 그곳과 닿아 있어요.

지식이 보여주는 갈래갈래 길들이 바로 시간과 공간을 넘어 내게 작동하는 힘의 실체를 드러냅니다. 그러므로 우리는 오늘 나의 존재가 오랜 시간 속에서 형성되어 왔고, 너른 공간 속에 퍼져 있음을 알아차리게 될 거예요. 나의 안녕을 위해 지구 전체가 안녕해야 한다는 각성으로 공존의 미래를 건설해가는 겁니다.

제주 곶자왈에 들어갔을 때였어요. 잎이 유독 진초록으로 아름답게 퍼진 식물을 보고 다가서려 했는데, 순간 곁에 있던 제주 주민이 독풀이라고 목청을 높이더군요. 제주 숲에서 저를 지킬 방법 하나를 얻었습니다.

뉴욕 맨해튼 센트럴파크에 갔을 때예요. 마냥 새순이 돋는 풀밭이었습니다. 동행한 뉴요커가 취나물을 가리켰어요.

커다란 바위 밑에는 군락을 이뤘고, 자전거 트랙까지 듬성듬성 이어졌습니다. 취나물이 눈에 익자 마술이 일어났습니다. 공원의 풀들 속에서 취나물만 도드라지더군요. 센트럴파크가 시골 밥상이 된 순간이었습니다. 혹시나 올지 모를 어떤 순간 나를 살릴 비장의 먹거리를 알게 되었죠.

지식은 그러합니다. 취하고 삭히면서 버릴 것을 버리고 '안다'라는 인식에도 갇히지 않아야 온전히 나의 지혜로 살려낼 수 있겠지만, 일단 지식은 생활 속에서 순간순간 삶을 살리는 통찰로 솟구칠 구조물을 만들어냅니다. 어린나무가 곧추서도록 지지대를 받치듯 우리 안에 있는 지혜가 붙잡고 일어날 버팀목을 세워내는 거죠. 공부 속에서 그 지지대를 만들어 나답게 사는 길을 내며 나아가야겠습니다.

아쉽게도 인간의 마음은 태어남으로써 리셋reset됩니다. 인성과 능력 개발은 각자의 몫인 동시에 이웃한 환경 공동체의 몫이 되었죠. 그래서도 우리의 공부는 나의 미래를 만들어갈 뿐 아니라 그 환경을 직간접적으로 공유할 모두의 미래를 만들어갑니다. 나를 위해 시작한 공부라 할지라도 '모두'로 뻗어가기에 그 공부는 시간과 공간 속에서 무한히 확장될 것입니다.

현대의 성자聖者라고 불리는 시인 게리 스나이더Gary Snyder는 "자연계는 총체적인 교육입니다"라고 말하며 제게 다음과 같은 당부를 했어요. "새들은 지도 없이 바다를 건너고 같은 장소에 착륙합니다. 온몸으로 감지하죠. 다람쥐도 인식하고 나무도 인식합니다. 아몬드 나무의 마음은 봄에 하얀 꽃들로 복제됩니다. 수많은 일이 벌어지지만 자연계는 스스로 조절하고 상호작용하며 살아가고 있어요. 인간의 마음도 자연의 일부입니다. 자연의 마음을 경험합시다."

인간 너머로 뻗어간 총체적 학습을 온몸으로 수학한 최재천 교수님과 공부의 가치를 두루 살폈던 여러 날이 제 일상에서 의미를 변주하며 살아나고 있습니다. 일 속에서, 휴식 속에서, 여럿과 관계 맺는 시간 속에서 열정을 더하고 섣부른 판단을 지우기도 합니다. 자연계의 가르침에 귀 기울여온 그의 삶이 깃든 공부 이야기가 은근한 변화를 만들었나 봅니다. 그의 말을 귀담은 우리 안에도 그의 혜안이 조금은 싹터 오르겠지요?

힘써 배워요. 들판을 거닐며 배우는 줄 몰랐는데 배웠듯이, 우리 그렇게 공부해요. 그리고 온 삶을 감각하는 거예요. '나'와 '모두'의 삶은 기회를 얻을 것입니다. 마음을 고르며 당신과 모두의 행운을 빕니다.

캘리포니아 새크라멘토 도경료道境寮에서 안희경

찾아보기

최재천의 공부